Jak P. Mallmann Showell
Deutsche U-Boote an feindlichen Küsten
1939–1945

Jak P. Mallman Showell

Deutsche U-Boote an feindlichen Küsten 1939 – 1945

- **Kommandounternehmen**
- **Spionage und Sabotage**
- **Versorgungsfahrten**

Motorbuch Verlag

Oben: Bei Ebbe sind in Südengland eine Reihe von U-Bootwracks in den breiten Flussmündungen zu sehen. Diese Wracks stammen nicht aus dem Zweiten Weltkrieg, sondern gingen kurze Zeit nach dem Ende des 1. Weltkrieges verloren, als ihre Schlepptaue auf dem Wege zu den Abbruchwerften brachen. Zwei solcher Bootswracks sind von einem öffentlichen Fußweg aus sichtbar, der entlang der Sandbänke der Medway-Mündung in der Nähe des Kraftwerks Kingsnorth verläuft. Sie liegen etwa 400 m nördlich einer langen, verfallenen Ölpier und ca. einen Kilometer von der Küste entfernt. Die Pier ist auf der rechten Seite des Fotos zu erkennen, während die U-Bootwracks als dunkler Klecks rechts von dem Schiff in größerer Entfernung zu sehen sind. Von diesem Aussichtspunkt aus sind sie ziemlich einfach mit dem Fernglas zu betrachten. Zu ihnen hinauszulaufen, würde einem Selbstmord gleichkommen, denn das gesamte Gebiet besteht aus einem feinen Schlick, der zu weich ist, um das Gewicht einer Person zu tragen.

Einbandgestaltung: Luis Dos Santos unter Verwendung von Vorlagen aus dem Buch.
Die Abbildungen auf der Titelseite zeigen U 377 im Zuge der Errichtung einer bemannten Wetterstation auf Kap Mitra (siehe Seite 176) sowie Besatzungsmitglieder von U 703 bei der Annäherung des Bootes an die arktischen Inseln von Nowaja Semlja (siehe Seite 126).
Die Abbildung auf Seite 1 zeigt das Vorschiff eines U-Bootes vom Typ VII C in See.
Das Foto auf Seite 2/3 zeigt *U 302* (Kptlt. Herbert Sickel) vom Typ VII C mit einer sehr frühen Form des Turmumbaus. Es läuft in norwegischen Gewässern eine hohe Fahrtstufe.

Nachweis der Bildquellen:
Die Fotos in diesem Buch stammen aus dem *U-Boot-Archiv* in Cuxhaven-Altenbruch, darunter auch aus der *Sammlung Walter Schöppe,* sowie aus der Sammlung des Verfassers und von den Personen, die am Ende der Einführung genannt sind.
Die Karten kommen von der *IMSI's Master Clips Collection,* 1895 Francisco Blvd East, San Rafael, CA 94901-5506, USA.

Das englischsprachige Originalwerk erschien unter dem Titel »U-BOATS AT WAR II – Landing on Hostile Shores« bei *Ian Allan Publishing Ltd, Terminal House, Shepperton, Surrey TW17 8AS,* 2000.

Die teilweise geminderte Bildqualität ist auf das Alter der Abbildungen und die Umstände ihres Entstehens zurückzuführen.
Ins Deutsche übertragen von **Wolfram Schürer**
Deutsche Bearbeitung: **Helma** und **Wolfram Schürer, Martin Benz**

ISBN 3-613-02244-3

1. Auflage 2002
Copyright © by Motorbuch Verlag, Postfach 103743, 70032 Stuttgart.
Ein Unternehmen der Paul Pietsch-Verlage GmbH & Co.
Nachdruck, auch einzelner Teile, ist verboten. Das Urheberrecht und sämtliche weiteren Rechte sind dem Verlag vorbehalten. Übersetzung, Speicherung, Vervielfältigung und Verbreitung einschließlich Übernahme auf elektronische Datenträger wie CD-ROM, Bildplatte usw. sowie Einspeicherung in elektronische Medien wie Bildschirmtext, Internet usw. ist ohne vorherige schriftliche Genehmigung des Verlags unzulässig und strafbar.

Lektor: Martin Benz M. A.
Innengestaltung: Viktor Stern
Druck: Rung-Druck, 73033 Göppingen
Bindung: E. Riethmüller, 70176 Stuttgart
Printed in Germany

Inhalt

Einführung: Landungen von U-Booten an feindlichen Küsten 7
1. Irisches Fiasko 16
2. Isländischer Verrat und Misserfolge 28
3. Sabotage in den Vereinigten Staaten 34
4. Gibt es amerikanische Atombomben und Düsenflugzeuge? 40
5. Eindringen in kanadische Hoheitsgewässer 44
   U 213: Unternehmen »Grete« 44
   U 518: Unternehmen »Bobbi« 48
   Vorstoß bei Tageslicht in die Conceptionbai 51
   Aufnehmen entflohener Kriegsgefangener 51
   Die deutsche Wetterstation in Kanada 57
6. Am Rande der Sahara 65
   U 66: Unternehmen »Sturm« 65
   Landungen an der Mittelmeerküste 75
   Munitionstransport für die Heeresgruppe Afrika 77
7. Das neutrale Spanien 86
   Versorgung in spanischen Häfen 86
   Notreparatur in Spanien 93
   Interniert in Spanien 96
8. Die geheimnisvollen Kanarischen Inseln 104
   Gab es dort eine geheime Versorgungsbasis? 104
   U-Boote auf den Kanarischen Inseln 113
9. Die arktische Ödnis 118
   U 212: Landung auf der Bäreninsel 118
   U 703: Bergung russischer Überlebender von der Hopen-Insel 125
   U 355: Aufklärungsfahrt in der Arktis 127
10. Wetterstationen in der Arktis 137
    U 365: Marsch nach Spitzbergen 137
    U 354: Landung auf der Hopen-Insel 142
11. U 722: Versorgung der Besatzung von St. Nazaire 145
12. Der letzte Widerstand 151
Anhang 1: U-Boote, die an feindlicher Küste landeten oder sich ihr direkt näherten ... 164
Anhang 2: Ausgewählte Bibliografie 184
Sachregister 187

Drei Angehörige von U 379 (Kptlt. Paul-Hugo Kettner), 1942 aufgenommen. Oben links im Bild weht der gesetzte Kommandantenwimpel aus.

Einführung:

Landungen von U-Booten an feindlichen Küsten

Durch den Ausbruch des Zweiten Weltkrieges belebte sich der Wahn vor Spionen, seit 1918 in Großbritannien schlummernd, rasch wieder.

Exzentriker, die sich nicht in die übliche Lebensgestaltung einfügten, wurden mit den Vertretern der Obrigkeit konfrontiert, die ihr Privatleben prüfend unter die Lupe nahmen. Nonnen mit ungewöhnlicher Ordenstracht und groß gewachsene Pfadfinder mit fremdländischem Aussehen wurden inhaftiert. Ausländer wurden interniert sowie öffentliche Informationen und private Mitteilungen wurden schärfer als je zuvor zensiert. Der heftige Griff der Verzweiflung gab ebenfalls Anlass zu einer nicht abreißenden Kette von Meldungen über die Landungen von deutschen U-Booten an einsamen Stellen der britischen Küste. Viele dieser Berichte waren vermutlich erfunden, um die Auflagen der örtlichen Zeitungen zu steigern oder um jenen einen kämpferischen Geist einzupflanzen, die sich immer noch zurückhielten, um ihrer Regierung in ein weiteres Programm des offiziell sanktionierten Massenmords zu folgen.

Oben: Die Probleme bei heimlichen Landungen an der englischen Südküste waren gewaltig, trotz der Tatsache, dass dieser Küste die offensichtlich gefährliche felsige Struktur wie im westlichen Bereich fehlte. Einen beträchtlichen Teil der Südküste bewachten natürliche senkrechte Wände wie die weißen Kliffs von Dover, während große Bereiche eines flacheren Küstenverlaufes voller Schlick waren oder sich im Blick einer Vielzahl von Häusern befanden. Im Bild ist ein umgebautes deutsches Schnellboot zu erkennen, das lange nach dem Kriege in der Nähe des Kraftwerkes Richborough zwischen Ramsgate und Sandwich untergegangen ist. Trotz erheblicher Anstrengungen, das Boot zu heben, hält es der Schlick fest in seinem Griff, bis es eines Tages verrottet sein wird.

Links: An der Ost- und an der Südküste Englands liegen verstreut noch immer eine große Anzahl verlassener Beobachtungsstände, wie dieser hier in der Nähe von Folkestone. Während des Krieges machten es diese besetzten Posten schwierig, sich der Küste zu nähern, ohne gesehen zu werden.

Der entscheidende Kern dieser Berichte bestand darin, dass Augenzeugen aus erster Hand überaus rasch unauffindbar waren und jede Suche nach Informationen beim Hörensagen endete. So entstanden auf einfache Weise Gerüchte; denn es gab sehr viele Leute, die Nachbarn mit Freunden hatten, deren Verwandte wiederum andere Bekannte in den Kneipen trafen. Diese hatten dann zum Beispiel zufällig gehört, wie ihr Chef an ihrer Arbeitsstelle die Wahrheit des Berichtes beschworen hatte – und so fort. Hinzu kam noch, dass einige dieser Berichte sogar noch durch derart unstreitige Beweise wie Bilder von beschädigten Häusern gestützt wurden, die Bildunterschriften trugen, wonach die Zerstörungen durch Artilleriebeschuss getauchter Unterseeboote verursacht worden waren.

Augenzeugen wollten uns glauben machen: Unerschrockene U-Bootmänner fotografierten unwichtige, kleine englische Brücken, die ein paar Kilometer landeinwärts lagen, oder besuchten britische Kneipen, um sich zu erholen, setzten Geheimagenten an Land, entführten Angehörige der Heimwehr *(Home Guard)* und vollbrachten eine große Anzahl weiterer wagemutiger Helden-

Oben: Ein alter Beobachtungsturm auf einem Kanaleinschnitt in der Nähe von Dymchurch in Kent, der heute dem Verfall preisgegeben ist. Im Hintergrund befindet sich die so genannte *Redoute*. Seit ihrer Errichtung in der Mitte des 19. Jahrhunderts war sie bestimmungsgemäß ständig besetzt gewesen und sie wird vom Militär bis zum heutigen Tag genutzt. In der Nacht vom 3./4. September 1940 gingen in der Nähe dieses Turms die beiden Geheimagenten Charles van der Kieboom und Sjoerd Pons an Land. Doch sie wurden eher von einem Fischerboot als von einem U-Boot über den Kanal herübergebracht.

Links oben: Bereits während des Krieges gab es einen Deich, der das tiefer gelegene Marschland rund um Dymchurch schützte. Er war aber an keiner Stelle so hoch wie heute und ein Großteil des Küstenverlaufes an der Romney Marsh sah wie dieser aus. Im Übrigen standen auf dem Gelände rund um die Martello-Türme im Kriege Beobachtungsstände und der erste Einflug einer V 1 wurde aus einem dieser, heute nicht mehr vorhandenen Stände gemeldet.

Oben: Einer der in napoleonischer Zeit zur Verteidigung der englischen Küste gebauten Martello-Türme. Von ihnen gab es eine große Anzahl, von denen einige noch als Beobachtungsposten dienten, als im Zweiten Weltkrieg deutsche Agenten landeten.

taten. Nach dem Kriege schürten diese hysterische Faszination, die von der Waffe ausging, die Winston Churchill am meisten fürchtete, in den Ruhestand versetzten Amtspersonen noch weiter, indem sie ihre Autobiografien mit der Veröffentlichung wildester, fragwürdiger Informationen anreicherten. Nach solchen Büchern hat es den Anschein, als ob die fürchterlichen U-Boote sogar an noch außergewöhnlicheren Eskapaden teilnahmen, als die früheren Gerüchte uns glauben machen wollten. Geschichten von Landungen auf britischem und amerikanischem Boden oder anderswo wurden von U-Booten übertroffen, die Gold, Kunstschätze, hochrangige NS-Größen und Ensembles nackt tanzender Mädchen an Bord hatten.

Es gibt Geschichten von U-Booten, die in Sussex, Dorset, Devon, Nord- und Südwales, an mehreren Plätzen in Schottland, in Blythe, Whitby, Norfolk, der Themsemündung, Dymchurch, Dungeness und zweifellos an vielen weiteren Orten landeten – aber in allen Fällen ist es nicht gelungen, die in Frage kommenden U-Boote aufzuspüren. Diese Landungen sollten auf Grund der aufgezeichneten Daten jeweils zu Zeiten stattgefunden haben, an denen sich überhaupt keine U-Boote in der Nähe der Landungsplätze befunden hatten. Dies würde eher die Vermutung nahe legen, dass die Agenten mit einem Fischerboot oder einer Jacht über den Kanal gebracht worden waren. Es war nicht besonders schwierig, denn das Wetter erwies sich häufig als der ideale Schutz für derart geheime Überquerungen von kurzer Dauer. Dies belegt auch die Tatsache, dass eine Jacht des deutschen Nachrichtendienstes bis 1944 in See unentdeckt geblieben war.

Nach dem Kriege, während sich die Fantasievorstellungen von häufigen U-Bootlandungen in den Köpfen der breiten Masse festsetzten, begannen auch Geschichten von geheimen U-Bootstützpunkten in einer Vielzahl von Veröffentlichungen zu keimen. Einige dieser erfundenen Berichte sind dazu benutzt worden, um in den Touristen, die an den alltäglichen Treffpunkten an der See zusammenkamen, Begeisterung zu entfachen. Hier sollten die U-Bootgeschichten den schmutzigen Stränden und den abgenutzten Vergnügungspassagen Glanz verleihen. Der Gedanke,

Links unten: Die Dymchurch-Redoute nahe West Hythe, wo 1940 die beiden deutschen Agenten landeten.

deutsche Agenten wurden aus altersschwachen Fischerbooten an Land gesetzt, konnte der attraktiven Faszination, die ein angeblich geheimes U-Boot darstellte, nichts entgegensetzen. Die Idee eines geheimen Versorgungsstützpunktes auf Fuerteventura, wo Martin Bormann angeblich gelebt hatte, verkörperte sogar eine noch größere Anziehungskraft und trägt noch immer dazu bei, die Plätze der Reiseveranstalter zu füllen.

Viele dieser Geschichten sind »angeblich« durch vertrauliche Dokumente so geheim, dass sie einer allgemeinen Öffentlichkeit nicht offenbart werden können, und nur ein paar vom Glück begünstigte Autoren sind in der glücklichen Lage gewesen, einen flüchtigen und eher zufälligen Blick auf sie zu werfen. Eine dieser als geheim eingestuften Quellen – eine Liste heimlicher U-Bootstützpunkte – ist einer weitergehenden Betrachtung wert. Doch, ein derartiges Verzeichnis gab es tatsächlich. Das gesamte Konzept wurde im Ersten Weltkrieg zum Leben erweckt, als der Kleine Kreuzer DRESDEN den überlegenen britischen Seestreitkräften nach der Schlacht bei den Falkland-Inseln entkam, indem er in den zahllosen Wasserwegen rund um Tierra del Fuego Zuflucht suchte. Viele dieser schmalen Wasserläufe waren nie kartografiert worden und nur den dort heimischen Personen bekannt. Mit der Kenntnis dieser Gewässer war es dem deutschen Kreuzer möglich, der britischen Marine zu entkommen, bis der Mangel an Brennstoff und Proviant die heldenhafte Fahrt des Schiffes beendete.

Obwohl der Strand um die Dymchurch-Redoute ein idyllisches Aussehen vermittelt, verbirgt das Wasser noch immer einen Wald von Hindernissen, der nur bei Ebbe sichtbar ist. Während des Krieges gab es noch wesentlich mehr Verteidigungsanlagen dieser Art, die mit Minen und Stacheldraht versehen waren.

Mit Beginn des Zweiten Weltkrieges hatte die deutsche Marine entschlossene Anstrengungen unternommen, um Kommandanten zu helfen, die sich plötzlich in ähnlichen Situationen befinden mochten, in der sie Schutz und Zuflucht in abgelegenen Örtlichkeiten brauchten, eingedenk der Tatsache, dass es in jenen Tagen noch eine beträchtliche Anzahl nicht kartografierter Inseln gab. Dieses Verzeichnis lag in Form eines wertvollen, geheimen und sehr umfassenden Buches vor, das den Titel »U-Plätze« trug, eine Bezeichnung, die sehr leicht in »U-Stützpunkt« und von da aus in »U-Bootstützpunkt« umgewandelt werden konnte. Doch das »U« im Titel des Buches stand ursprünglich *nicht* für eine Verbindung zu U-Booten, sondern bedeutete schlicht *Unterkunft*.

In dem Verzeichnis waren so einsame Örtlichkeiten wie etwa das Atoll Trinidade aufgeführt, das ca. 1500 km ostwärts von Rio de Janeiro lag. Seine Lagune ist angeblich durch einen natürlichen Unterwassertunnel mit der See verbunden. Nach dem Kriege, als einige dieser Informationen durchsickerten, wurde diese Örtlichkeit der ideale Anwärter, um in einen heimlichen U-Bootstützpunkt verwandelt zu werden. Das deutsche Buch war jedoch so geheim, dass niemand diese Passage las und mitteilte, dass der

Oben: Nahe dieser Stelle bei Dungeness setzte dasselbe Fischerboot, das die Agenten Kieboom und Pons herübergebracht hatte, zwei weitere Agenten an Land. Die in der Ferne sichtbaren Häuser wurden erst nach dem Kriege gebaut. Daher gingen auch José Waldberg und Carl Meier in völliger Abgeschiedenheit unbeobachtet an Land.

Rechts: Ihr Gepäck und ihr Funkgerät versteckten sie im Wrack eines alten Fischerbootes, nicht weit von der Stelle entfernt, an der dieses Boot nach dem Kriege strandete.

Von Dungeness aus setzten sich die beiden Agenten ins Landesinnere entlang dieser Straße in Marsch. Die beiden Kiesgruben hinter den Büschen in der Ferne entstanden ebenfalls erst später.

Oben: Einer der Agenten ging nach Lydd. Dort wurde er bei dem Versuch festgenommen, etwas Trinkbares zu kaufen, während der andere kurze Zeit später in der Nähe der Boulderwall Farm erwischt wurde, die links im Bild zu sehen ist. Während des Krieges waren die gesamte Romney Marsh zum Sperrgebiet erklärt worden und Einwohner wie auch Besucher bedurften besonderer Pässe. Auf diese Weise war es in Verbindung mit der Abgeschiedenheit der kleinen Marschgemeinde einfach, »Fremde« zu erkennen.

Tunnel selbst für kleine Boote unzugänglich war, da beide Endpunkte von Felsen blockiert wurden.

In diesen Jahren unmittelbar nach dem Kriege war es faktisch unmöglich, die Wahrheit von Erfundenem zu trennen, da die Alliierten die deutschen Aktenbestände einschließlich die der Kriegszeit beschlagnahmt und sie als geheim eingestuft hatten. Informationen, denen gestattet wurde, veröffentlicht zu werden, wurden streng kontrolliert und ließen die Alliierten nur im günstigsten Licht erscheinen. Die spätere Freigabe der Dokumente milderte die Probleme mit heimlichen U-Bootunternehmungen nicht, denn viele dieser Ereignisse waren in den Kriegstagebüchern nicht verzeichnet worden. Stattdessen wurden die Ergebnisse mündlich an die Führung berichtet, wenn das U-Boot in den Stützpunkt zurückkehrte. Und da eine Anzahl Boote von solchen Unternehmungen nicht mehr wiederkam, aber von ihnen bekannt ist, dass sie vor ihrer Vernichtung eine Landung durchgeführt hatten, gibt es im Geschichtsablauf ziemlich große Lücken.

Zusätzlich zu den tatsächlich fehlenden Informationen haben die Nachforschungen zu diesem Buch eine sehr seltsame Abnormalität zum Vorschein gebracht, die auf ein paar der verloren gegangenen Boote zutraf. Es hätte möglich sein sollen, einige Einzelheiten ihrer letzten Feindfahrten aus dem Kriegstagebuch der U-Bootführung zu rekonstruieren. Doch in zumindest zwei Fällen sind an den Aufzeichnungen durch Entfernen wichtiger Seiten für die fragliche Zeitspanne unerlaubte Änderungen vorgenommen worden. Dies hinterlässt natürlich den Verdacht, dass etwas Bedeutsames geschehen sein muss. Für die U-Bootführung wäre es ein irgendwie sinnloses Handeln gewesen, Einzelheiten zu vermerken, und dann den Beweis durch das Herausreißen der entsprechenden Seiten plump zu beseitigen. Hätte dies daher nach dem Kriege durch jene Leute geschehen können, in derem Gewahrsam sich die Dokumente befunden hatten?

Diese Probleme mit der Aktenlage haben auch die große Gefahr unterstrichen, die darin besteht, dass weitere hier vorgelegte Berichte, die einem bereits hohen Stapel zweifelhafter Dokumente hinzugefügt werden, der Fantasie lediglich neuen Auftrieb verleihen werden. Das ist ein weitaus realerer Vorgang als angenommen; denn es scheint ein beträchtliches Heer von Einzelnen zu geben, die sich darüber freuen, andere durch Fabrizieren von Dokumenten in die Irre zu führen, um mit der verrücktesten aller Geschichten in der Hoffnung herauszukommen, sie an die Leichtgläubigen zu verkaufen – und seit dem Auftauchen des *Internet* haben diese bewussten Falschinformationen im Umfang rasch zugenommen.

Unter den eklatantesten Fälschungen befanden sich eine Postkarte und mehrere persönliche Dokumente, die angeblich vom Vater des Verfassers stammen, kurz nachdem er in einer Geheimaktion in den Vereinigten Staaten an Land gegangen wäre. Eine der Einladung zum Kauf des Materials beigefügte Fotokopie wies ausreichend Fehler auf, um auf die Passagen hinzuweisen, die wahrscheinlich eher von einem Amerikaner als von einem Deutschen zusammengestellt worden waren, und die Fälschung konnte entlarvt werden. Doch selbst Fachleute sind durch die gute Qualität der Fälschungen in die Irre geführt worden.

Angesichts dieser Fülle an falschen Informationen habe ich Zeitungen, Zeitschriften und andere Quellen mit hohem Kaufpreis gemieden. Viele Angaben aus diesem Buch beruhen auf *Kriegstagebüchern* und *Berichten aus erster Hand*, die aus dem *U-Boot-Archiv* in Cuxhaven-Altenbruch stammen, und ich bin Horst Bredow, seinem Gründer und Leiter, sehr dankbar, mich durch die umfassenden Bestände dieses Archivs geführt zu haben.[*]

In gleicher Weise möchte ich auch Graham Bloxall, John Gallehawk, Gudmundur Helgason, Philip Kelly, Bill Love, Michael Lyons, Carole Patton, Elizabeth Walker und Franz Selinger für ergänzende Informationen Dank sagen.

---

[*] Anm. d. Übers.: Zur **Stiftung Traditionsarchiv Unterseeboote – U-Boot-Archiv** – siehe eingehend Jak P. Mallmann Showell: *Kriegsmarine 1939–1945. Organisation, Strukturen, Einsatz*, S. 237–239, Motorbuch Verlag, Stuttgart 2000. Die gemeinnützige Stiftung erhält keine Unterstützung durch offizielle Stellen und ist daher auf freiwillige Spenden angewiesen. Im Übrigen steht Herrn Bredow mit dem **Freundeskreis Traditionsarchiv Unterseeboote e. V.** ein Förderverein zur Seite, dem jeder beitreten kann. Die Anschrift für Anfragen lautet: *U-Boot-Archiv*, Bahnhofstraße 57, D–27478 Cuxhaven-Altenbruch.

1. Irisches Fiasko

Bestrebungen in der Vorkriegszeit, geheime Verbindungen zwischen den deutschen Geheimdiensten und der Irisch-Republikanischen Armee (IRA) einzurichten, verliefen im Sande – zum Teil als Ergebnis der Zusicherung Hitlers, dass es mit Großbritannien bis zum Ende der 40er-Jahre als frühest möglichem Zeitpunkt keine bewaffnete Auseinandersetzung geben würde. Doch die Wiederaufnahme der Bombenanschläge durch die IRA im britischen Mutterland wenige Monate vor dem Ausbruch des Krieges veranlasste das Amt Ausland/Abwehr (Admiral Wilhelm Canaris) im Oberkommando der Wehrmacht (OKW), die erneute Aufnahme von Kontakten zu sympathisierenden Elementen in Irland in Gang zu setzen. Sobald der Krieg begonnen hatte, zeigte sich dieses Vorhaben sogar als noch attraktiver, denn die deutsche Seite war der Annahme, dass die IRA bereit sein könnte, mit zur Unterbrechung des britischen Rüstungsprogrammes beizutragen. Bedauerlicherweise bestand als wesentliche Voraussetzung hierfür keine Verbindung zur verantwortlichen Spitze der IRA. Im September 1939 frug daher die Abwehr beim Oberkommando der Kriegsmarine (OKM) an, ob Unterseeboote eingesetzt werden könnten, um ihre Agenten zur Herstellung einer solchen Verbindung an Land zu setzen.

Kapitän zur See und Kommodore Karl Dönitz, am 1. Oktober 1939 zum Konteradmiral ernannt und am 17. Oktober vom Führer der Unterseeboote (FdU) zum Befehlshaber der U-Boote (BdU) aufgewertet, behagte dieser Vorschlag überhaupt nicht. Sein nicht direktes Ablehnen, aber hiermit im Einklang stehendes Hinhalten verfing nicht und nur wenige Tage später forderten im OKM maßgebliche Stimmen, den Plänen der Abwehr höchste Priorität einzuräumen. In diesem Stadium arbeiteten mehrere Stellen an verschiedenen Teilen desselben Plans, ohne voneinander Kenntnis zu haben, und erarbeiteten daher eine ziemlich vage und zusammenhanglose Kollektion von Plänen, die im Einsatz später zu sehr chaotischen Konsequenzen führten.

Die Operationsabteilung der U-Bootführung (BdU op) fertigte eine Anzahl Blankobefehle aus, da noch nicht bekannt war, welches U-Boot den Auftrag auszuführen hatte. Die hauptsächlichen Anweisungen lauteten:

1. Zwei Agenten sollen in Irland an Land gesetzt werden, irgendwo in der Nähe einer Eisenbahnlinie mit Verbindung nach Dublin.
2. Die Wahl der genauen Örtlichkeit bleibt dem U-Bootkommandanten überlassen.
3. Über diesen Auftrag darf zu keiner Zeit und an keinem Ort gesprochen werden. Auch an Bord des U-Bootes sind Gespräche unter der Besatzung nicht erlaubt. Jedes Zuwiderhandeln gegen diesen Befehl wird mit dem Tode bestraft.
4. Die Agenten sollen in einem Schlauchboot, wie es bei der Luftwaffe verwendet wird, an Land gehen, das sofort nach Gebrauch vernichtet werden muss.

Irgendjemand in der Operationsabteilung muss gewusst haben, dass diese letztere Anweisung zu einem Hauptproblem werden konnte, und hinzugefügt, dass das hölzerne Dingi des Unterseebootes benutzt werden könnte, wenn sich die Bedingungen für ein Schlauchboot als zu schwierig herausstellen sollten. Der Grund für den späteren Einfall bestand darin, dass Schlauchboote dazu neigen, *auf* dem Wasser statt in ihm zu schwimmen; sie sind daher für den Wind anfälliger. Manchmal ist es mit einem solchen Boot unmöglich, sich in eine andere Richtung als jene zu bewegen, in die der Wind bläst. Als eine Geste des Trostes betonte die U-Bootführung, dass es nichts ausmache, falls das Dingi bei dem Vorgang verloren gehen sollte.

Das Anlaufen der ersten Agenten-Unternehmung traf zeitlich mit der ziemlich einzigartigen Gelegenheit zusammen, dass U 37 in den Nordatlantik auslief. U 37 war eines der ersten Boote vom Typ IX A für Fernunternehmen, das zu Beginn des Krieges in Wartestellung auf Höhe der Nordwestküste Spaniens gestanden und dann rasch den Heimmarsch angetreten hatte, um für die Bildung einer U-Bootgruppe und deren möglichen Einsatz verfügbar zu sein. Sein Kommandant, Kptlt. Heinrich Schuch, wurde Ende September 1939 von KKpt. Werner Hartmann abgelöst, der seit Herbst 1938 Chef der 6. U-Flottille (»Hundius«) gewesen war. Geplant war, dass KKpt. Hartmann als eingeschiffter taktischer Führer die erste U-Bootgruppen-Operation im Nordatlantik durchführen sollte. Doch dem BdU standen hierzu nicht genügend U-Boote zur Verfügung und so war im Oktober 1939 dieser ersten Operation gegen den Geleitzugverkehr mit lediglich drei Booten kein großer Erfolg beschieden. Zudem ergaben sich bei der Führung in See Schwierigkeiten, so dass dieses taktische Verfahren nach zwei weiteren erfolglosen Versuchen später nicht wiederholt wurde. Doch ein großes U-Boot wie U 37 war geeignet, Passagiere zu befördern, und sein Kommandant war erfahren genug, um auch außergewöhnliche Entscheidungen zu treffen.

Es war ein bitterkalter Tag im Januar 1940, als der Agent Ernst Weber-Drohl, getarnt als Kriegsberichterstatter, in Wilhelmshaven mit ein paar großen Handkoffern auftauchte. Bereits im Alter von 60 Jahren sah er eher wie ein Mann aus, der einem friedlichen Rentnerdasein statt einer verwegenen Eskapade in der Wildnis Irlands entgegenging, und diese Aussicht schien ihn auch nicht

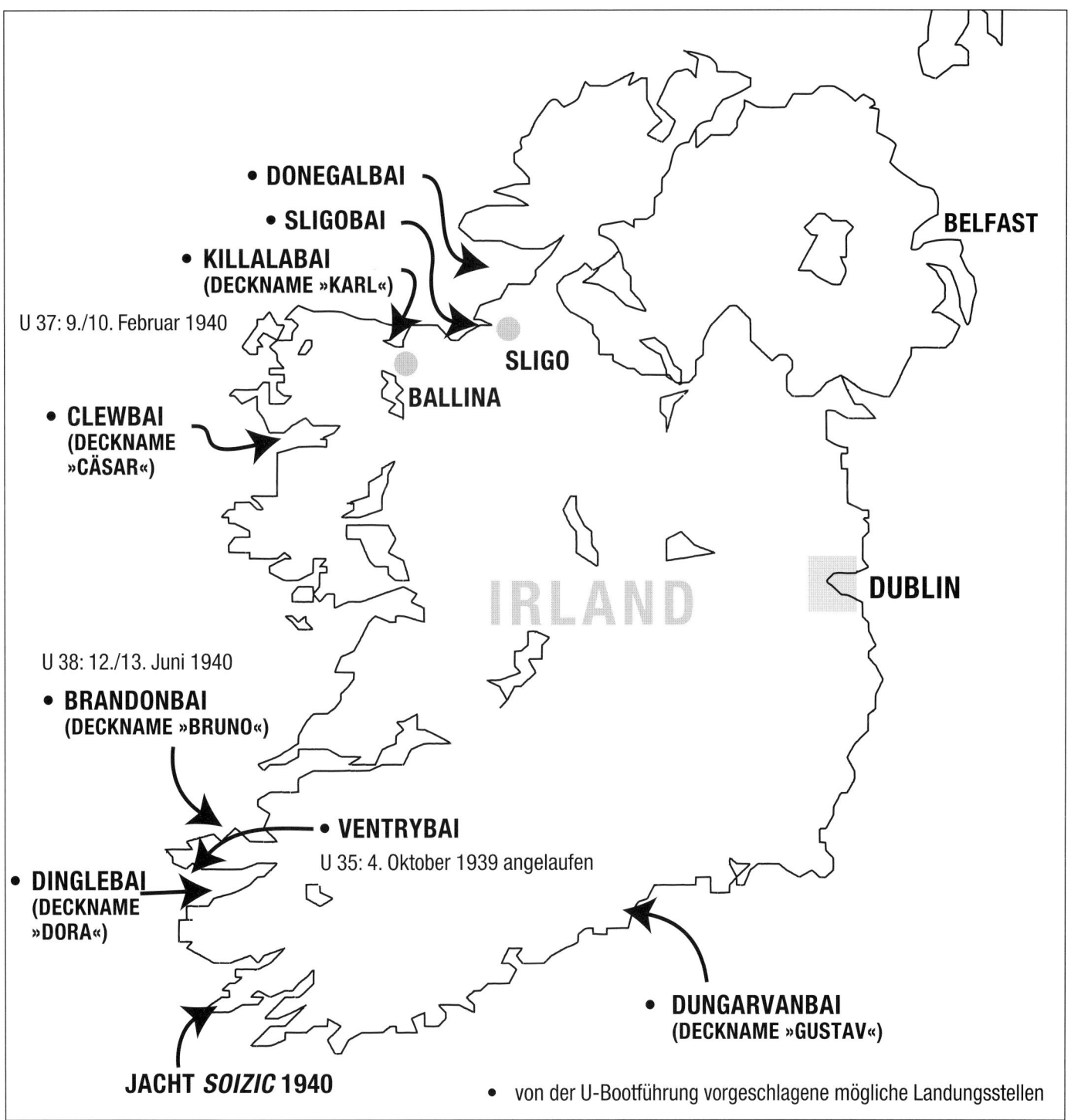

mit Begeisterung zu erfüllen. Es konnte durchaus sein, dass er seine eigenen persönlichen Probleme mitbrachte. Der vorgesehene Funker weigerte sich, mit ihm zu gehen, und fiel zwei Tage vorher aus. Als Grund gab er an, dass er mit diesem sauertöpfischen Menschen nicht zurechtkäme. Der Abwehr stand keine große Auswahl an Agenten zur Verfügung. Obwohl viele der Kandidaten Englisch sprachen, gab es unter ihnen kaum einen, der die Sprache mit einem überzeugenden irischen Akzent sprechen konnte. Infolgedessen konnte der ausgefallene Funker nicht ersetzt werden und die Abwehr musste sich auf Weber-Drohl verlassen, dass er den Auftrag selbständig durchführen konnte. Er kannte Irland ziemlich gut und war mit den örtlichen Geflogenheiten vertraut, da er in den 20er-Jahren auf den Jahrmärkten als Gewichtheber und Ringer aufgetreten war.

Niemand wunderte sich, als der Agent an Bord kam. Es gab ein paar Flüche hinsichtlich der schweren Koffer, die hochkant gestellt und dann durch das Luk gezwängt werden mussten. Doch nichts hob den Passagier aus dem Durchschnitt heraus. Kriegsberichterstatter waren bereits zu einem festen Bestandteil geworden und die jungen Besatzungsangehörigen im Boot mutmaßten, dass jemand, der wendiger war, für schwierigere Aufgaben gebraucht wurde, als in einem Unterseeboot Aufnahmen zu machen.

Sich am 28. Januar 1940 aus Wilhelmshaven herauswagend, kämpfte sich *U 37* im Jadebusen durch ein dichtes Feld starker Eisschollen. Zu dieser Zeit herrschte eine so grimmige Kälte, dass sogar die salzhaltigen Küstengewässer zu einer weißen Eiswüste gefroren waren. Mehrere U-Boote waren bereits daran gescheitert, diese Barriere zu überwinden, und hatten zur Reparatur ihrer Propeller umkehren müssen. *U 37* kam jedoch gut in die eisfreien Gewässer durch und sobald das Boot den langen Seegang des freien Atlantik verspürte, teilte KKpt. Hartmann seinen Männern die wahre Identität ihres Gastes mit. Danach musste jedes Besatzungsmitglied eine Schweigeverpflichtung unterschreiben, die ihnen bei Todesstrafe verbot, innerhalb oder außerhalb des Bootes über dieses Unternehmen zu sprechen. Für die Männer war dies nicht nur neu sondern auch ziemlich ungewöhnlich. Doch für jeden von ihnen hatte der Krieg erst begonnen und die Gefahr wurde wie jede andere bittere Pille auch hinuntergeschluckt.

Weber-Drohl erlebte in der Enge des Unterseebootes mit seinem Mief ein ziemliches Martyrium. Sein Auftrag hatte keine Priorität erhalten. Daher nahm KKpt. Hartmann zunächst erst einmal die Gelegenheit wahr und griff zwei kleinere Dampfer an, die er durch Torpedoschuss versenkte. Der 1365 BRT große Tanker HOP, in Ballast unterwegs von Bergen nach Middlesbrough, war für einen Torpedo fast zu klein. Doch ein zu hoher Seegang und die Möglichkeit, infolge der Nähe Schottlands aus der Luft angegriffen zu werden, ließen ihn vor dem Einsatz des Deckgeschützes zurückschrecken. Das zweite Schiff, den 4330 BRT großen Erzfrachter LEO DAWSON, griff *U 37* in den Abendstunden desselben Tages – 4. Februar 1940 – ein paar Seemeilen ostwärts von Sumburgh Head auf den Shetlands an. Danach passierte KKpt. Hartmann die Hauptschifffahrtswege der nordwestlichen Zugänge nach Großbritannien, ehe er auf die irische Küste zuhielt.

Sobald Land in Sicht kam, ließ KKpt. Hartmann zunächst eine Reihe Peilungen zu leicht erkennbaren Landmarken durchführen,

Rechts oben: *U 37* und *U 38*, die beide Agenten in Irland an Land setzten, waren U-Boote vom großen Typ IX A, gebaut vor dem Kriege bei der Deschimag AG »Weser«, Bremen. Im Bild vermutlich *U 43* vom selben Typ und von derselben Werft beim Anlegemanöver. Charakteristisch ist bei diesem Typ das besonders breite Oberdeck.

um die genaue Position des U-Bootes zu bestätigen. Dies war kaum geschehen, als ein Dampfer weit außerhalb der Donegalbai das Boot unter Wasser zwang. Die Störung spielte keine große Rolle, denn das anbrechende Tageslicht würde es ohnehin nicht zulassen, an der Wasseroberfläche zu bleiben. Ein ständiger südöstlicher Wind mit Stärke 3–4 sollte für das U-Boot von Vorteil sein, denn er wehte von Land her, so dass es unwahrscheinlich war, dass er am Strand einen zu hohen Wellengang erzeugte. Bedauerlicherweise schien niemand an Bord mit der Atlantikdünung vertraut gewesen zu sein, die gegen die Westküste Irlands brandete. KKpt. Hartmann stellte fest, dass auch die geschützte Seite der danach aufgesuchten Sligobai noch eine Brandung erkennen ließ, die für ein Schlauchboot oder ein Dingi viel zu rau war.

Ein prüfender Blick zur Einschätzung der Lage durchs Sehrohr führte zu Korvettenkapitän Hartmanns Entscheidung, dass es besser sein würde, weiter nach West zu schleichen, in der Hoffnung, in der Killalabai eine geeignetere Landungsstelle zu finden. Das war übrigens nicht das erste Mal, dass diese Bucht für eine geheime Landung benutzt wurde. Fast 150 Jahre früher landete der französische General Humbert an dieser Stelle mit etwa 1000 Mann, um einen irischen Aufstand zu unterstützen. Als *U 37* schließlich die Killala-Bucht erreichte, war es schon dunkel, aber zumindest gab es weniger Felsklippen und das warme Wasser des Golfstroms verhinderte die Eisbildung, die den Marsch durch die Deutsche Bucht behindert hatte. Nach der Seekarte zu urteilen, sollte Weber-Drohl sogar an einem einigermaßen festen Sandstrand an Land gehen können.

Bis jetzt war mit militärischer Präzision alles gut verlaufen, aber jetzt setzte KKpt. Hartmanns Entscheidung, mit der Landung fortzufahren, ein vorher nicht geprobtes Vorgehen in Gang. Rasch wurde offensichtlich, dass das kleine Schlauchboot der Luftwaffe lediglich dazu bestimmt war, einen, vielleicht auch zwei halbtote Flieger aufzunehmen, die ohne Gepäck aus ihrer Maschine ausgestiegen waren. Es war jedoch nicht groß genug, um einen gut gebauten Geheimagenten mit Koffern aufzunehmen. Als das Unterseeboot langsam tauchte, damit das Schlauchboot aufschwimmen konnte, wurde deutlich, dass das schwer beladene Boot nirgendwohin gelangen würde, ausgenommen dass es vielleicht umschlug und seinen Inhalt auskippte.

Wäre es KKpt. Hartmann möglich gewesen, diese Szene in einem Kinofilm zu betrachten, hätte er darüber vielleicht laut gelacht, so aber wandten sich ihm nun alle Augen zu, was er als Nächstes zu

Rechts: Noch einmal dasselbe Boot (vermutlich Kptlt. Wolfgang Lüth und – zweiter von links – sein I. WO, ObltzS. Richard Becker, im Spätsommer 1941 in Lorient). Obwohl beim Typ IX A die Brücke relativ viel Platz bot, ist es unwahrscheinlich, dass die Agenten längere Zeit oben bleiben durften. In See befanden sich neben dem Kommandanten nur der wachhabende Offizier und die vier Ausgucks der Seewache und ggf. noch die Geschützbedienung auf der Brücke. In sicheren Seegebieten konnten sich ein oder zwei weitere Angehörige der Besatzung für kurze Zeit oben aufhalten, um zu rauchen oder frische Luft zu schnappen. Obwohl die britische Luftüberwachung in den westlichen Zugängen nach Großbritannien seit Frühjahr 1940 zugenommen hatte, waren die Fla-Geschütze nicht ständig besetzt; denn das Räumen von Brücke und Oberdeck kostete wertvolle Zeit, um zu tauchen. Stattdessen zogen es die U-Boote vor, in der Regel gesichteten Flugzeugen durch Alarmtauchen auszuweichen.

Links oben: Der Bordarzt des Versorgungs-U-Bootes *U 460* setzt zu *U 758* im Mittelatlantik über. Das Foto zeigt, wie schwierig es war, ein Schlauchboot zu paddeln – selbst unter guten Bedingungen, wenn die warme Witterung leichte Bekleidung gestattete. Oft wurden die Agenten in den Wintermonaten an Land gesetzt, wenn unter der Schwimmweste noch mehrere Lagen Kleidung getragen werden mussten.

Oben: Der Arzt von *U 178* wird zu *U 509* gebracht. Zum Übersetzen von Personen eigneten sich die Schlauchboote durchaus, aber der weiche Gummiboden hielt der Beförderung schwerer Lasten oft nicht stand, die ihn häufig aufrissen.

Links unten: Zwei Angehörige von *U 69* in ihrem Schlauchboot, das als Beiboot ab Mitte 1942 das hölzerne Dingi ersetzte.

tun gedachte. Die U-Bootführung hatte die Alternative bereits vorgeschlagen und aus dem Stauraum unter der Decksbeplankung im Achterschiff wurde das hölzerne Dingi herausgeholt. Die Vorstellung, dass sich dies alles dicht unter der irischen Küste abspielte, fand überhaupt keinen Gefallen – auch wenn das Land neutral war und keine Marine besaß, die eingreifen konnte. Ausgucks suchten ständig die Umgebung ab. Das zweite Boot war kaum im Wasser, als die U-Bootmänner erkannten, dass »Atlas der Starke«, wie der ehemalige Gewichtheber früher genannt worden war, keine Ahnung hatte, wie ein kleines Boot zu handhaben war. Die Art, wie er mit den Riemen herumfuchtelte, ließ die Seeleute glauben, dass er eher nach Amerika als zum nahe gelegenen Strand rudern wollte.

Zur Rettung hinzuspringend, hatte Leutnant zur See (LtzS.) Hans-Günther Kuhlmann, der Dritte Wachoffizier (III. WO), Mitleid mit dem sich abstrampelnden Agenten bekommen. Seine Bitte um Erlaubnis, das U-Boot zu verlassen, wurde zuerst als Scherz aufgefasst. KKpt. Hartmann reagierte kaum und gab nur ein paar zustimmende Grunzlaute von sich. Aus Gründen, die der Besatzung nicht mitgeteilt worden waren, beobachtete er besorgt, wie die Nuss-Schale in der Dunkelheit verschwand. Einige Lichtflecken in größerer Entfernung ließen erkennen, dass es sich um ein bewohntes Gebiet handelte, wenn auch die Entlegenheit des Strandes durch die Feuchtigkeit der kalten Brise nachdrücklich betont wurde. KKpt. Hartmann mochte die Gegend nicht. Die Zeit schleppte sich dahin und die Stille war fast erschreckender als die ohrenbetäubenden Detonationen bei einem Wasserbombenangriff. Es schien eine Ewigkeit zu dauern, ehe Kuhlmann mit dem leeren Boot zurückkehrte. Kalt und durchnässt, aber mit einem breiten Grinsen deutete er an, dass alles gut verlaufen war. Eifrig halfen ihm Besatzungsangehörige zurück an Deck. Seine erste Feindfahrt auf einem U-Boot hatte ihm die einzigartige Gelegenheit verschafft, sich auszuzeichnen, etwas, das ihm nie gelungen wäre, wenn er als Torpedooffizier an Bord des Schweren Kreuzers BLÜCHER geblieben wäre. Seine beeindruckende Demonstration von Seemannschaft ließ ihn augenblicklich von

Kuhlmann zu belehren, dass der BdU den strikten Befehl erteilt hatte, dass es keinem aus der Besatzung gestattet war, das U-Boot zu verlassen. Dönitz wollte den Verlust seiner Männer bei diesen »verrückten« Operationen nicht riskieren und hatte besonders betont, dass den Agenten keine Unterstützung beim Anlandgehen gewährt werden dürfe. KKpt. Hartmann war sehr erleichtert, dass er seinen III. WO zurück hatte, und freute sich darüber, dass Weber-Drohl fast trocken an Land gekommen war. Doch keiner von ihnen wusste, dass der Koffer mit dem so überaus wichtigen Funkgerät nicht dafür geeignet war, in kleinen Beibooten transportiert zu werden; denn er konnte nicht den kleinsten Tropfen Seewasser vertragen. Beim Anlandgehen nass geworden, war das Funkgerät daher nicht mehr betriebsfähig.

Weber-Drohl gelang es, Verbindung zu einem Kontaktmann der IRA herzustellen, der früher einmal Hamburg besucht hatte. Ihm

Oben: Das Oberdeck des IX-C/40-Bootes *U 1228* (ObltzS. Marienfeld) mit einem weiteren Schlauchboottyp. Bei diesem Beiboot saß je ein Mann rittlings auf der dickeren Seite des Wulstes, während der Fuß binnenbords zur dünneren Seite des Gummirings zeigte. Das Paddeln mit einem solchen Schlauchboot war infolge des großen Abstandes zwischen Körper und Wasser überaus schwierig, während das Steuern des Beibootes durch die Abdrift in die Richtung, in die der Wind blies, ein weiteres Problem darstellte.

einem Neuling zu einem hoch respektierten Führer werden. Traurigerweise fiel diese auffallende Persönlichkeit im August 1942 als Kommandant von *U 166* im Golf von Mexiko.

Vor Hartmann stehend und von Wasser triefend, beschrieb LtzS. Kuhlmann, wie er mit dem Boot auflief, ins Wasser sprang, das Gepäck fast trocken an Land brachte und schließlich den kleinen, dicken Mann sogar noch huckepack trug. Bis jetzt hatte KKpt. Hartmann ruhig zugehört, doch nun war es an der Zeit, LtzS.

Oben: Stabsobermaschinist Jak Mallmann, der Vater des Verfassers, im hölzernen Dingi von *U 377* vom Typ VII C in Norwegen. Diese robusten kleinen Beiboote konnten gerade zwei Mann und ihr Gepäck befördern. Deutlich sichtbar sind an beiden Bootsseiten die beiden Schwimmkästen für zusätzlichen Auftrieb.

war es sogar möglich, noch einige Wochen in Freiheit zu bleiben, obwohl es einem Ausländer kaum gelang, in den eng integrierten irischen Gemeinden unentdeckt zu bleiben. Infolgedessen wurde er schließlich im April 1940 festgenommen und interniert. Doch dies alles lag noch in der Zukunft, als die Männer von U 37 ihr Boot in die Weite des Atlantik steuerten und verschlüsselt über Funk den Erfolg dieses Teilauftrags meldeten.

Der zweite Versuch, in Irland Agenten an Land zu setzen, hatte weder etwas mit Spionage noch mit Verbindungsaufnahme zur IRA zu tun. Stattdessen sollte die Abwehr im Hinblick auf die geplante Landung in England eine Wetterstation einrichten. Dies war deshalb wichtig, weil viele der Vorkriegsquellen, aus denen die Wetterdaten kamen, entweder überhaupt nicht mehr oder nur verschlüsselt Daten sendeten, und ohne diese Daten war es schwierig, in Europa eine Wettervorhersage abzugeben. In Anbetracht dieser Tatsache bildete die Abwehr Meteorologen aus und entsandte zwei von ihnen nach Wilhelmshaven.

Kapitänleutnant (Kptl.) Heinrich Liebe wusste von ihrem Kommen. Der Kommandant von U 38 hatte bereits einen ähnlichen Befehl erhalten, wie ihn auch KKpt. Werner Hartmann bekommen hatte. Sein U-Boot war vom selben Typ wie U 37 und Mitte der 30er-Jahre für Fernunternehmungen gebaut worden. Am 6. Juni 1940 von Wilhelmshaven aus in See gegangen, verlief Kptlt. Liebes Feindfahrt wesentlich angenehmer. Bedauerlicherweise verzeichnete er in seinem Kriegstagebuch (KTB) über die Durchführung dieses Auftrages keine Einzelheiten. Unter dem Datum vom 12. Juni 1940 stellte er lediglich lapidar fest: »Sonderaufgabe. (gez.) Liebe«. Daraus lässt sich nur die Schlussfolgerung ziehen, dass es gelang, beide Agenten an Land zu setzen. In den Tagen zuvor war nur sehr wenig Bemerkenswertes geschehen, denn das Boot hatte seit dem Auslaufen keine Feindberührung gehabt und die Einträge im KTB befassten sich ausschließlich mit dem Wetter, das sich als gemäßigt und wechselhaft zeigte. U 38 hatte diesmal zwei Agenten an Bord. Einer von ihnen hieß Willy Preetz, hatte lange vor dem Kriege eine Irin geheiratet und sich einen echten irischen Pass auf den Namen Paddy Mitchell beschafft. Dies war nicht allzu schwierig, denn sogar noch lange nach dem Kriege war es vollkommen legal, sich irgendeinen Namen zuzulegen, der dann in offiziellen Dokumenten eher als der ursprüngliche Name aus der Geburtsurkunde benutzt werden konnte. Obwohl sehr wenig über Willy Preetz bekannt ist, könnte sein Namenswechsel eher aus sozialen Gründen statt auf Grund einer Geheimhaltungsabsicht zustande gekommen sein.

Walter Simon, der andere Agent, war insofern eine problematischere Persönlichkeit, weil er schon früher für die Abwehr gearbeitet hatte, wobei er in Großbritannien enttarnt und ausgewiesen worden war. Dies beeinträchtigte zwar seinen Status in Irland nicht, bedeutete aber, dass er möglicherweise den dortigen Behörden bekannt war. Der irischen Regierung lag sehr viel daran, gute Beziehungen zu London aufrechtzuerhalten, um den Briten keinen Vorwand zu liefern, Irland zu besetzen. Daher gab es wahrscheinlich auf kriminalpolizeilichem Gebiet gute Kontakte zueinander. Obwohl der schon 58 Jahre alte Simon eine neue Identität als Australier mit dem Namen Karl Anderson erhalten hatte, verhinderte dies nicht seine frühe Festnahme. In Wahrheit könnte es durchaus der Fall gewesen sein, dass den irischen Behörden sein Eintreffen bekannt war, da er überaus schnell gefasst wurde.

Willy Preetz alias Paddy Mitchell, der zweite Agent, konnte sich längere Zeit im Hafenviertel von Dublin aufhalten und regelmäßig Wetterberichte senden. Er hatte eine beträchtliche Summe Geldes sowohl in britischer wie auch in amerikanischer Währung mitgebracht und scheute sich auch nicht, das Geld auszugeben. Statt sich unauffällig zu verhalten und zum Beispiel nach seiner Landung im Südwesten Irlands mit dem Zug nach Dublin zu fahren, durchquerte er das Land im Taxi. Vermutlich verdiente er seinen Lebensunterhalt mit einem kleinen Laden. Doch der genaue Grund, der schließlich zu seiner Enttarnung führte, ist nicht bekannt; denn der Öffentlichkeit ist ein Einblick in die Dokumente des Staatsarchivs nicht gestattet.

Etwa zur selben Zeit, als Ernst Weber-Drohl in der Killalabai an Land ging, wurde dem deutschen Konsulat im italienischen Genua ein Ire namens Sean Russell angekündigt, der seine Dienste Deutschland zur Verfügung stellen wollte. Er traf im April ein, nachdem er anscheinend die Vereinigten Staaten in Eile verlassen musste, da sein Visum abgelaufen war und die Behörden von der Art nicht sehr begeistert waren, wie er bei den Amerikanern irischer Abstammung Geld für die IRA gesammelt hatte. Zunächst jedoch hatte die deutsche Abwehr keine direkte Verwendung für Russell, aber sein etwas verwegener Lebensstil, sein überzeugender IRA-Hintergrund und die Tatsache, dass er einfallsreich genug war, um den Atlantik als Heizer auf einem neutralen Schiff zu überqueren und nach Italien zu gelangen, machten ihn zu einer attraktiven Persönlichkeit.

Schon einige Zeit vor dem Eintreffen Russells hatte die deutsche Seite Schritte unternommen, um Frank Ryan, einen weiteren bekannten Iren, aus einem spanischen Gefängnis freizubekommen. Obwohl er während des Spanischen Bürgerkrieges auf republikanischer Seite gekämpft hatte und zum Tode verurteilt war, hatte er das Glück gehabt, dass sein Todesurteil in eine lebenslange Gefängnisstrafe umgewandelt worden war. Es ist nicht klar, warum die Deutschen, die General Franco unterstützt hatten, behilflich gewesen sein sollten, seine Flucht aus dem spanischen Gefängnis zu inszenieren. Ryan kam jedoch nach Deutschland und Russell wurde befragt, ob er ihn zur Durchführung seines Auftrages nach Irland mitnehmen wollte.

Die beiden Iren hatten jedoch so starke Bindungen zur IRA, dass darauf verzichtet wurde, sie mit einem konkreten Auftrag zu betrauen. Stattdessen genügte es der Abwehr, sie zurück in ihr Heimatland zu bringen – in der Hoffnung, dass sie dort für Deutschland Vorteilhaftes leisten würden. Sie war der Auffassung, mit der Unterstützung dieser engagierten und mit Irland fest verbundenen Persönlichkeiten bestünde eine gute Grundlage für zukünftige Agenten, die in das Land eingeschleust werden könnten. Wären diese beiden Männer Hauptpersonen eines Romans gewesen, dann hätten dies zweifellos viele Leser als zu weit hergeholt angesehen: Zwei außerordentlich einfallsreiche Individualisten, die beide bereit waren, sich für ihre eigene Sache voll einzusetzen – und bis zu diesem Zeitpunkt war ihr Lebensweg auch ungewöhnlich verlaufen. Was jetzt folgen sollte, war sogar noch unglaublicher und wäre nicht einmal einem realistischen Romanautor eingefallen.

Das U-Boot, das ausersehen war, um das Unternehmen »Taube« durchzuführen, war *U 65* vom Typ IX B unter Kptlt. Hans-Gerrit v. Stockhausen, das erst sechs Monate zuvor, am 15. Februar 1940, in Dienst gestellt worden war. Kptlt. v. Stockhausen war jedoch kein Neuling; wie KKpt. Hartmann von *U 37* gehörte er zur ersten Generation von Kommandanten und hatte bereits vor dem Kriege reichlich Erfahrungen mit *U 13* gesammelt. Bei Kriegsbeginn war er 2. Admiralstabsoffizier im Stabe des FdU.

Der Zeitpunkt für das Absetzen der Agenten war vermutlich noch nicht endgültig festgelegt, als *U 65* am 8. August 1940 von Wilhelmshaven aus in See ging; denn Kptlt. v. Stockhausen nahm anfänglich eine Position ein, von der aus er sowohl Irland wie auch die Schiff-Fahrtswege im Nordatlantik erreichen konnte. Der Ausführungsbefehl ging erst am 13. August mittags ein: »*U 65* Sonderaufgabe durchführen, dann auf Geleitzug operieren. B.d.U.« Zu diesem Zeitpunkt hatte *U 65* mit einigen unbequemen kleinen Problemen zu kämpfen, von denen das ärgerlichste die in ihrem Behältnis klappernde vordere Markrettungsboje gewesen war, dessen Deckel sich geöffnet hatte. Obwohl diese Vorrichtung überholt war, wurden mit ihr immer noch eine Anzahl Boote standardmäßig ausgerüstet. Gerade als der Funkspruch (FT) von der U-Bootführung einging, waren der I. WO und ein Mann bei sehr grober See (Wind Südsüdwest 7–8, See 6–7) ausgestiegen, um die Boje aus ihrem Behältnis herauszuschlagen, ehe sie das Verankerungskabel mit der Boje abschneiden konnten. Kurze Zeit später wurde der Deckel des Bojenbehältnisses, der sich nicht mehr schließen ließ, von der See abgeschlagen.

In der Zwischenzeit erlebten die Männer im Boot ein anderes Drama, als Russell unter ernsten Magenkrämpfen zu leiden begann. Da sich kein Arzt an Bord befand, überstiegen die Symptome die Fähigkeiten des U-Boot-Sanitäters, der lediglich ausgebildet war, um Erste Hilfe bei Verletzungen zu leisten, aber nicht das fachliche Können besaß, um die Ursache innerer Beschwerden zu erkennen und zu behandeln. Abführmittel brachten keine Linderung und Russell starb zwei Tage später.

Kptlt. v. Stockhausen war zunächst gewillt, die Durchführung des Sonderauftrages fortzusetzen. Ryan hatte jedoch Russell erst wenige Tage zuvor getroffen und war sich nicht wirklich sicher, was seine Aufgabe umfassen sollte. Seine leichte Schwerhörigkeit in Verbindung mit der Notwendigkeit äußerster Geheimhaltung hatte die beiden daran gehindert, in dem geräuschvollen U-Boot Einzelheiten der Aufgabe zu besprechen. Ryan hatte keine Ahnung, ob es ihm gelingen könnte, in Irland Kontaktpersonen oder Freunde zu finden. Daher entschloss er sich, nicht allein an Land zu gehen.

Über Funk wurde die U-Bootführung am Nachmittag des 15. August unterrichtet: »Sonderaufgabe abgebrochen.« Danach ließ Kptlt. v. Stockhausen den Leichnam in Betttücher einnähen und bestattete ihn mit militärischen Ehren in See. Anschließend setzte er seine Feindfahrt fort, um an Geleitzugschlachten teilzunehmen. Unter Umständen hätte es noch mehrere Wochen gedauert, ehe er wieder in den Stützpunkt eingelaufen wäre. Daher entsprach die Seeübergabe eher einem Gebot der Hygiene als dem Wunsch, Russell in Gewässern nahe seines Heimatlandes zu bestatten. Zumal die Alternative, den Leichnam in einem der Torpedorohre unterzubringen, nicht durchführbar war, denn für die bevorstehenden Kampfhandlungen wären alle Rohre gebraucht worden. Bedauerlicherweise waren jedoch alle Absichten zum Scheitern verurteilt. Denn bereits am nächsten Tag bemerkten die Ausgucks im Kielwasser eine immer stärker werdende Ölspur, deren Ursache nicht festgestellt werden konnte. Damit blieb Kptlt. v. Stockhausen nichts anderes übrig, als einen westfranzösischen Hafen anzulaufen und ins Dock zu gehen. Mit einer derart verräterischen Spur im Gefolge den Kampf aufzunehmen, wäre selbstmörderisch gewesen.

Ryan verschwand aus der Spionage- und Sabotageszene. Er lebte in Berlin, bis er vier Jahre später im Alter von 38 Jahren verstarb. KKpt. v. Stockhausen übernahm im April 1941 das Kommando über die 26. U-Flottille, erlitt aber am 15. Januar 1943 in Berlin einen tödlichen Autounfall. Die Tatsache, dass die beiden Iren so frühzeitig verstarben, hat Anlass zu vielen weiteren Vermutungen gegeben. Unseriöse Zeitschriften haben mit einer Flut verschiedenartiger Erklärungen aufgewartet, die von Vergiftung durch den sowjetischen Geheimdienst bis zu Vergeltungsmaßnahmen durch IRA-Agenten in Deutschland reichten, aber jeglicher Grundlage entbehrten.

Obwohl es vermutlich keine weiteren Landungsversuche durch U-Boote gab, hat die Abwehr auch kleine Jachten (wie die SOIZIC und die ANNI BRAZ BIHEM) eingesetzt, um Personen von und nach Irland zu bringen, und auch Flugzeuge wurden für Fallschirmabsprünge benutzt. Diese Vorgänge beruhen fast mit Sicherheit auf Tatsachen, aber die Berichte darüber sind in den Einzelheiten vielfach ausgeschmückt, und es ist heute schwierig, die Trennlinie zwischen Dichtung und Wahrheit zu ziehen.

Oben: Männer von *U 200* (Kptlt. Heinrich Schonder) vom Typ IX D$_2$ mühen sich mit einem weiteren Typ Beiboot ab. Dieses Dingi wurde – wie bei U-Booten vom Typ IX üblich, wenn es nicht gebraucht wurde – mit der Oberseite nach unten in einem Stauraum achteraus des Turms unter den Oberdeckplatten untergebracht. Mit Stöpseln verschlossene Öffnungen im Boden wurden geöffnet, damit die Luft entweichen und das Dingi sich mit Seewasser füllen konnte, wenn das Unterseeboot tauchte. *U 200* ging mit seiner gesamten Besatzung am 24. Juni 1943 südwestlich von Island durch Luftangriff verloren.

Links: Das von *U 461* (KKpt. Wolf-Harro Stiebler), einer »Milchkuh« vom Typ XIV, aus aufgenommene Foto lässt erkennen, dass die hölzernen U-Boot-Dingis keine billigen Ruderboote, sondern sorgfältig konstruierte Fahrzeuge waren. Sie konnten infolge der seitlichen Luftkästen nicht sinken, selbst wenn sie voll gelaufen waren. Sie waren daher für die schwierigen Bedingungen, denen sich Unterseeboote vermutlich gegenübersahen, außerordentlich geeignet.

Links: Das gefrorene Salzwasser der Jademündung im Winter 1940, als *U 37* diese Barriere auf dem Marsch nach Irland mit Eisbrecherhilfe überwinden musste, um die offene Nordsee zu erreichen.

Oben: Der spätere KKpt. Hans-Gerrit v. Stockhausen auf der Brücke seines *U 65* mit den vier Ausgucks und dem wachhabenden Offizier. Im Bild rechts vor der 2-cm-Flak der Flaggenstock mit dem Kommandantenwimpel.

Rechts: U 65, ein großes Boot vom Typ IX B für Fernunternehmungen, Ende August 1940 im Dock des Arsenals von Brest zur Reparatur des undichten Schiebers, der die Ölspur verursacht hatte, die KKpt. v. Stockhausen zum Abbruch der Feindfahrt zwang, nachdem der irische Agent Sean Russell vermutlich an einem Magengeschwür verstorben war. Ursprünglich war das zur 2. U-Flottille (»Saltzwedel«) gehörende Boot in Lorient eingelaufen, musste aber wegen Überlastung der Dockeinrichtungen nach Brest verlegen.

Links: Noch einmal *U 65* im selben Trockendock, das hier geflutet ist. Es ist schwierig zu entscheiden, ob das Foto am Beginn oder Ende der Werftliegezeit aufgenommen wurde. Das unordentliche Deck und die auf den Netzabweisern zum Trocknen aufgehängten Wolldecken sprechen nicht für das Verbringen einer mehrtägigen Liegezeit in der Werft, sondern eher für ein kürzliches Einlaufen nach tagelangem Seetörn.

Unten: *U 65* Anfang 1941 während seiner Großen Werftliegezeit in Lorient, nachdem das Boot von einer 88 Tage dauernden Feindfahrt ins Seegebiet vor Freetown/Westafrika zurückgekommen war. Am 28. April 1941 ging *U 65* unter seinem neuen Kommandanten, Kptlt. Joachim Hoppe, nordwestlich der Hebriden im Nordatlantik durch Wasserbomben verloren.

Rechts: Das Postamt von Killala 50 Jahre später, nachdem *U 37* dort Ernst Weber-Drohl an Land gesetzt hatte.

Unten: Die idyllische Einsamkeit der Bucht von Killala im Nordwesten von Irland nahe der Stelle, an der Ernst Weber-Drohl am 9. Februar 1940 durch LtzS. Kuhlmann, den III. WO von *U 37*, mit dem Dingi an Land gebracht wurde.

2. Isländischer Verrat und Misserfolge

Die erste Landung mit einem U-Boot während des Krieges in Island ging außergewöhnlich gut vonstatten, aber alle späteren Versuche endeten mit Misserfolgen und bedauerlichen Folgen für die beteiligten U-Boote, wobei auch Verrat im Spiel war. Nur ein Boot kehrte zurück, nachdem es Agenten an Land gesetzt hatte, um über das zu berichten, was geschehen war. Die drei anderen U-Boote gingen wenige Tage nach Durchführung ihrer Sonderaufträge verloren.

Diese erste Landung ereignete sich wenige Tage nach Kriegsbeginn, als *U 30* unter dem Kommando von Kptlt. Fritz-Julius Lemp einen verwundeten Besatzungsangehörigen zu Prof. Dr. Gerlach brachte, dem deutschen Konsul in Reykjavik, der zudem ein bekannter Arzt war. *U 30*, durch die Versenkung des Passagierschiffes ATHENIA am ersten Tag des Krieges gegen Großbritannien bekannt geworden, hatte am 14. September 1939 ein Prisenkommando an Bord des britischen Dampfers FANAD HEAD (5200 BRT) entsandt, als drei Trägerflugzeuge der HMS ARK ROYAL das U-Boot mit Bomben und Bordwaffen im Tiefflug angriffen. Zwei der Maschinen stürzten durch die detonierenden eigenen Bomben ab, während das U-Boot kaum Beschädigungen erlitt. Doch es entstand eine verworrene Lage, als der verwundete Matrosenobergefreite Otto Ohse ins Wasser sprang, um einen der britischen Flieger zu retten, während sich das restliche Prisenkommando noch an Bord des Frachters befand, um Sprengpatronen anzuschlagen. Nachdem Kptlt. Lemp sein Prisenkommando mit zwei überlebenden Fliegern wieder an Bord genommen und den Dampfer versenkt hatte, sah er sich einer wenig beneidenswerten Aufgabe gegenüber: Entweder zuzusehen, wie der ebenfalls durch Bordwaffenbeschuss der Flugzeuge schwer verwundete Maschinenmaat Adolf Schmidt am Blutverlust starb, oder ihn in ein Krankenhaus zu bringen, d.h. als völlig unorthodoxen Schritt um die Erlaubnis nachzusuchen, ihn im neutralen Island an Land zu setzen.

In den Morgenstunden des 19. September 1939 gegen 10.00 Uhr glitt *U 30* vom Typ VII A mit langsamer Fahrt auf die Reede des Hafens von Reykjavik. Die weiteren Ereignisse sind in der Zeitschrift *Das Archiv* sowie in der Zeitschrift *The U-boat-Archive* wie folgt dokumentiert:

Der deutsche Konsul, Dr. Gerlach, ein Arzt, begab sich an Bord, um die Verwundeten zu behandeln. Der Maschinenmaat Adolf Schmidt wurde durch ein isländisches Zollboot auf den deutschen Frachter HAMM gebracht und später in das St.-Josefs-Spital, das Krankenhaus der Stadt, überführt, während U 30 *von den auf Reede bzw. im Hafen vor Anker liegenden deutschen Schiffen mit Brot und anderen Vorräten versorgt wurde. Darunter befand sich auch ein Truthahn namens »Alfons«, der während des weiteren Verlaufes der Feindfahrt im E-Motorenraum hauste und beträchtliche Aufregung verursachte, als das U-Boot mit dem am Decksgeschütz angebundenem Tier in Wilhelmshaven einlief. Als Ersatz für Schmidt war der Dritte Offizier des Frachters HAMM an Bord gekommen und gegen 14.00 Uhr ging* U 30 *wieder in See. Die beiden britischen Piloten blieben bis 1945 als Kriegsgefangene in Deutschland.*

Am 20. September 1939 veröffentlichte die isländische Zeitung Morgunbladid *ein Foto von Adolf Schmidt, wie er von der Zollbarkasse mit dem Arm in der Schlinge an Land ging. Er erhielt als Patient des St.-Josefs-Spitals in Reykjavik die Nr. 950/1939 und seine Adresse auf dem Aufnahmeformular ist mit »Wilhelmshaven, U 30, U-Flottille 'Saltzwedel'« angegeben. [Beachte die korrekte Schreibweise des Namens »Saltzwedel«.] Sein Krankenhausaufenthalt dauerte 33 Tage und danach wohnte er für kurze Zeit im Hotel* Island*, ehe er bei einer deutschen Familie unterkam. Er hatte sein Wort gegeben, keinen Fluchtversuch zu unternehmen, und durfte sich deshalb in der Stadt frei bewegen. Im Mai 1940 warnte ihn der deutsche Konsul vor der bevorstehenden alliierten Besetzung und es gelang ihm in der Folge, sich mehrere Tage zu verstecken, ehe er am 23. Mai gefangen genommen und anschließend nach Liverpool gebracht wurde. Von dort aus kam er nach Kanada, wo er in einem Kriegsgefangenenlager einige seiner ehemaligen Bordkameraden von* U 30 *wieder traf.*

Der erste Agent des geplanten isländischen Spionagenetzes mit dem Namen Ib Riis hatte überhaupt nicht die Absicht, für die deutsche Abwehr zu arbeiten. Stattdessen scheint er die Gelegenheit, Agent zu werden, dazu benutzt zu haben, als Ausgleich für eine fehlende zivile Transportmöglichkeit auf diese Weise wieder in sein Heimatland zurückzukehren. Als *U 252* (Kptlt. Kai Lerchen) am 6. April 1942 Ib Riis an Land setzte, begab sich dieser auf dem schnellsten Wege in die Bequemlichkeit des nächstgelegenen Bauernhofes und gab auf. Infolge der Abgeschiedenheit des Ortes dauerte es fast eine Woche, ehe die Polizei eintraf, um ihn festzunehmen. Doch auch nach dem Eintreffen im nächsten Dorf dauerte es nochmals mehrere Tage, ehe der Weitertransport von Ib Riis nach Reykjavik organisiert werden konnte. Ende des Monats befand er sich endlich in den Händen der britischen Kriegsmaschinerie. Nach intensiven Verhören in

Oben: U 30 (Kptlt. Fritz-Julius Lemp) läuft in Wilhelmshaven ein, nachdem es auf Island einen Verwundeten an Land gesetzt hatte. Das Emblem mit »Schnurzl«, dem Foxterrier des Kommandanten, angefertigt vom Funkmeister Georg Högel wenige Tage nach Kriegsbeginn, war vermutlich das erste Emblem, das den Turm eines U-Bootes zierte. Beachte den frühen Turmentwurf mit dem nach oben gekrümmten Windabweiser an der Oberkante.

Schottland konnte er schließlich nach Island zurückkehren. Dort setzte er sein Funkgerät unter der Überwachung durch die *Royal Navy* in Betrieb, um bruchstückhafte Desinformationen zu senden, die er vom alliierten Geheimdienst erhielt.

Der zweite Agent hieß Jens Fridriksson und wurde am 20. September 1943 durch *U 279* (Kptlt. Otto Finke) an Land gebracht. Ihm war ein ähnliches Schicksal wie Riis beschieden, obwohl er sich nicht selbst stellte. Er wurde von den Alliierten gefangen genommen, ehe er sich in der isländischen Hauptstadt einrichten konnte. Nach entsprechenden Drohungen blieb ihm keine andere Wahl, als den Wünschen seiner neuen Herren zu gehorchen. Auch er nahm für den alliierten Geheimdienst den Funkverkehr mit der deutschen Abwehr auf.

Mit dem dritten Agenteneinsatz wurden durch *U 289* (Kptlt. Alexander Hellwig) am 25. April 1944 zwei weitere Agenten auf Island abgesetzt, die sich beide – Sverrir Matthiasson und Magnus Gudbjörnsson – kurze Zeit später stellten und festgenommen wurden. Die Alliierten hatten offensichtlich keinen weiteren Bedarf an Marionetten und forderten Riis auf, die Nachricht von ihrer Festnahme durchzugeben. Bevor er dies noch erledigen konnte, setzte *U 955* (ObltzS. Hans-Heinrich Baden) am 30. April 1944 eine weitere Spionagegruppe ab, bestehend aus drei Mann: Ernst Fresenius, Sigurdur Juliusson und Hjalti Björnsson. Unmittelbar nach der Landung wurden sie tagelang durch einen heftigen Schneesturm ohne jede Überlebensausrüstung in einer kleinen Höhle festgehalten. Als die Lebensmittel knapp wurden, hinderten Fresenius' starke Sympathien für Deutschland und seine Pistole die anderen beiden daran, das Handtuch zu werfen und aufzugeben. Doch die drei Agenten blieben nicht lange in Freiheit. Am Ende ihrer zweiten Woche auf Island befanden sie sich in alliiertem Gewahrsam.

Es hat den Anschein, als ob die Abwehr einen grundlegenden Fehler beging, indem sie Isländer als Agenten ausbildete, von denen die meisten mehr daran interessiert waren, einen Weg zu finden, den gefährlichen Atlantik zu überqueren, um in ihr Heimatland zu gelangen, als die deutschen Kriegsanstrengungen zu unterstützen. Und diejenigen, die zur Spionage für die deutsche Seite bereit waren, hatten zu wenig Erfahrung, um längere Zeit zu überleben – und dieser Mangel traf auch auf die U-Bootkommandanten zu.

Am 4. Oktober 1941 wurde *U 252* vom Typ VII C gerade sechs Monate vor dem Absetzen der Agenten auf Island in Dienst gestellt, und zwar durch Kptlt. Günter Schiebusch, der kurze Zeit später erkrankte und bis zum März 1942 im Lazarett bleiben musste. Sein Nachfolger war Kptlt. Kai Lerchen, 1911 an Bord eines Schiffes auf dem Wege von Südafrika nach Deutschland geboren. Beim Zwischenaufenthalt des Schiffes in England wurde seine Geburt in London offiziell registriert. Nach einer kurzen Zeit als Artillerieoffizier auf dem Schweren Kreuzer ADMIRAL HIPPER meldete sich Lerchen zur U-Bootwaffe und fuhr nach seiner U-Bootausbildung längere Zeit als Wachoffizier auf *U 85*. Anschließend absolvierte er den Kommandanten-Lehrgang und ging einen Monat danach mit *U 252* auf Feindfahrt. Vier Monate später, am 14. April 1942, fielen er und seine Besatzung einem Wasserbombenangriff zum Opfer.

Kptlt. Otto Finke, der am 3. Februar 1943 *U 279* in Dienst gestellt hatte, ebenfalls ein VII-C-Boot, war 1936 in die Marine eingetreten, drei Jahre nach Lerchen, als er aus dem Fernen Osten ins Reich heimgekehrt war. Der in Sumatra geborene Finke war bereits Chef einer Minensuch-Halbflottille gewesen, als er sich zur U-Bootwaffe meldete und nach seiner U-Bootausbildung zur 3. U-Flottille kam. Seine U-Ausbildung war genauso unzulänglich wie die von Lerchen gewesen; aber Finke lebte ein paar Monate länger als dieser, ehe er und seine Besatzung am 4. Oktober 1943 bei einem Luftangriff mit ihrem Boot sanken.*

Der dritte der drei Kommandanten, die kurze Zeit später, nachdem sie die Agenten auf Island abgesetzt hatten, auf See fielen, war Oberleutnant zur See Hans-Heinrich Baden, der *U 955*, noch ein VII-C-Boot, Silvester 1942 in Dienst gestellt hatte, obwohl das Boot erst ein Jahr später zum ersten Mal auf Feindfahrt ging. ObltzS. Baden war zuvor 12 Monate lang Wachoffizier an Bord von *U 558* gewesen. Dies verlieh ihm für die im Kriege auftretenden Standardsituationen eine größere Erfahrung, als sie die Mehrheit der mit sehr geringer Ausbildung hinaus gesandten Männer hatten. Doch auch er trug die weiße Mütze eines Kommandanten nicht für eine sehr lange Zeit. *U 955* sank am 7. Juni 1944 in der Biskaya nördlich von Kap Ortegal nach einem Luftangriff. Es gab nur einen Überlebenden.

Kptlt. Alexander Hellwig hatte das Glück, mit seinem *U 289* nach dem Absetzen der Agenten auf Island sicher von der Feindfahrt zurückzukehren. Doch auch dieses VII-C-Boot, am 10. Juli 1943 in Dienst gestellt, ging mit seiner gesamten Besatzung (51 Mann)

---

* Anm. d. Übers.: Eingehend zur U-Bootausbildung siehe Timothy Mulligan: *Die Männer der U-Bootwaffe*, Motorbuch Verlag, Stuttgart 2001.

auf der nächsten Feindfahrt am 31. Mai 1944 durch Wasserbomben eines britischen Zerstörers verloren.

Der Sonderauftrag von *U 252* im April 1942 fiel in eine ziemlich turbulente Zeit. Die Vereinigten Staaten waren gerade vier Monate zuvor in den Krieg eingetreten und die Aufmerksamkeit war noch weitgehend auf Amerika gerichtet, obwohl das britisch-kanadische Kommandounternehmen gegen St. Nazaire am 27. März auf der europäischen Seite des »großen Teiches« für Gesprächsstoff sorgte. Kptlt. Lerchen lief am Morgen nach dem Angriff auf St. Nazaire im Stützpunkt Helgoland ein, setzte aber nach ein paar kleineren Reparaturen seine Feindfahrt in dem Wissen fort, dass er von jedem bekannten Krisenherd weit entfernt war. Uns ist bekannt, dass die Landung auf Island erfolgreich verlief, denn wie zu erfahren war, gelangte Ib Riis mit Sicherheit an Land und das Ausbleiben von Funkmeldungen lässt darauf schließen, dass die Feindfahrt zunächst ereignislos blieb.

Auch der erste Angriff des U-Bootes zwei Tage später war erfolgreich. Möglicherweise war dies eine Folge des Nachlassens der Wachsamkeit an den Geleitzügen, da die U-Boote ihre Aufmerksamkeit auf das Seegebiet vor der amerikanischen Ostküste konzentriert hatten. Jedenfalls versenkte *U 252* einen kleinen Frachter, die SS FANEFJELD (1355 BRT), durch Torpedoschuss, als dieser gerade aus dem Schutz der zerklüfteten isländischen Küste hervorkam. Dieser Erfolg mag Lerchen und seine Männer in ein falsches Gefühl der Sicherheit versetzt haben, denn vier Tage später wurden sie von der Geleitsicherung am Geleitzug OG.82 versenkt – ein Opfer der 36. Geleitsicherungsgruppe unter Führung des bekannten Captain F.J. Walker auf der Sloop HMS STORK. Die Korvette HMS VETCH (Lt.-Cdr K.M.B. Menzies) hatte das U-Boot mit Radar geortet – der erste erfolgreiche Einsatz des neuen 10-cm-Radargerätes vom britischen Typ 271 – und zusammen mit STORK durch Artilleriebeschuss und schließlich mit Wasserbomben versenkt. Die U-Bootführung hatte keine Ahnung, was passiert war. Auf die Meldung vom Sichten des Geleitzuges hin war Lerchen der Angriff freigestellt worden, da in seiner Nähe keine weiteren Boote standen. Ferner hatte ihm BdU op mitgeteilt, dass er nicht mit Unterstützung rechnen könnte. Außerdem war er gewarnt worden, während der Tageslichtstunden am Geleitzug zu bleiben; denn von Stützpunkten auf Island aus operierende Flugzeuge waren in den vergangenen Monaten sehr häufig aufgetaucht.

Am folgenden Tag, als Lerchen nicht auf die Aufforderung antwortete, über Funk seine Position zu melden, wurde Dönitz besorgt. Die U-Bootführung nahm an, dass *U 252* ein ähnliches Schicksal wie *U 82* (Kptlt. Siegfried Rollmann) erlitten hatte, das zwei Monate früher in diesem Seegebiet verloren gegangen war. Dönitz war der Auffassung, die Alliierten könnten besonders gut gesicherte Gruppen von Handelsschiffen einzig zu dem Zweck eingesetzt haben, U-Boote zu jagen. Daher verbot er seinen

Booten alle Angriffe auf Geleitzüge im Seegebiet von Island. Derartige Köder-Geleitzüge kamen allerdings nicht zum Einsatz und der Verlust von Lerchens Boot kann einem Zusammentreffen einer unerfahrenen Besatzung mit einer gut ausgebildeten und ausgerüsteten Geleitsicherungsgruppe zugeschrieben werden.

Im Anschluss an das Absetzen der Agenten geriet U 279 in eine der schlimmsten Katastrophen des Zweiten Weltkrieges für die U-Boote: Das Fiasko der aus 21 U-Booten bestehenden U-Bootgruppe »Roßbach« im mittleren Nordatlantik, die an keinen der anzugreifenden Geleitzüge herankam. Auch U 279 hielt eine Zeitlang durch, fiel aber dann der geduldigen Ausdauer eines amerikanischen Piloten mit dem deutschen Namen Westhofen zum Opfer. Zuerst sichtete dieser das aufgetaucht fahrende deutsche U-Boot südwestlich von Island, konnte jedoch mit seinem zweimotorigen Bomber vom Typ Lockheed »Ventura« nicht rechtzeitig nahe genug herankommen, um zum Angriff anzusetzen.

Etwa zwei Stunden später kehrten Cdr. C.L. Westhofen und seine vierköpfige Besatzung mit ihrer Maschine an diese Position zurück. Doch sie fanden nur eine leere See vor. Da die von Island und nicht von den weit entfernten Küsten Europas oder Amerikas kommende Maschine genug Treibstoff an Bord hatte, war Westhofen imstande, die Suche fortzusetzen. Zum dritten Mal in das Seegebiet zurückkehrend, in dem das U-Boot getaucht war, hatten sie endlich das Glück, ihre Beute wieder aufgetaucht fahrend zu entdecken. Mit der Sonne im Rücken stieß die »Ventura« mit hoher Geschwindigkeit und feuernden Bordwaffen nach unten, während sich der Beobachter und Bombenschütze auf den richtigen Augenblick konzentrierte, um einen Reihenwurf Wasserbomben auszulösen. Trotzdem sich das U-Boot in einer verhängnisvollen Lage befand, waren die Geschützbedienungen auf U 279 wachsam und in den letzten Stadien des Angriffs musste der überraschte Westhofen durch ein starkes Abwehrfeuer der Flak; denn

DIE AGENTEN

U 252 (Kptlt. Kai Lerchen)
Ib Riis, 6. April 1942, Halbinsel Ristagni bei Seydisfjördur

U 279 (Kptlt. Otto Finke)
Jens Fridriksson, nahe Kap Glettinganes, 20. September 1943

U 289 (Kptlt. Alexander Hellwig)
Magnus Gudbjörnsson, Sverrir Matthiasson, 25. April 1944, Heradsfloj bei Selvognes nahe Langanes

U 955 (ObltzS. Hans-Heinrich Baden)
Ernst Fresenius, Hjalti Björnsson, Sigurdur Juliusson, 30. April 1944, ?

Links: Die U-Boote, mit denen die Agenten auf Island an Land gesetzt wurden, waren sämtlich vom Typ VII C, dem standardmäßigen »Atlantikboot«. Die Fotos zeigen das am 3. November 1941 in Dienst gestellte VII-C-Boot *U 755* (Kptlt. Walter Göing), das 1942/43 im westlichen Mittelmeer gegen Geleitzüge vor der algerischen, tunesischen und marokkanischen Küste operierte. Das seitlich aufgebrachte Tarnmuster war für mehrere Mittelmeerboote charakteristisch und wurde vermutlich im Atlantik nicht verwendet. Doch davon einmal abgesehen, glich das äußere Erscheinungsbild von *U 755* dem Aussehen der Unterseeboote, die auf Island die Agenten absetzten. Ein entscheidendes Merkmal der VII-C-Boote war das lange und schmale Oberdeck. Beachte den inzwischen entfernten Netzschneider, wie ihn früher gebaute U-Boote am Bug führten. An der Vorderseite des Turms ist – leider sehr unscharf – das Emblem von *U 755* zu erkennen: Beiderseits der Turmverkleidung je einen zustoßenden Sägefisch (im Bild sind die dunklen Sägezähne des rechten Fisches zu sehen) mit dem weißen Spruchband dazwischen »Es geht weiter«.

U 279 gehörte zu den ersten U-Booten, die nach dem verhängnisvollen Mai 1943 mit einer verstärkten Flakbewaffnung ausgerüstet worden waren. Aus etwa acht 2-cm-Geschützrohren sowie aus leichten Maschinengewehren schlug dem Bomber ein beeindruckender und wirksamer Feuerhagel entgegen, aber drei Wasserbomben detonierten krachend 15 m vom Boot entfernt und beschädigten es so schwer, dass es schließlich sank. Eine Rauchwolke hinter sich herziehend und kaum imstande, Höhe zu gewinnen, war die »Ventura« infolge ihres ausgefallenen Funkgerätes nicht einmal in der Lage, den Versenkungserfolg zu melden oder Hilfe für die U-Bootmänner anzufordern, die sich mit Rettungsflößen abmühten. Angesichts der großen Anzahl von Männern auf der Brücke und an den Geschützen gelang es einem wesentlichen Teil der Besatzung, in die See zu springen. Doch es war immerhin schon der 4. Oktober und die Gewässer um Island waren bereits außerordentlich kalt. Keiner von ihnen erreichte Land.

Auch *U 955* war eines der vielen U-Boote, die einem entschlossenen Piloten begegneten. Das Boot hatte am 23. März 1944 Kiel verlassen und war anschließend in Kristiansand-Süd (Norwegen) zur Durchführung einiger kleinerer Reparaturen eingelaufen, ehe es seinen Marsch nach Island fortsetzte. Es war die erste Feind-

Rechts: Der Bug von *U 755* während einer Brennstoffversorgung in See lässt erkennen, wie beengt es zuging und wie schwierig es war, wenn eine große Anzahl von Männern an Oberdeck gleichzeitig arbeiten mussten. Es ist möglich, Bug und Heck des Bootes an den »Netzabweiser«-Drahttauen zu unterscheiden; denn von der Oberkante des Turms führte zum Bug ein Netzabweiser (siehe auch oben), während achtern zum Heck hin zwei verliefen. Diese Grundregel galt für den größten Teil des Krieges, ausgenommen eine kurze Zeitspanne im Winter 1942/43, als einige Türme im vorderen Bereich fest eingebaute Funkmessantennen erhielten (wie die dt. Bezeichnung für Radar lautete) und auch vorn zwei Drahttaue aufwiesen. Im Übrigen dienten die Netzabweiser im Zweiten Weltkrieg kaum mehr ihrem ursprünglichen Zweck, sondern hatten eher die Aufgabe Befestigung von Funkantennen sowie der Sicherheitsleinen zu sein, wenn in rauer See Männer an Oberdeck arbeiteten. Am 28. Mai 1943 wurde *U 755* nordwestlich von Mallorca von der Lockheed »Hudson« M der 608. Squadron der RAF versenkt. Der spanische Zerstörer VALASCO rettete neun Überlebende.

fahrt von *U 955*; denn das Auftreten ständiger Defekte, die immer wieder einen Werftaufenthalt erforderten, um behoben zu werden, war zu einer Begleiterscheinung des deutschen U-Bootbaus geworden. Nach dem ohne Zwischenfall durchgeführten Absetzen der Agenten auf Island am 30. April bezog *U 955* seine Position als Wetterboot bis Ende Mai im Nordatlantik. Auf dem Rückmarsch wurde das U-Boot am 7. Juni vor der Nordwestecke Spaniens im Golf von Biskaya entdeckt. Es schoss ein Flugzeug ab, wurde aber dann selbst vom »Sunderland«-Flugboot »S« (Flying Officer L. Baveystock) der 201. Squadron der RAF versenkt. Es gab keine Überlebenden.

U 289, das vierte der U-Boote, die auf Island Agenten an Land brachten, lief nach dem erfolgreich durchgeführten Sonderauftrag im nordnorwegischen Narvik ein, nachdem es lediglich die kurze Zeitspanne von etwas über zwei Wochen in See gewesen war. Danach führte die nächste Feindfahrt *U 289* in die Einsamkeit der Barentssee. Zur U-Bootgruppe »Trutz« gehörend, versenkte der Geleitsicherung fahrende Zerstörer HMS MILNE unter Capt. M. Richmond das U-Boot am 31. Mai 1944 südwestlich der Bäreninsel.

3. Sabotage in den Vereinigten Staaten

Um zu Beginn des Krieges mit Frankreich und England ein Eskalieren der Feindseligkeiten zu verhindern, war dem Amt »Ausland/Abwehr« im OKW das Ausüben von Spionage- und Sabotagetätigkeiten in den Vereinigten Staaten untersagt. Als dann zwei Jahre später Hitler den USA den Krieg erklärte, musste daher die deutsche Abwehr bei Null anfangen, um hierfür in den verhältnismäßig großen, aber weit verstreuten deutschen Gemeinden in der Neuen Welt eine bedeutsame Grundlage zu schaffen. Eine eilig durchgeführte Beurteilung des Problems einschließlich der Möglichkeiten ergab, dass die Durchführung von Sabotageunternehmen wesentlich wichtiger sein könnte als das Betreiben von Spionage. Hierbei wurde vorausgesetzt, dass deutsche Sympathisanten in ausreichender Anzahl gefunden werden konnten, um die Informationen zu liefern, die notwendig waren, um dem industriellen Rückgrat der amerikanischen Kriegsmaschinerie entscheidende Schläge zu versetzen. Erforderlich waren führende Personen, um diese potenziellen Kräfte in wirksame Widerstandsgruppen zu organisieren und den Freiwilligen lohnende Sabotagetechniken beizubringen. Die Anzahl der in den Vereinigten Staaten lebenden Deutschen bzw. der Amerikaner deutscher Abstammung war sehr beträchtlich. Viele von ihnen waren bereits Jahrzehnte zuvor eingewandert.

Während entsprechende Sabotagepläne ausgearbeitet wurden, unterzogen sich viel versprechende potenzielle Agenten einer Ausbildung in den verschiedenartigen Zerstörungsverfahren. Obwohl mit der Geheimen Staatspolizei (Gestapo) eine außerordentlich fähige deutsche Geheimpolizei geschaffen worden war, scheint die Auswahl von Agenten bedauerlicherweise inkompetenten Amateuren überlassen worden zu sein, die wenig oder überhaupt keine Kenntnis von den Schwierigkeiten besaßen, mit denen Agenten fertig werden mussten. So gab es Fälle des Einsatzes von Agenten, die den örtlichen Dialekt der Landessprache nicht sprechen konnten. In einem anderen Fall sollten zwei Männer ihre Ausrüstung, darunter ein schweres Funkgerät mit einem Generator, über mehrere hundert Kilometer durch die südwestafrikanische Namib-Wüste transportieren.

Zu derart offensichtlichen Mängeln kam noch hinzu, dass der geheime deutsche Vorstoß gegen die Vereinigten Staaten auch eine Reihe von grundlegenden Regeln konspirativer Tätigkeit missachtete. So wurden keine Verfahren zur Gewährleistung der Sicherheit erarbeitet, um in Gang gesetzt zu werden, wenn ein Mitglieder einer Gruppe gefangen genommen worden war. Stattdessen wusste jeder Agent viel zu viel über alle anderen, um das gesamte Unternehmen in Gefahr zu bringen, wenn er sein Wissen an den Feind weitergab. Die Marine kannte jedoch diese Schwächen nicht, als Dönitz den Befehl erhielt, diese Männer über den Atlantik zu bringen.

Zwei U-Boote – U 202 und U 584 – wurden für das ehrgeizige Vorhaben mit dem Decknamen »Pastorius« ausgewählt, die erste Welle aus acht Saboteuren in zwei Gruppen in die Vereinigten Staaten einsickern zu lassen. U 202 unter Kptlt. Hans-Heinz Linder war für die Aufgabe durchaus qualifiziert; denn Linder hatte das Boot ein Jahr zuvor, am 22. März 1941, in Dienst gestellt und seither drei erfolgreiche Feindfahrten in das Seegebiet südlich von Grönland durchgeführt. Danach war U 202 am Unternehmen »Paukenschlag« beteiligt, dem ersten Angriff auf die Schiff-Fahrt vor der amerikanischen Ostküste. Dies war insofern bemerkenswert, weil U 202 kein Boot eines großen Typs für »ozeanische Verwendung« sondern vom Standardtyp VII C ohne zusätzliche Heizölbunker war. Die Versuche, solche Boote über den Atlantik zu senden, erwiesen sich als weit erfolgreicher als zunächst angenommen worden war und zeigten, dass die Boote des Typs VII beträchtlich größere Fahrtstrecken zurücklegen konnten, als die Fachleute berechnet hatten.

Das Unternehmen »Paukenschlag« verlief überaus gut und die kleinen Boote erzielten vor der Ostküste der Vereinigten Staaten beeindruckende Erfolge, obwohl die U-Bootführung ein beträchtliches Risiko in Kauf nahm. Zuvor war es ein taktisches Gebot gewesen, vor dem Beginn der eigentlichen Kampfhandlungen die Boote noch einmal mit Treibstoff zu versorgen, um zu gewährleisten, dass sie einen ausreichenden Bunkervorrat besaßen, um ohne Benutzung des Funks selbständig zum Stützpunkt zurückzukehren. Dieses Mal mussten die Boote danach mit Treibstoff versorgt werden, d.h. die Gegenseite bekam eine Vorstellung davon, wo sich U-Boote vor dem Rückmarsch befinden könnten. Damit verschaffte die U-Bootführung dem Gegner Möglichkeiten, überlegene Kräfte einzusetzen, um sowohl die Boote als auch die U-Bootversorger in einem Zeitraum mühelos zu vernichten, in dem sie überaus gefährdet waren. Der Grund, warum nicht wie bisher verfahren werden konnte, ergab sich aus der Tatsache, dass nicht genügend Zeit verblieben war, um die großen Versorgungs-U-Boote vor den Kampfbooten in See gehen zu lassen, da die Einsatzpläne in großer Eile entworfen werden mussten.

Fast wäre U 202 nicht bis in die amerikanischen Küstengewässer gekommen, sondern hätte seine Tage als eine Einheit der Mittelmeerflottillen beendet, wenn es nicht im Dezember 1941 die

LANDUNGEN AN DER OSTKÜSTE DER USA

1. **U 202:** Kptlt. Hans-Heinz Linder
Deckname: Unternehmen »Pastorius«
Landedatum: 13. Juni 1942
Landeort: Amagansett, Long Island
Agentengruppe 1: Ernst Peter Burger, George John Dasch, Heinrich Heinck, Richard Quirin

2. **U 584:** Kptlt. Joachim Deecke
Deckname: Unternehmen »Pastorius«
Landedatum: 17. Juni 1942
Landeort: Ponte Vedra Beach südlich von Jacksonville/Florida
Agentengruppe 2: Hans Herbert Haupt, Edward Kerling, Hermann Neubauer, Werner Thiel

3. **U 1230:** Kptlt. Hans Hilbig
Deckname: Unternehmen »Elster«
Landedatum: 29./30. November 1944
Landeort: Hancock Point in der Frenchman Bay/Golf von Maine
Agenten: Erich Gimpel, William Curtis Colepaugh

4. **U 1229:** KKpt. Armin Zinke
Deckname: Unternehmen ?
Landedatum: zwischen 1. und 17. September 1944
Landeort: nahe Winter Harbor/Golf von Maine
Agent: Oskar Mantel
U 1229 wurde am 20. August 1944 auf dem Anmarsch durch Trägerflugzeuge der USS BOGUE (CVE-9) südostwärts von Neufundland versenkt.

Mögliche Landeorte für das Unternehmen »Pastorius«
U 202: 1. Südlich Seaside Park/New Jersey, 2. bei Easthampton auf Long Island, 3. Peck Beach bei Ocean City/New Jersey.
U 584: 1. Bei Jacksonville/Süd-Georgia, 2. bei Southport/North Carolina, 3. Ponte Vedra Beach bei Jacksonville/Florida.

beharrliche »Swordfish«-Maschine »A« der 812. Squadron des *Fleet Air Arm*, der britischen Marineluftwaffe, gegeben hätte, die das deutsche U-Boot beschädigte und daran hinderte, durch die Straße von Gibraltar ins Mittelmeer einzulaufen. Die erlittenen Schäden zwangen *U 202* zum Rückmarsch nach Brest. Nach den Ausbesserungsarbeiten gehörte das U-Boot zu den Einheiten der vierten Welle, die vor der amerikanischen Ostküste zum Einsatz kamen, ehe es eine Gruppe von vier »Werftarbeitern« mit zahlreichen schweren Gepäckstücken an Bord nahm. Um die Anwesenheit der Zivilisten zu erklären, wurde das Gerücht verbreitet, *U 202* wäre an der Erprobung einer neuen Waffe beteiligt – ein etwas halbherziger Versuch. Erst nachdem das U-Boot die gefährlichen Gewässer des Golfs von Biscaya hinter sich hatte, erfuhr die Besatzung den wahren Inhalt ihres Sonderauftrags: Absetzen der vier Zivilisten in einer sandigen Bucht bei Amagansett auf Long Island, eine kurze Strecke Weges ostwärts von New York City gelegen.

Der Hinmarsch verlief bis zu dem Zeitpunkt ereignislos, da *U 202* bereits vor der Küste von Long Island stand und praktisch nicht mehr umkehren konnte. In diesem Stadium begann der Mechanikerobergefreite Zimmermann, einer der Torpedomechaniker, über Bauchschmerzen zu klagen. Er war kein Drückebergertyp und seine Beschwerden belegte rasch ein steiles Ansteigen der Temperatur. Es gab nur sehr wenig, was getan werden konnte, um ihm zu helfen. *U 202* hatte zum einen keinen Arzt an Bord und musste zum anderen Funkstille wahren, so dass Kptlt. Linder nicht einmal um Unterstützung ersuchen konnte. Zimmermann konnte nur mit Eisbeuteln und Opium behandelt werden, um die Schmerzen der vermuteten Blinddarmentzündung zu lindern. Tatsächlich wurde der gesamte Opiumvorrat verbraucht und später musste ihm Morphium gegeben werden, um in der Beengtheit des Bootes sein Stöhnen für die anderen erträglich zu machen.

U 202 war am 27. Mai 1942 aus Brest ausgelaufen und befand sich seit 16 Tagen in See, als der Zeitpunkt des Landeunternehmens heranrückte. Kptlt. Linder hatte beschlossen, den Sandstrand aufgetaucht anzusteuern, wobei die Tauchzellen des Bootes so weit geflutet werden sollten, bis das Oberdeck nur noch 20 cm aus dem Wasser ragte und benutzt werden konnte, ohne nass zu werden. Dies hatte den Vorteil, nur eine kleine Silhouette zu zeigen, während gleichzeitig die Möglichkeit bestand, in einem Notfall den Tiefgang zu verringern und das Boot um ein paar Meter anzuheben. Im Übrigen wollte sich Kptlt. Linder mit Schleichfahrt dem Strand nähern, bis der Bug seines Bootes Grundberührung hatte. Danach sollten seine Männer den Agenten helfen, an Land zu kommen, und anschließend würde sich das U-Boot durch Anblasen vom Grund lösen und in die freie See ablaufen. Das war insoweit ein vernünftiger Plan, aber wie dies so häufig der Fall ist, hielt die Natur einige unliebsame Überraschungen bereit.

Die erste Überraschung zeigte sich bereits während der letzten Phase des Ansteuerns der Küste, die getaucht erfolgte; denn Kptlt. Linder wollte unentdeckt bleiben, bis er nur noch 20 m Wassertiefe unter dem Kiel hatte. Doch das Boot kam gar nicht so weit, denn bereits bei 23 m verkündete ein unerwartetes Beben jedermann, dass es den amerikanischen Kontinent zum ersten Mal berührt hatte. Kptlt. Linder löste das Boot vorsichtig vom Grund und tauchte auf, um festzustellen, dass er von undurchdringlichem Nebel umgeben war, einer richtig gehenden Waschküche mit einer Sicht, die gleich Null war, aber andererseits ein ideales Wetter für heimliche Aktivitäten bedeutete. Wie geplant, schlich *U 202* mit außerordentlich langsamer Fahrt nur unter Benutzung eines E-Motors auf den Sandstrand zu und ein nochmaliger heftiger Stoss meldete unzweifelhaft seine Ankunft. Es war 06.00 Uhr morgens und der Befehl zur viel diskutierten Landung erging. Auf dem Vorschiff lag bereits ein großes Schlauchboot mit einer angesteckten langen Leine bereit, um das Gummiboot später wieder sicher zum Unterseeboot zurückzuholen. Dönitz hatte die früheren chaotischen Erfahrungen mit den Luftwaffen-Dingis zur Kenntnis genommen. Daher stand dem U-Boot diesmal ein ordentliches Schlauchboot zur Verfügung, mit dem ein Umkippen in der Brandung weniger wahrscheinlich war. Die Landung verlief ohne Probleme, obwohl sie ein wenig mehr Zeit als erwartet in Anspruch nahm, da das Schlauchboot nicht am Strand auflief, sondern etwa 200 m vorher in einer mäßigen Brandung auf einer Sandbank. Während das Boot zurückkehrte, war für kurze Zeit ein Licht zu sehen. Infolge des Nebels war es völlig unmöglich, etwas zu erkennen, und die Ausgucks auf dem U-Boot horchten angestrengt, um zu erfahren, was vor sich ging. Doch mit Ausnahme der Brandung war nichts zu vernehmen. Daher dauerte es auch eine Weile, bis festgestellt wurde, dass die Dünung das U-Boot gedreht hatte, d.h. es berührte nicht mehr mit dem Bug den Sand, sondern lag parallel zum Ufer. Ehe jedoch Kptlt. Linder den Befehl erteilte, das U-Boot vom Strand zu lösen, ließ er nach der Rückkehr des Bootes als Vorsichtsmaßnahme durch Namensaufruf die Vollzähligkeit ermitteln – eine unnötige Verzögerung. Unglücklicherweise gelang es jedoch nicht, *U 202* nach dem Ausblasen der Tauchzellen mit den E-Maschinen frei zu bekommen. Kptlt. Linder reagierte rasch und flutete wieder, um zu verhindern, noch höher auf den Strand zu kommen. Kostbare Minuten vergingen, um die Dieselmotoren anzulassen und auf die Antriebswellen einzukuppeln. Erneut wurden die Tauchzellen ausgeblasen und der Versuch unternommen, mit »Äußerste Kraft zurück!« freizukommen – diesmal mit stärkerer Motorenleistung und auf die Gefahr hin, an Land gehört zu werden. Die starken Vibrationen erzeugten auf beiden Seiten längs des Bootes ein dramatisches Schäumen, die Propeller wühlten unter dem Rumpf das Wasser auf und zeitweilig kam das Boot ins Wanken, rührte sich aber nicht von der Stelle. Um die Lage noch zu verschlimmern, begann sich der Nebel zu lichten. Es hatte den Anschein, als ob der Lärm der Diesel so laut war, dass in der Ferne ein Hund laut und ausdauernd zu bellen anfing. Als weitab zeitweise Feuerstöße aus einem Maschinengewehr zu hören waren und reges Scheinwerferspiel der nahe gelegenen Funkstation von Amagansett über die Bucht huschte, frugen sich die Männer von *U 202*, ob sie entdeckt worden waren. Doch diese aufdringlichen Geschehnisse waren zu weit entfernt, um eine direkte Gefahr zu bedeuten. Es war ein Mittwochmorgen. Auf der nahe vorbei führenden Straße waren jetzt Autos zu erkennen, die ihre Insassen zur Arbeit brachten. Die Besatzung des U-Bootes konnte nur hoffen, dass die Leute keine Zeit und auch keine Lust hatten, aufs Wasser zu starren, und dass jene, die das Lärmen der Dieselmotoren hören konnten, der Meinung waren, das Geräusch käme von einem

Flugzeug. Solange es weiterhin neblig blieb, bestand wenig Gefahr, dass jemand das Boot deutlich erkennen konnte. Doch Kptlt. Linder dachte auch an die vier Agenten und hoffte, dass der Hund nicht zu neugierig sein und sie in Schwierigkeiten bringen würde, falls jemand nachsehen käme.

Der nächste verzweifelte Versuch, das Boot zu lösen, machte klar, dass sich unter dem Kiel nicht mehr ausreichend Wasser befand, um aufzuschwimmen. Es war Ebbe und das ablaufende Wasser bewirkte, dass das Unterseeboot gefangen war wie ein gestrandeter Wal und sich langsam zur Seite neigte, bis es mit etwa 40° Schlagseite ziemlich hoch und trocken auf dem Strand lag. Jedes Bewegen im Boot war nicht nur unbequem sondern auch unglaublich schwierig, denn die Männer mussten wie die Fliegen über die Wände kriechen. Trotz der gefährlichen Lage blieb Kptlt. Linder gelassen. Im Inneren des Bootes wurden die Sprengpatronen angeschlagen und die letzten Vorbereitungen zum Sprengen des Bootes getroffen. Gleichzeitig machte sich die Besatzung zum Aussteigen bereit, während der Funker noch einen Funkspruch als letzte Nachricht von *U 202* an die U-Bootführung verschlüsselte. Kptlt. Linder nahm kein Blatt vor den Mund; er sagte den Männern klipp und klar, dass alles versucht werden würde, um freizukommen, aber sie müssten sich genauso darauf einstellen, in Kriegsgefangenschaft zu gehen. Er befahl dem Oberbootsmannsmaat Mühlhausen, den inzwischen ernsthaft erkrankten Obergefreiten Zimmermann an Land zu bringen und bei ihm zu bleiben. Zimmermann konnte nicht rasch bewegt werden und Kptlt. Linder wollte ihn nicht im Boot zurücklassen. Eher das Ende seines Kommandos vor sich als eine Möglichkeit, sein Boot zu retten, kümmerte er sich darum, das Leben seiner Männer zu bewahren.

Obwohl sich der Nebel jetzt hob und das Land in Sicht kam, schien niemand an der Anwesenheit des U-Bootes interessiert. Zwei unvorstellbar lange Stunden mit hoher Anspannung verstrichen quälend langsam und ohne Zwischenfall, bis die Ausgucks die ersten Anzeichen auflaufenden Wasser der kommenden Flut meldeten. Es war mittlerweile 09.00 Uhr morgens und Kptlt. Linder unternahm einen letzten Versuch, *U 202* zu befreien. Mit der letzten vorhandenen Druckluft ließ er sämtliche Tauchzellen ausblasen und zusammen mit seinem Leitenden Ingenieur (LI) versuchte er etwas, dass er noch nie zuvor unternommen hatte. Es war einer jener Tricks, von dem sie gehört hatten, aber die Mehrheit der Männer war bisher noch nicht in einer so misslichen Lage gewesen, um ihn anzuwenden. Um jede Unze verfügbarer Leistung auszunutzen, wurden die E-Maschinen auf die Antriebswellen zugeschaltet und die beiden Dieselmotoren liefen mit 3-mal Äußerster Kraft voraus. Dadurch gelang es, mit 520 U/m eine derart hohe Umdrehungszahl pro Minute zu erreichen, die der LI nicht für möglich gehalten hätte. Dann wurde das Ruder ruckweise von einer Seite auf die andere gelegt, ein heftiges Schwingen auslösend, das ebenfalls dazu beitrug, das Boot frei zu bekommen.

Schließlich hieß es im KTB: »Boot nimmt mit jeder Dünung etwas Fahrt auf und ist nach etwa 4-maligem Aufsetzen frei! Hurra! Hochstimmung im Boot. Jetzt aber weg.« Trotz der Hochstimmung wollte das U-Boot keine zusätzliche Aufmerksamkeit erregen. Die Küste konnte jetzt deutlich ausgemacht werden und das hieß, dass auch etwaige Beobachter in der Lage waren, das Boot zu entdecken. Allerdings war es am Boden noch zu dunstig, um Zimmermann und Mühlhausen an Land zu erkennen, und so musste ein Seemann los, um die beiden zu holen, ehe *U 202* hinaus auf See steuern konnte. Die Kompressoren liefen mit Höchstleistung, um den Vorrat an Druckluft zu ergänzen, und sobald es möglich war, verschwand das U-Boot von der Wasseroberfläche. Kptlt. Linder war der Auffassung, seine Besatzung hatte in der letzten Nacht genug Aufregung hinter sich, und so gab er ihr erst einmal Gelegenheit, sich beim Unterwassermarsch zu erholen, ehe er sie wieder fordern musste. Trotz der chaotischen Erfahrung, welche die Besatzung hinter sich hatte – einschließlich der Aussicht »sonst könnten wir auf der morgigen Parade zum Flaggentag [am 14. Juni] in New York mitmarschieren«, wie es im KTB hieß –, war die Moral ausgezeichnet. Niemand schien dem »Alten«, wie sie den Kommandanten nannten, für die missliche Lage, in der sie sich befunden hatten, die Schuld zu geben.

In der nächsten Nacht riskierte Kptlt. Linder die Abgabe eines Kurzsignals über die erfolgreiche Durchführung des Sonderauftrags und erst in der Nacht darauf war er überzeugt, weit genug entfernt zu sein, um ein FT an den BdU über den Zustand von Zimmermann mit dem Ersuchen um Rat abzusetzen. Bis eine Antwort eintraf, hatte die Genesung von Zimmermann seltsamerweise Fortschritte gemacht und die Moral an Bord von *U 202* hob sich durch die Versenkung von zwei Schiffen noch weiter. Neun Tage nach der Landung fiel dem U-Boot der 4864 BRT große argentinische Dampfer RIO TERCERO und am 30. Juni 1942 der amerikanische Frachter CITY OF BIRMINGHAM (5861 BRT) zum Opfer. Zehn Tage später versorgte *U 460* (Kptlt. Friedrich Schäfer) *U 202* mit Treibstoff. *U 460* war eines der zehn zweckgebauten Versorgungs-U-Boote vom Typ XIV und seit dem 24. Dezember 1941 die zweite in Dienst gestellte Einheit dieses Typs.

Die zweite Hälfte des Unternehmens »Pastorius«, die Landung von ebenfalls vier Agenten südlich von Jacksonville/Florida durch *U 584* unter Kptlt. Joachim Deecke, verlief wesentlich glatter als das nervenaufreibende Abenteuer von *U 202*. Es ist ein ungewöhnliches Zusammentreffen, dass ObltzS. Hermann Lamby auf beiden U-Booten als I.WO diente. Lamby hatte das große Glück gehabt, sein erstes Boot, *U 754* (Kptlt. Hans Oestermann), wenige Tage vor dem Auslaufen zu dessen letzter Feindfahrt zu verlassen, auf der es keine Überlebenden gab. Stattdessen wurde er als I.WO auf *U 202* versetzt, wurde aber bereits wieder auf *U 584* abkommandiert, noch ehe er Gelegenheit hatte, mit Kptlt. Linder auf Feindfahrt zu gehen. Im Dezember 1942 wurde er wenige Tage vor Weihnachten als Kommandant auf *U 437* kommandiert und im Februar 1945 übernahm Kptlt. Lamby *U 3029*, eines der neuen und revolutionären U-Boote vom Typ XXI.

U 584 lief am 25. Mai 1942 aus Brest aus und für ObltzS. Lamby und die übrige Besatzung verlief die Atlantiküberquerung verhältnismäßig einfach. Lediglich die raue See und das schlechte Wetter brachten auf dem Hinmarsch einige Unbequemlichkeiten. Die Befehle sowohl für *U 202* als auch für *U 584* hatten es den beiden Kommandanten freigestellt, Schiffe anzugreifen, wenn sich geeignete Ziele darboten. Doch nicht ein einziges Schiff kreuzte den Weg des U-Bootes. Das bedeutete für den Hinmarsch mehr als die üblichen 22 monotonen Tage, ehe *U 584* seinen Bestimmungsort erreichte. ObltzS. Lamby und ein weiterer Seemann, dessen Name dieser vergessen hatte, ruderten die vier Agenten der von Kerling geführten zweiten Gruppe an Land. Am Strand füllte er eine leere Konservendose mit amerikanischem Sand und blinkte ein verabredetes Lichtsignal an das U-Boot, das er kaum ausmachen konnte. Danach ruderten die beiden Männer zurück, um in die Dunkelheit zu verschwinden, aus der sie gekommen waren. Es war ein angenehme, ruhige Nacht, so warm,

Oben: *U 466* (Kptlt. Gerhard Thäter) vom Typ VII C mit einem modifizierten Turmaufbau, wie er seit Herbst 1942 üblich wurde. Das 8,8-cm-Deckgeschütz ist entfernt und achtern ist hinter dem »Wintergarten« eine zusätzliche Plattform für eine verstärkte Flakbewaffnung hinzugekommen (Brückenumbau II bzw. später IV): 2 x 2-cm-Einzel- bzw. Zwillingslafetten und ein 2-cm-Vierling oder eine automatische 3,7-cm-Einzel- bzw. Zwillingsflak. Auch *U 202* erhielt später die verstärkte Flakbewaffnung.

dass die beiden das nächtliche Gekicher offensichtlich badender Mädchen hörten – fast ein erfrischender Ausflug. Als sie zurück an Bord waren, lief *U 584* mit Nordkurs ab und versenkte noch ein Schiff, ehe Brennstoffknappheit das U-Boot zwang, auf Ostkurs zu gehen, um *U 460* zur Treibstoffergänzung anzusteuern, dieselbe »Milchkuh«, die auch *U 202* versorgt hatte.

Die von *U 584* an Land gesetzten Agenten tauchten ohne große Schwierigkeiten in Jacksonville unter. Die andere Gruppe, geführt von George John Dasch, sah sich beträchtlichen Problemen gegenüber, die es fast verhindert hätten, dass sie vom Strand wegkamen. Lange vor dem Eintritt der Vereinigten Staaten in den Krieg hatten amerikanische Kriegshetzer der Bevölkerung bereits eine tief sitzende Furcht eingeimpft und sobald der Krieg tatsächlich ausgebrochen war, verbreiteten die Medien die schwachsinnige Vorstellung, dass Deutschland den Versuch einer Invasion der Ostküste unternehmen könnte. Der gegen Hitlers Kriegsmaschinerie erzeugte Hass hatte die gesamte Bevölkerung in Alarmbereitschaft versetzt und wahrscheinlich auch mögliche Sabotageaktivitäten durch deutsche Sympathisanten entmutigt, von denen viele die Staatsbürgerschaft der Vereinigten Staaten erhalten hatten. Diese lebhafte Fantasie, angestachelt durch eine intensive Propaganda, brachte es fertig, aus der Bevölkerung eine Armee zu mobilisieren, deren Aufgabe es war, unbewohnte Gegenden an der Küste zu überwachen. Einer dieser einsam patrouillierenden Angehörigen dieser *Coast Guard* stieß zufällig auf die vier von *U 202* abgesetzten Agenten.

Dem 21-jährigen John Cullen, dessen Licht seiner Taschenlampe auch von *U 202* aus gesehen worden war, wurde eine Hand voll Dollarscheine zugesteckt, wobei er aufgefordert wurde, über diese ungesetzliche »Angelpartie« Stillschweigen zu bewahren. Dies machte ihn misstrauisch und nachdem ihn Dasch noch mit dem Leben bedroht hatte, ehe die Gruppe ihn laufen ließ, verschwand er rasch im Nebel. Als Cullen mit weiteren Kameraden später zurückkam, entdeckten sie die von den vier Agenten vergrabenen Packen, während die Deutschen bereits nach New York verschwunden waren. Sie wären ohne Zweifel längere Zeit in Freiheit geblieben, hätte es nicht Dasch gegeben, der den amerikanischen Behörden einige Zeit später sein gesamtes Wissen freiwillig anbot und verriet. Infolgedessen wurde auch der Rest der Gruppe rasch gefangen genommen. Dasch verriet auch alles, was er über die von *U 584* an Land gesetzte Gruppe wusste, so dass auch diese vier Agenten festgenommen werden konnten. Alle acht Agenten wurden schließlich vor ein Sondergericht gestellt und mit Ausnahme von Dasch und Burger auf dem elektrischen Stuhl hingerichtet. Die beiden Überlebenden wurden im April 1948 begnadigt und nach Westdeutschland abgeschoben.

Es ist fraglich, ob es diesen Agenten je gelungen wäre, ein leistungsfähiges Netz von Saboteuren aufzubauen. Die Ausbildung dieser Männer war zweifellos sehr umfangreich gewesen, aber viele der Sabotageanweisungen klingen so, als ob sie aus dem Drehbuch für einen Film stammen würden, wie zum Beispiel eine Hand voll Sand in die Achslagergehäuse von Lokomotiven zu werfen, Lahmlegen der Produktion von Aluminiumwerken durch Unterbrechen der Stromzufuhr und das Herstellen von Sprengstoffen mit Substanzen, die in jeder Apotheke oder Drogerie ohne weiteres gekauft werden konnten. Selbst wenn die beiden Gruppen in Freiheit geblieben wären, scheint es außerordentlich unwahrscheinlich zu sein, dass sie in ausreichender Zahl hätten Freiwillige anwerben können, um der wirtschaftlichen Stärke der Vereinigten Staaten einen wesentlichen Schaden zuzufügen.

4. Gibt es amerikanische Atombomben und Düsenflugzeuge?

Im Sommer 1944 versetzte die Möglichkeit alliierter Atombomben und Düsenflugzeuge die Entscheidungsträger des Oberkommandos der deutschen Wehrmacht (OKW) in Aufruhr. Forschungsarbeiten hatten ergeben, dass eine einzige Atombombe möglicherweise eine ganze Stadt vernichten konnte. Außerdem gab es bis zur Stunde keine Verteidigungsmöglichkeiten gegen die neuen Düsenflugzeuge, die bei der deutschen Luftwaffe bereits der Front zuliefen. Da es außer vielen Vermutungen kaum konkretes Wissen über alliierte Entwicklungen gab, schlug das OKW vor, Spione einzuschleusen, um in den Vereinigten Staaten das Ausmaß der Fortschritte in den genannten Bereichen festzustellen.

Die Abwehr bzw. die nunmehr seit Anfang 1944 zuständige Abt. VI »Auslandsnachrichtendienst« des Sicherheitsdienstes der SS im Reichssicherheitshauptamt mit dem jetzt eingegliederten Amt »Mil.« (ehemals Abwehr I und II) erbrachte erneut eine Liste von Agenten zweifelhafter Natur. Der als Führer einer 2-Mann-Gruppe ausgewählte Erich Gimpel sprach so schlecht Englisch, dass jeder Busschaffner oder Fahrkartenschalter der Eisenbahn Verdacht schöpfen würde. Es ist kaum möglich, sich vorzustellen, wie er einen Offizier der Streitkräfte spielen sollte, etwas, dass er tun müsste, um Zugang zu den Informationen zu erlangen, nach denen er suchte. William Curtis Colepaugh, sein Assistent, wurde von den U-Bootleuten, die ihn bei der Überfahrt kennen lernten, als etwas minderbegabt beschrieben. Als ob dies nicht schon genug Stolpersteine wären, waren diese beiden Männer auch noch auf Grund früherer subversiver Tätigkeiten beim *Federal Bureau of Investigation* (FBI) aktenkundig. Oskar Mantel, der dritte Agent aus dieser Gruppe angeblicher technischer Spezialisten, sollte selbstständig wirken und hatte vor dem Kriege in den USA als Barkeeper und als »Haarstylist« in einem Damensalon gearbeitet. Er sprach ausgezeichnet Englisch mit passendem amerikanischem Akzent, aber der Betrachter fragt sich, ob sich hinter seiner selbst ernannten Bedeutung auch die notwendige wissenschaftliche Grundlage zum Verständnis der technischen Aspekte seines Auftrages verbarg.

Die Planung für das Einschleusen dieser Männer in die amerikanischen Kreise mit hoch geheimem Wissen wurde nach der Landung der Alliierten in der Normandie am 6. Juni 1944 in Angriff genommen – zu einem Zeitpunkt also, an dem Reisen durch Frankreich zunehmend unsicherer und Unternehmungen von U-Booten, ausgehend von französischen Biskayahäfen, schwierig geworden waren. So verließ das zweite U-Boot dieser Welle, um Spione nach Amerika zu bringen, etwa um dieselbe Zeit Kiel, als auch das letzte deutsche U-Boot verzweifelt versuchte, aus Frankreich zu entkommen. Angesichts der sich verschlechternden Lage wurden die beiden für den Amerika-Einsatz vorgesehenen U-Boote in Kiel ausgerüstet. Dies verlängerte nicht nur die zurückzulegende Entfernung beträchtlich, sondern brachte auch zusätzliche Risiken durch das vermehrte Passieren von Minensperren und Gebieten mit alliierter Luftüberwachung mit sich. Die beiden für diese Sonderaufträge ausersehenen U-Boote waren *U 1229* und *U 1230*. Im Gegensatz zu den U-Booten, die bisher für den Amerika-Einsatz Verwendung fanden, handelte es sich jetzt um Boote des großen Typs IX C/40 für »ozeanische Verwendung«, d.h. sie waren mit den letzten Modifizierungen ausgestattet, um den atlantischen Gefahren zu begegnen. *U 1229* lief am 13. Juli 1944 unter dem Befehl von Korvettenkapitän (KKpt.) Armin Zinke mit dem Agenten Oskar Mantel an Bord aus Kiel aus. KKpt. Zinke hatte Minensuchboote geführt, war Chef der 3. Minensuchflottille und Kommandant des Flottenbegleiters *F 5* gewesen. Danach hatte er als Lehrer an der Sperrschule die Grundbegriffe des Minenlegens gelehrt, ehe er sich zur U-Bootwaffe meldete und nach der U-Bootausbildung mit *U 1229* sein erstes U-Bootkommando erhielt. Er stellte das Boot am 13. Januar 1944 in Dienst und dieses Sonderunternehmen nach Amerika nur sechs Monate später war zugleich auch seine erste Feindfahrt – und das mit einer völlig »grünen« Besatzung. Doch es war nicht der Mangel an Erfahrung allein; in den alliierten Vernehmungsprotokollen beschrieben ihn überlebende Angehörige seiner Besatzung als einen völlig unfähigen Kommandanten, der viel dazu beitrug, die Moral seiner Männer zu untergraben.

Obwohl es *U 1229* gelang, den Atlantik sicher zu überqueren, wurde das Boot im Golf von Maine kurz vor dem Absetzen des Agenten versenkt. Dies geschah aus einer jener Launen des Schicksals heraus, die sich häufig als so verhängnisvoll in Kriegszeiten erwiesen und deren Ursache ein anderes U-Boot war: *U 802* (Kptlt. Helmut Schmoeckel), das mit diesem Agenten-Unternehmen überhaupt nicht in Verbindung stand. *U 802* wurde aufgetaucht von einem »Avenger«-Trägerflugzeug geortet und angegriffen, aber dem U-Boot war es möglich, den Angreifer abzuschießen. Dieses Geschehen trug sich in kaum 65 km Entfernung nördlich der USS BOGUE (CVE-13) zu, dem Geleitträger, von dem die »Avenger« kam. Trotz des schlechten Wetters spornte der Verlust die Amerikaner aus Rache zu einer intensiven Verfolgung an. Kurze Zeit später wurde *U 802* wieder geortet, aber Schmoeckel und seine Männer waren keine Neulinge in einer gefährlichen Lage. Durch rechtzeitigen Einsatz ihres Funkmeßbeobachtungsgerätes (FuMB), das sie vor der gegnerischen Radarortung warnte, gelang es ihnen, dem Angriff zu entgehen. Nordwärts ausweichend, setzten sie ihre Feindfahrt im Mündungsgebiet des St.-Lorenz-Stroms fort.

Es ist heute schwierig zu beurteilen, inwieweit KKpt. Zinke auf *U 1229* von diesen Vorgängen Kenntnis hatte. Es entsprach bei den U-Booten allgemeiner Praxis, alle auf Übermittlung wartenden FT's sofort zu senden, sobald ihre Position dem Gegner bekannt geworden war. Dies würde bedeuten, dass die U-Bootführung – und damit auch das vielleicht mithörende *U 1229* – vom Angriff auf *U 802* unterrichtet war, wenn auch der Abschuss der ersten angreifenden Maschine bei Schmoeckel die Hoffnung genährt hatte, dass seine Position noch nicht verraten war. Wie dies auch immer gewesen sein mag, die Männer der USS BOGUE waren noch in voller Alarmbereitschaft, als *U 802* entkommen war und *U 1229* zufällig in ihr Operationsgebiet einfuhr.

Auch hier ortete eine »Avenger«-Maschine *U 1229* in etwa acht Kilometer Entfernung auf ihrem Radarschirm. Zur Überraschung des Piloten blieb das U-Boot an der Wasseroberfläche, um das Flugzeug abzuschießen. Naheinschläge gut gezielter Wasserbomben beschädigten das U-Boot und verursachten eine gut sichtbare Ölspur. Obwohl *U 1229* noch einmal für kurze Zeit tauchte, besiegelte eine anhaltende Verfolgung durch mehrere der Trägermaschinen KKpt. Zinkes Schicksal. Dennoch ging dieser Endkampf nicht ohne Dramatik vorüber. Zwei der angreifenden »Avenger«-Maschinen bemerkten sich erst, als sie kurz vor dem Werfen ihrer Wasserbomben standen. Infolgedessen konzentrierten sie sich darauf, einander auszuweichen und ihre Wasserbomben detonierten weit vom Ziel entfernt. Einer der Piloten wendete trotzdem in einer großen Schleife und flog mit einer Raketensalve einen zweiten Angriff. Dies veranlasste die U-Bootbesatzung zum Verlassen des Bootes über den Kommandoturm und zum Klarmachen der Schlauchboote, die unter dem Oberdeck in wasserdichten und druckfesten Behältern mitgeführt wurden. KKpt. Zinke und 17 seiner Männer kamen ums Leben, während die restliche Besatzung – 41 Überlebende, darunter auch der Agent Mantel[*] – nach sieben Stunden im Wasser treibend von einem US-Zerstörer gerettet wurden.

---

[*]Anm. d. Übers.: Über KKpt. Zinke äußerte sich Mantel in seinen Vernehmungen am 22. September 1944 wie folgt: »Als nichts los war, fuhr er dauernd unter Wasser. Als wir der amerikanischen Küste näher kamen, ist er am Tage nicht unter Wasser gegangen. Saß oben und hat in die Sonne geschaut. Es war Selbstmord.« Zitiert in Günther W. Gellermann: *Der andere Auftrag*, S. 75.

Nach dem Kriege gab es noch ein eher ironisches Nachspiel. Die Familie Mantels versuchte, den damaligen Kommandanten der BOGUE, Capt. A.B. Vosseller, auf Rückgabe der fast 2000 US-Dollar gerichtlich zu verklagen, die Mantel von zu Hause mitgenommen hatte, da es sich hierbei um eigenes Geld handelte, das nicht dem deutschen Staat gehört hatte. Der Betrachter fragt sich, warum sich Mantel die Mühe gemacht hatte, kurz vor dem Untergang des U-Bootes ein Bündel Banknoten in seine Taschen zu stopfen? Es könnte jedoch durchaus so gewesen sein, dass er weder eine Ahnung gehabt hatte, was vor sich ging, noch wo sich das Boot befand und daher geglaubt haben könnte, er wäre in der Nähe der Küste. Die navigatorische Unwissenheit von Agenten scheint weit verbreitet gewesen zu sein. So konnte zum Beispiel Robby Leibbrandt, den die Abwehr 1941 mit der Segeljacht KYLOE nach Südafrika bringen ließ, nicht begreiflich gemacht werden, dass es notwendig war, mit dem Nordostpassat über den Atlantik bis fast vor Südamerika zu segeln, um dann noch einmal den Atlantik im Gefolge der Westwinde zu überqueren. Er bewies sogar seine Unkenntnis, indem er die Besatzung mit der Waffe zwang, die Jacht in die Windstille des äquatorialen Kalmengürtels zu steuern. Mantel könnte durchaus die Illusion gehabt haben, dass es noch Hoffnung gab, unentdeckt Land zu erreichen.

Das zweite U-Boot, *U 1230* unter Kptlt. Hans Hilbig, verließ Kiel am 26. Oktober 1944 in großer Eile, um einem Luftangriff zu entgehen, und ankerte in der Strander Bucht schräg gegenüber dem Marine-Ehrenmal bei Laboe auf der anderen Seite der Kieler Förde, um auf zwei weitere U-Boote und das Minengeleit für die Fahrt nordwärts nach Norwegen zu warten. Treibminen aus den deutschen Minensperren und von den Alliierten in die minenfreien Sperrlücken gelegte Minen waren in der westlichen Ostsee und in den Küstengewässern der Nordsee zu einem Hauptproblem geworden und ließen Bewegungen ohne Sperrbrecher und Räumfahrzeuge zu einem äußerst risikoreichen Unterfangen werden. *U 1230*, auch ein großes IX-C/40-Boot, war für eine lange Feindfahrt von mindestens sechs Monaten ausgerüstet, da ein Anlaufen eines französischen Atlantikhafens mit Sicherheit nicht mehr in Frage kam. Die rasch in Richtung Mitteleuropa vordringenden alliierten Armeen hatten die französischen Stützpunkte abgeschnitten. Offiziell war die Rede vom Wiedergewinnen der Offensive und von Vertreiben des Gegners aus diesen wichtigen Häfen, aber in ihrem innersten Wesen wussten die Männer, dass dies nur ein weiteres, von der eigenen Propaganda in die Welt gesetztes Hirngespinst war.

Es dauerte längere Zeit, bis *U 1230* auch die Minensperren vor Norwegen hinter sich hatte, um dann den Marsch zur amerikanischen Ostküste in den Nachtstunden getaucht unter Benutzung des Schnorchels und bei Tage ebenfalls in sparsamer Unterwasserfahrt anzutreten. Die Tatsache, dass eine große Anzahl von U-Booten fehlerhafte Lüftungsanlagen aufwies, ist in Veröffentlichungen noch kaum behandelt worden und es hat den Anschein, als ob es auch der Besatzung von *U 1230* überlassen blieb, die Nachteile ihrer Schnorchelanlage selbst festzustellen. Die Tragik des Problems lag darin, dass die Männer oft durch Schlafmangel übermüdet waren und den Unterschied zwischen einer Kohlenmonoxidvergiftung und ihrer Übermüdung nicht feststellen konnten. *U 1230* hatte insofern noch Glück gehabt, weil die das Bootsinnere erfüllenden Dämpfe aus giftigem Kohlenmonoxid vom erstickendem Qualm der Dieselabgase begleitet wurden, welche die Männer zwangen, sofort ihre Tauchretter anlegen, die auch als Atemgerät dienten. Darüber hinaus hatte *U 1230* auch das Glück, nördlich der Färöer-Inseln gleich auftauchen zu können, um unter einem zauberhaften Vollmond das Bootsinnere zu durchlüften, ohne vom Gegner behelligt zu werden. Es war wesentlich gewesen, die Nordsee während der Vollmondphase zu verlassen, um ihren Bestimmungsort jenseits des Atlantik zur Neumondzeit zu erreichen.

Der Agent Erich Gimpel hatte sich sehr gut in das tägliche Leben an Bord des U-Bootes eingefügt. Er war entschlossen, sich seine Überfahrt »zu verdienen«, indem er Wachen übernahm und dem Smutje half. Als das Echolot des Bootes ausfiel, hatte er sogar die Gelegenheit, seine technischen Fähigkeiten zu zeigen, indem er die komplizierte Anlage reparierte. Die U-Bootmänner waren von seiner Leistung beeindruckt. Viele von ihnen verloren ihre Vorbehalte gegen Passagiere an Bord und erörterten mit diesem begeisterten und sympathischen Menschen technische U-Bootfragen. Von William C. Colepaugh, seinem Assistenten, konnte dies jedoch nicht gesagt werden. Er sprach fast kein Deutsch und benahm sich auf eine fragwürdige Art, dass er von Gimpel bisweilen zurechtgewiesen werden musste.

Kptlt. Hans Hilbig, der Kommandant von *U 1230*, war 1936 im Jahr der Olympischen Spiele in Berlin in die Marine eingetreten. Nach seiner Offiziersausbildung an der Marineschule Mürwik war er als Seeflieger zur Luftwaffe gegangen, ehe er 1943 wieder in die Marine zurückkehrte und im März mit seiner U-Bootausbildung begann. Die Fliegerei hatte ihn den Wert einer guten Vorbereitung gelehrt, eine außerordentlich wünschenswerte Eigenschaft, die er auf *U 1230* mitbrachte. Nebenbei bemerkt tauchen die Namen Hilbig und Deecke, der 1942 Agenten in Florida an Land gesetzt hatte, in der Personalliste der U-Bootwaffe zweimal auf, denn beide hatten Brüder, die ebenfalls U-Boote kommandierten. KKpt. Jürgen Deecke fiel am 8. April 1940 als Kommandant von *U 1*, das er im Juli 1938 übernommen hatte, während ObltzS. Kurt Hilbig ab August 1943 zunächst *U 933* und danach *U 3526* bis Kriegsende führte.

Wenige Tage vor Erreichen der amerikanischen Küste erhielt Kptlt. Hilbig ein FT der U-Bootführung, das ihn an den Verlust von *U 1229* mahnte und zur Vorsicht riet. Da nicht ausgeschlossen werden konnte, dass der Gegner informiert war, wurde ihm auch die letzte Entscheidung über den Absetzpunkt freigestellt. Ansonsten verlief während der Fahrt weiterhin alles glatt. Am 28. November 1944 fuhr *U 1230* vom Gegner unentdeckt in Schnorchelfahrt in die Frenchmanbai am Golf von Maine ein und steuerte die kleine Porcupine-Insel an, nordöstlich der auf der Mount-Desert-Insel gelegenen Stadt Bar Harbour, und lief an ihr parallel mit Nordostkurs entlang. Nach dem Umrunden der Klippe *The Hope*, der kleinen Insel im Nordosten vorgelagert, ging *U 1230* auf einen nordwestlichen Kurs. Plötzlich zerriss ein lauter, metallischer Klang die Stille, begleitet von einem Heulton in gewissen Zeitabständen sowie einem rasselnden Schaben entlang der Bordwand. Im Nu war die Besatzung hellwach, aber es war keine gefährliche Situation, sondern nur die Kollision mit einer Heulboje, die die Richtungsänderung des Fahrwassers markierte. Das Ereignis bestätigte zumindest, dass sich *U 1230* auf dem richtigen Kurs befand. Von da an fuhr das Boot, ohne zu schnorcheln, auf Sehrohrtiefe weiter.

Der Tagesanbruch veranlasste Kptlt. Hilbig, das Boot tagsüber auf Grund zu legen. In der Abenddämmerung des 29. November steuerte *U 1230* bei Hancock Point in die Bucht des Skilling-Flusses ein, ging unter Wasser auf Gegenkurs und tauchte dann nur so weit auf, das der Turm aus dem Wasser ragte. In diesen gefährlichen Gewässern hielt dies Kptlt. Hilbig für sicherer. Die Brücke war außer ihm selbst mit dem I. WO und vier Ausgucks besetzt. Dennoch wollte er kein Risiko eingehen und die Fla-Geschütze waren besetzt, während die Männer mit Pistolen und Maschinenpistolen bewaffnet waren. Zudem waren im Boot Sprengpatronen angeschlagen worden. Doch alle Vorsichtsmaßnahmen erwiesen sich als unnötig. Es war eine friedliche Nacht und an Land herrschte nur geringer Autoverkehr. Die beiden Agenten wurden an Land gerudert und etwa 20 Minuten später war das Schlauchboot zurück und wurde verstaut. Danach trat *U 1230* den Rückweg an und verschwand schließlich in der Leere des Atlantik. Alles war nach Plan glatt verlaufen, nicht zuletzt infolge der sorgfältigen Vorbereitung des Unternehmens durch den Kommandanten.

Die beiden Agenten kamen vom Strand gut weg und begaben sich zum nahe gelegenen Highway. Dort hielt Colepaugh später ein Taxi an, das sie nach Bangor brachte. Es war bereits Winter und sie hatten Probleme, durch den tiefen Schnee zu kommen, beträchtlich vergrößert durch die lange Zeit ihres beengten Aufenthaltes auf dem U-Boot und ihre Stadtkleidung. Es ist sehr seltsam, aber das Abenteuer hätte hier bereits zu Ende sein können, und zwar durch einen Jungen. Ein Pfadfinder sah die beiden Männer mit ihren Koffern, die ihm verdächtig vorkamen, in ein Taxi steigen und verfolgte ihre Fußspuren bis zum Wasser zurück. Doch als er diese heimliche Ankunft der Polizei meldete, glaubten ihm die Beamten nicht. So konnten die beiden Spione in aller Ruhe ihre Fahrt mit der Eisenbahn über Portland nach Boston fortsetzen.

Die Vorstellung, sich in Boston aufzuhalten, behagte beiden nicht, denn Colepaugh hatte vor dem Krieg längere Zeit hier gewohnt und könnte erkannt werden. Daher fuhren sie nach New York weiter, wo die Geschäftigkeit der Großstadt eine vortreffliche Anonymität bot. Doch ständige Auseinandersetzungen mit Colepaugh führten dazu, dass dieser eines Tages mit dem Gepäck und einem großen Teil ihres Geldes verschwand. Gimpel vermutete richtig, dass sein Assistent die Koffer in einer Gepäckaufbewahrung versteckt hatte. Mit Hilfe der Kofferschlüssel gelang es ihm, das Gepäck auch ohne Aufbewahrungsschein zurückzubekommen. Obwohl es unwahrscheinlich klingen mag, traf er inmitten der vielen Menschen zufällig einen Bekannten aus der Zeit vor dem Kriege, bei dem er untertauchen konnte. Doch trotz dieses Glücksfalles endete das Unternehmen »Elster«. Am 26. Dezember 1944 wurde Colepaugh festgenommen, der sein gesamtes Wissen verriet.

Eine gründliche Fahndung nach dem zweiten Agenten endete nur vier Tage später mit Gimpels Festnahme. Beide wurden von einem Militärgericht zum Tode verurteilt, aber zu lebenslänglicher Haft begnadigt. Gimpel kam 1955 frei und wurde in die Bundesrepublik Deutschland abgeschoben, während Colepaugh erst 1960 entlassen wurde.

5. Eindringen in kanadische Hoheitsgewässer

U 213: Unternehmen »Grete«

Seltsamerweise dauerte es bis zum Frühjahr 1942, zweieinhalb Jahre nach Kriegsbeginn, ehe im Oberkommando der Wehrmacht begonnen wurde, ernsthaft über ein Absetzen von Agenten in Kanada nachzudenken. Für diesen ersten Versuch wurde *U 213* ausgewählt, ein Minen-U-Boot vom Typ VII D unter ObltzS. Amelung v. Varendorff, einem hitzköpfigen jungen Kommandanten. Er machte zum ersten Mal als II. WO auf *U 47* (Kptlt. Günther Prien) von sich reden, als er der Inspirator des berühmten Emblems mit dem schnaubenden Stier am Turm war (angesichts der zunächst leer scheinenden Bucht von Scapa Flow: »Herr Kaleu, in dieser Stierkampfarena ist nichts los, wo sind denn die Schlachtrösser?«). Nach dem Verlust von *U 47* übernahm die 7. U-Flottille das Emblem. Kptlt. Prien machte ihn später zu seinem I. WO, eine Stellung, die er bis zur vorletzten Feindfahrt von *U 47* innehatte. Nach dem anschließenden Besuch des Kommandanten-Lehrgangs übernahm er fünf Monate nach Priens Verschwinden *U 213*, das er am 30. August 1941 in Dienst stellte.

ObltzS. v. Varendorffs neues Boot war eine technische Besonderheit, ein Typ, von dem nur sechs Einheiten gebaut worden waren. Auf dem Typ VII C beruhend, wiesen diese Boote achteraus des Turms bzw. der Zentrale eine zusätzliche Abteilung auf, in der fünf senkrechte Minenschächte für je drei Minen vom Typ SMA (Schachtmine A) untergebracht waren. Diese Schächte liefen direkt durch den Druckkörper, hatten keinen Zugang vom Bootsinneren, waren nach unten offen und endeten in einem schmalen Aufbau hinter der Brücke, der sich um etwa einen Meter über dem Oberdeck erhob. Jeder Verkehr im Inneren des Bootes musste die ein Hindernis bildenden Schächte seitlich passieren. Die SMA-Minen konnten bei Tauchfahrt gelegt werden und waren größer als die aus den Torpedorohren zu legenden Torpedominen (TMA/TMB). Die zusätzliche Länge des Bootes (9,80 m) verringerte die Geschwindigkeit gegenüber einem VII-C-Boot nur unwesentlich, aber seine Manövrierfähigkeit war etwas schwerfälliger. Im Übrigen führte dieser Typ dieselbe Bewaffnung wie der Typ VII C.

ObltzS. v. Varendorffs erste Feindfahrt verlief nicht erfolgreich und Admiral Dönitz war über seine Leistung mit dem neuen Boot nicht erfreut. Nach seiner Auffassung hätte er bei etwas mehr fachlichem Können nicht mit leeren Händen vom ersten Einsatz des Bootes zurückkommen müssen.

Trotz dieser Rüge erhielt ObltzS. v. Varendorff den Auftrag, den ersten Agenten in Kanada an Land zu setzen (Unternehmen »Grete«). Wie diese Entscheidung zustande kam, lässt sich nicht mehr genau feststellen. Es war durchaus möglich, dass die Wahl auf *U 213* fiel, weil das Boot zu dem Zeitpunkt, als der Agent in Frankreich eintraf, gerade bereit war, in See zu gehen. Dieser Agent hieß angeblich Langbein und war Leutnant der Marineartillerie (M.A.), obwohl es zweifelhaft ist, dass dies sein wirklicher Name war (der Name erscheint in der *Rangliste der Deutschen Kriegsmarine* nicht), wie auch alle übrigen, im Laufe der Jahre veröffentlichten Identifizierungen Falschnamen sein können.

Lt. (M.A.) Langbein tauchte am 23. April 1942 mit einer Anzahl schwerer Gepäckstücke in Lorient auf. Er hatte sich kaum in der ihn umgebenden Enge niedergelassen, als *U 213* noch nicht einmal drei Stunden später die Leinen loswarf und westwärts in die untergehende Sonne steuerte. Es waren klare Tage mit idealem Flugwetter, so dass ObltzS. v. Varendorff nicht lange an der Wasseroberfläche bleiben konnte. Ein gegnerisches Flugzeug nach dem anderen zwang ihn »in den Keller«, aber diese zufälligen Begegnungen verliefen sämtlich ohne Zwischenfall oder Gefecht. Trotz der starken Luftüberwachung waren keine Schiffe zu sehen, so dass *U 213* einen ereignislosen Beginn seiner Feindfahrt verzeichnen konnte. Trotzdem forderte später eine schwere Gegensee ihren Tribut; denn die Diesel verbrauchten mehr Treibstoff als gewöhnlich.

Die Nähe der kanadischen Küste brachte die Kombination von gutem Wetter und lästigen Flugzeugen zurück, die das U-Boot wieder häufig zum Tauchen zwangen. Allerdings waren die Männer auf *U 213* auch diesmal froh, dass keine Angriffe erfolgten. ObltzS. v. Varendorff hatte geglaubt, dass er Peilungen der Funkstationen vornehmen müsste, um seine Position zu bestätigen, aber das war fast vergeudete Zeit. Sobald er dichter an das Land herankam, wurde offensichtlich, dass wie in Friedenszeiten die Leuchtfeuer brannten und passierende Schiffe vorschriftsmäßig ihre Lichter gesetzt hatten. Daher gab es keine Navigationsprobleme und *U 213* konnte ohne jede Schwierigkeit vorsichtig in die Fundybai einfahren.

Nach der Planung sollte *U 213* die Küste von Neubraunschweig etwas nordöstlich von Saint John ansteuern (nicht zu verwechseln mit St. John's auf Neufundland). Das berühmte und nicht voraussagbare neblige Wetter der Neufundlandbank bewegte sich zur Beunruhigung der Eindringlinge mit dem deutschen U-Boot. Je dichter sie unter Land kamen, umso mehr verschlechterte sich die Sicht, bis sie schließlich von einem undurchsichtigen grauen Vorhang eingehüllt waren. Der Nebel war nicht dick genug, um

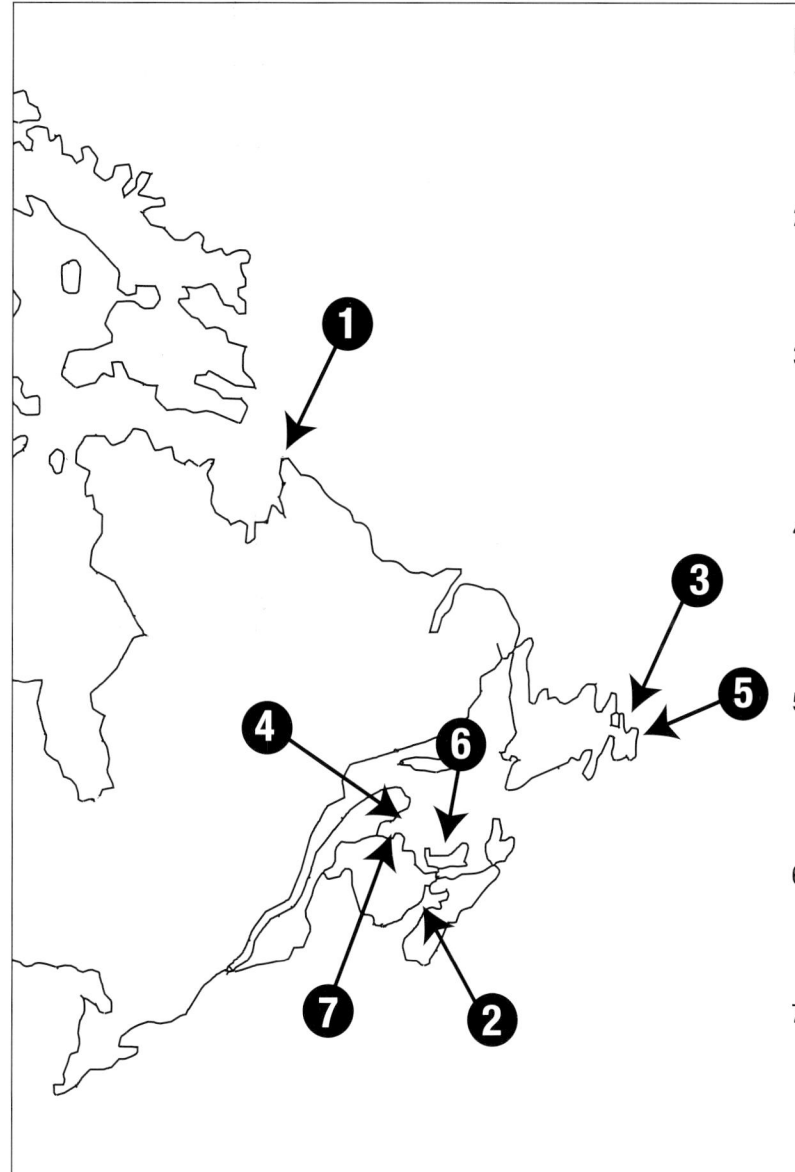

KANADA

1. *U 537* (Kptlt. Peter Schrewe)
   Kap Chidley, Labrador: Martin's Bay auf 60°05′ N, 64°24′ W
   22./23. Oktober 1943: Wetterstation errichtet
2. *U 213* (ObltzS. Amelung v. Varendorff)
   Saint John, Neubraunschweig: ca. 50 km südwestlich von Saint John nahe dem Dorf St. Martin
   14. Mai 1942: Absetzen des Agenten Lt. (M. A.) Langbein
3. *U 518* (Kptlt. Friedrich-Wilhelm Wissmann)
   Reede von St. John's, Neufundland: Wabana Roads, Conceptionbai
   1./2. November 1942: Zwei vor Anker liegende Schiffe versenkt
4. *U 518* (Kptlt. Friedrich-Wilhelm Wissmann)
   St.-Lorenz-Golf, Quebec: Sawyer's Point an der Nordküste der Chaleurbai bei New Carlisle
   9. November 1942: Absetzen des Agenten Werner v. Janowski
5. *U 513* (KKpt. Rolf Rüggeberg)
   Reede von St. John's, Neufundland: Wabana Roads, Conceptionbai
   5. September 1942: Zwei vor Anker liegende Schiffe versenkt
6. *U 262* (Kptlt. Heinz Franke)
   St.-Lorenz-Golf, Neubraunschweig: North Point an der Nordküste der Prinz-Eduard-Insel
   2. Mai 1943: Aufnahme entkommener Kriegsgefangener
7. *U 536* (Kptlt. Rolf Schauenburg)
   St.-Lorenz-Golf, Neubraunschweig: Pointe de Maisonette an der Südküste der Chaleurbai
   27./28. September 1943: Aufnahme entkommener Kriegsgefangener

die stärkeren Leuchtfeuer zu verdunkeln, so dass die Navigation immer noch verhältnismäßig einfach war, aber einem Scheinwerfer, der suchend über das Wasser huschte, verlieh er eine mystische Dimension. ObltzS. v. Varendorff hielt es für einen Zufall, dass dieser Strahl immer wieder über sein Boot glitt, ignorierte ihn jedoch und setzte gelassen seine Fahrt fort. Es gab weder Patrouillenboote noch sonst einen Vorfall, der das Unternehmen behindert hätte.

Das größte Problem lieferte die Natur in Form einer starken und sehr störenden Strömung, die *U 213* immer weiter in die Bucht schob. Strömender Regen behinderte am frühen Morgen die Sicht noch mehr, doch auch dies beunruhigte die Männer des U-Bootes nicht allzu sehr. Ihre erste Erkundung war verhältnismäßig erfolgreich verlaufen. Nun war es an der Zeit, das Boot auf Grund zu legen und die nächste Nacht abzuwarten.

Im Boot wurde alles für eine sofortige Selbstzerstörung vorbereitet und niemand wirkte außerordentlich entspannt – angesichts der Aussicht, so dicht vor der kanadischen Küste einen weiteren Tag in den relativ flachen Gewässern zu verbringen. Wieder einmal waren es die Elemente und nicht der Gegner, die den Männern am meisten zusetzten. Die Strömung drehte das Boot und ließ es über den Grund schrappen. Und damit noch nicht genug,

Links: ObltzS. Amelung v. Varendorff fuhr unter Kptlt. Günther Prien auf *U 47* als II. WO und dann als I. WO. Er war bei der Versenkung des Schlachtschiffes HMS ROYAL OAK in der Bucht von Scapa Flow dabei. Der spätere Kommandant von *U 213* setzte den Agenten Lt. (M.A.) Langbein in Kanada ab. Am 21. Dezember 1913 geboren, fiel v. Varendorff fünf Monate vor seinem 30. Geburtstag im Nordatlantik.

kündigte auch noch ein merkliches Schaukeln des Bootes an, dass sich das Wetter oben beträchtlich verschlechtert hatte. Von großem Vorteil war, dass weder Maschinengeräusche noch das »Ping-Ping« eines Asdic-Gerätes die Stille unterbrachen. Die wenigen Männer, die auf Wache waren, bewegten sich mit umwickelten Füßen, um das Geräusch ihrer Schritte auf den eisernen Flurplatten zu dämpfen. Dennoch hätten die Kanadier ObltzS. v. Varendorff fluchen hören können, wären sie in der Lage gewesen, Unterwassermikrofone zu benutzen. Die mitgeführten Seekarten erwiesen sich als völlig unzureichend, um einen Absetzpunkt zu bestimmen, und der vage gehaltene Befehl, der den Kommandanten anwies, den Agenten irgendwo an der Küste ostwärts von Saint John abzusetzen, half auch nicht weiter. Ausführliche deutsche Karten von diesem Gebiet standen als Nachdruck erst einige Monate nach diesem Unternehmen zur Verfügung und dies bedeutete, dass *U 213* nach allgemeinen britischen Seekarten navigieren musste. Sie reichten aus, um einen Hafen anzusteuern, ließen aber jeden Hinweis auf die Topografie der Küste vermissen.

Gegen Abend fuhr *U 213* auf Sehrohrtiefe langsam der Küste zu, blieb aber unten, bis sich die Mehrheit der gesetzestreuen Kanadier in die Bequemlichkeit ihrer Betten zurückgezogen hatte. Als das U-Boot kurz nach Einbruch der Dunkelheit am 14. Mai 1942 auftauchte, um die Batterien aufzuladen, die Druckluftbehälter zu füllen und das Bootsinnere zu durchlüften, stellte ObltzS. v. Varendorff fest, dass er die Küste nicht ausmachen konnte. Seines Wissens war sie keine Seemeile entfernt und so hoffte er, dass der Nebel nicht so dicht blieb, um ihn daran zu hindern, einen geeigneten Landeplatz zu finden. Die während der ersten Erkundung beobachteten hohen Kliffs, die fast senkrecht abfielen, hatten nicht gerade sehr ermutigend gewirkt. Während das Boot langsam der Küste zukroch, die noch immer nicht zu sehen war, wurde an Oberdeck ein großes Schlauchboot bereitgestellt. Doch

Links: *U 215* (KKpt. Fritz Hoeckner) bei der Erprobung in der Ostsee. Vom Typ VII D wie *U 213* glich das Minen-U-Boot von vorn dem Typ VII C (nicht erkennbar der Aufbau mit den fünf Minenschächten achtern). Das um 9,80 m längere Boot konnte mehr Treiböl als ein VII-C-Boot bunkern, war um 2500 sm (bei 10 kn) seeausdauernder, aber schwerfälliger und etwas langsamer.

die Ausgucks hatten lediglich den grauen wirbelnden Nebel vor sich und dahinter totale Finsternis. Es ließ sich nichts erkennen. Entweder verließ sich jetzt der Kommandant auf seine Berechnungen und die Kopplung der Position oder die Durchführung des Sonderauftrages musste verschoben werden. ObltzS. v. Varendorff mochte die letztere Alternative überhaupt nicht; denn nach seiner Berechnung waren es bis zur Küste weniger als 300 m. Ihm schien es zwecklos, abzudrehen und noch einen Tag zu warten, da sich das Wetter immer mehr verschlechtern konnte. Das Wasser der Bucht war zumindest angemessen ruhig, um das letzte Stück Ruderarbeit zu erleichtern. Der Kommandant biss sich auf seine Unterlippe und gab den Befehl zur Ausführung.

Lt. (M.A.) Langbein war bereit. Er hatte seine Ausrüstung überprüft, auf eine kleine Anzahl leicht zu tragende Gepäckstücke verteilt und saubere amerikanische Unterwäsche angezogen. Darüber trug er seine volle Uniform und schlüpfte dann in einen zivilen Trenchcoat. Sollte er während der Landung gefangen genommen werden, wollte er als Kriegsgefangener behandelt und nicht als Spion erschossen werden. Doch diese Vorsichtsmaßnahme erwies sich als überhaupt nicht erforderlich. Niemand störte seine Pläne und so konnte er später Zivilkleidung anziehen. Unter Führung des II. WO ruderten zwei Seeleute das Schlauchboot mit dem Agenten in Richtung Küste. Obwohl die Ausgucks auf dem U-Boot von der Küste nichts erkennen konnten, dauerte es 20 Minuten, ehe das Schlauchboot mit den vier Männern außer Sicht kam. Das sich anschließende Absetzen des Agenten ging nur langsam voran. Dies war den senkrecht ansteigenden Kliffs zuzuschreiben, die sich hoch aus der See erhoben und aus dem schwankenden Dingi noch einschüchternder als durch das Sehrohr aussahen. Selbst wenn eine Landestelle gefunden worden wäre, hätte die Steilküste ein Hinaufklettern Langbeins verhindert. Daher blieb der Bootsbesatzung kaum eine Wahl: Entweder sie kehrten zum U-Boot zurück oder ruderten weiter entlang der Küste. Da die Bedingungen gut waren, entschloss sich der II. WO zur letzteren Möglichkeit. Doch es dauerte längere Zeit, bis ein Pfad gefunden werden konnte, der von dem winzigen Strand hinauf auf die Steilküste führte. In der Erkenntnis, dass es für Langbein nicht einfach wäre, sein Gepäck dorthin zu schaffen, trugen es ihm die drei U-Bootmänner hinauf. Obwohl sie sich nicht allzu weit entfernt von einer größeren Stadt aufhielten, schien der Platz in völliger Abgeschiedenheit zu liegen. Da es inzwischen 03.00 Uhr nach der Ortszeit geworden war, hieß dies auch, dass etwaige Tagesausflügler noch behaglich schliefen.

Inzwischen musste sich ObltzS. v. Varendorff mit völlig anderen Problem abgeben. Die von ihm am Tag zuvor bemerkte starke Strömung drohte jetzt, U 213 in Richtung Küste zu versetzen, so dass die leiseren E-Maschinen eingesetzt werden mussten, um das Boot auf Position zu halten. Da das Dingi außer Sicht gekommen war, hatte er keine Vorstellung, wohin die Bootsbesatzung gerudert war. Daher konnte er nur an Ort und Stelle bleiben und darauf hoffen, dass sie ihr U-Boot wieder fand. Das Halten der Position war nicht einfach und über eine Stunde verging ohne das geringste Anzeichen von den drei Männern. ObltzS. v. Varendorff hatte mit ihnen zuvor Leuchtsignale vereinbart, um die Rückkehr zum U-Boot zu erleichtern. Jetzt ließ er dise Signale abgeben, aber auch ihr Aufblitzen im letzten Rest der Nacht erbrachte keine Antwort. Nachdem vier Stunden und zehn Minuten vergangen waren, wurde endlich das zurückkehrende Dingi gemeldet. Ein tiefer Seufzer der Erleichterung zeigte an, dass dem Kommandanten ein schwerer Stein vom Herzen gefallen war. Die drei Männer wurden rasch an Bord geholt und U 213 hielt bereits auf die offene See zu, noch ehe aus dem Schlauchboot die Luft abgelassen war, um es in seinem Behälter zu verstauen. Es waren haarsträubende Stunden gewesen, aber die Männer konnten sich einander zur erfolgreichen Durchführung eines schwierigen Auftrages gratulieren.

Lt. (M.A.) Langbein war ein liebenswürdiger Mann. Es ist ihm leicht gefallen, Kameraden zu finden, selbst unter den Skeptikern der Besatzung. Doch viele der über ihn verfügbaren Informationen sind so widersprüchlich, dass sich der Betrachter fragt, welche von ihnen überhaupt der Wahrheit entsprechen. Die Quellen scheinen übereinzustimmen, dass Langbein eine Reihe von Jahren in Kanada gearbeitet hatte und nur zurück nach Deutschland gereist ist, um seine alternden Eltern zu besuchen. Danach änderte der Krieg seine Pläne, welcher Art sie auch immer gewesen sein mochten. Als Agent wurden von ihm weder Sabotagehandlungen noch gefährliche Spionagetätigkeiten erwartet. Stattdessen sah die Planung vor, dass er sich wieder ins kanadische Alltagsleben einfügen sollte, um Informationen zu sammeln, auf die künftige Sabotageakte gestützt werden konnten. In vielerlei Hinsicht schien dies ein idealer Plan gewesen zu sein, um den Härten und Gefahren des Krieges zu entgehen.

Nachdem sich Langbein an diesem kalten und feuchten Maimorgen von den U-Bootmännern verabschiedet hatte, legte er sich unter einen Baum und schlief bis zum Hellwerden. Bei Tageslicht suchte er sich einen guten Platz, an dem er seinen Koffer mit dem Funkgerät und die nicht mehr erforderliche deutsche Uniform vergraben konnte. Anschließend brachte er seine Zivilkleidung in Ordnung und ging zu dem nahe gelegenen kleinen Dorf St. Martin. Keiner der dortigen Ladenbesitzer merkte, dass er mit Banknoten bezahlte, die schon lange nicht mehr im Umlauf waren, und Langbein war imstande, mit der Eisenbahn nach Montreal zu fahren und später nach Ottawa zu gehen. Sehr schnell wurde ihm klar, dass er mit den vielen Geldscheinen, die er mitführte, in der Mehrheit der guten Geschäfte nicht mehr einkaufen konnte. Daher musste er sich eine fragwürdigere Gegend aussuchen, wo Leute bereit waren, die alten Geldscheine in einer Bank umzutauschen. Dies funktionierte verhältnismäßig gut, obwohl es den Anschein hat, dass Langbein für das Umtauschen seiner großen Banknoten in die gängige Währung einen beträchtlichen Preis entrichtete. Auch in anderer Hinsicht hatte er Glück, denn einmal wurde er sogar in einem Bordell festgenommen, aber wieder freigelassen. Es war ihm möglich gewesen, die Polizei zu überzeugen, dass er ein paar Nächte in dem Haus verbracht hatte, weil er es für eine Pension gehalten hatte.

Langbein hatte anscheinend nicht die Absicht gehabt, tatsächlich für Deutschland zu spionieren. Es war ihm auch nicht gelungen, sich in einer Gemeinde niederzulassen. Zwei Jahre später, als er sein Geld verbraucht hatte, gab er auf, aber niemand glaubte ihm seine Geschichte. Schließlich überzeugte er die Polizei, sich zu der Stelle führen zu lassen, an der das Funkgerät und die deutsche Uniform noch immer vergraben lagen. Dies mag dazu beigetragen haben, Langbein in ein Internierungslager statt in eine Irrenanstalt zu sperren. Dort verblieb er bis Kriegsende, um später nach Deutschland repatriiert zu werden.

ObltzS. v. Varendorff und seinen Männern war ein solches Glück nicht beschieden. Von dieser Feindfahrt kehrte *U 213* im Juni 1942 zurück. Auf seiner nächsten Feindfahrt stieß das U-Boot auf dem Marsch in sein Operationsgebiet westlich des Golfes von Biskaya am 31. Juli 1942 auf einen Geleitzug. Die zur Geleitsicherungsgruppe 43 gehörenden Sloops HMS ERNE (Lt.-Cdr. E.D. Abbot), HMS ROCHESTER (Cdr. C.B. Allen) und HMS SANDWICH (Lt.-Cdr. H. Hill) griffen *U 213* mit Wasserbomben an und vernichteten das Boot. Hierbei ereignete sich eine der seltenen Gelegenheiten, dass der Detonationsschwall eine beträchtliche Anzahl von Wracktrümmern und menschlichen Körperteilen an die Wasseroberfläche brachte. So war es möglich, einige der Opfer zu identifizieren, aber ansonsten gab es keinerlei Anzeichen von Leben mehr.

U 518: Unternehmen »Bobbi«

Das Schicksal von *U 518* nahm einen ungewöhnlichen Anfang. Das Boot vom Typ IX C, das eine große Seeausdauer besaß, stellte am 25. April 1942 FKpt. Hans-Günther Brachmann in Dienst, ein 38-jähriger Kieler, der bereits 1922 in die Reichsmarine eingetreten war. Über ihn ist sehr wenig bekannt – außer, dass ihn seine Besatzung nicht besonders schätzte. Das Boot war eigentlich frontdienstfähig, denn Ausbildung und Einfahren waren beendet, als die Offiziere und Portepee-Unteroffiziere beim Flottillenchef vorstellig wurden und erklärten, die Besatzung könnte mit FKpt. Brachmann als Kommandant nicht auf Feindfahrt gehen. In der U-Bootwaffe hatten die persönlichen Beziehungen an Bord der U-Boote auf der Liste der Prioritäten einen derart hohen Stellenwert, dass es Männern gestattet wurde, ohne Angabe von Gründen das Boot zu wechseln. Andererseits konnten auch die Kommandanten jeden Mann ohne besondere Förmlichkeiten von Bord kom-

mandieren lassen. Daher fand die Abordnung von *U 518* beim Flottillenchef ein offenes Ohr, als sie die Liste ihrer Beschwerden vorbrachte. FKpt. Brachmann wurde fast im letzten Augenblick vor dem Auslaufen zur Feindfahrt von Bord kommandiert und in das Oberkommando der Kriegsmarine versetzt. Ihn löste Kptlt. Friedrich-Wilhelm Wissmann ab, der mit dem Boot wie vorgesehen auf dessen erste Feindfahrt ging.

Der Agent Werner v. Janowski, den *U 518* in Kanada abzusetzen hatte, war von leichtfertigem Charakter. In vielerlei Hinsicht schien er ein idealer Kandidat für geheime Unternehmen zu sein. Er hatte vor dem Krieg in Kanada geheiratet und lebte dort weitgehend auf Kosten seiner Frau, während er sich für verschiedene Tätigkeiten ausbilden ließ. Eines Tages kehrte er nach Europa zurück und trat in die französische Fremdenlegion ein. Nach seiner Entlassung und Rückkehr nach Deutschland wurde er deswegen verhaftet und kam ins KZ Dachau. Mit Beziehungen kam er wieder frei und ging auf Empfehlung zur Abwehr II, denn der normale Wehrdienst blieb ihm verschlossen. Dort gehörte Werner v. Janowski zunächst zum Sonderverband der »Brandenburger«, um schließlich als Agent eingesetzt zu werden. Er wurde in Sabotagetechniken ausgebildet und führte eine Reihe schwieriger Aufträge durch. Bis er schließlich in Kiel eintraf, um nach Kanada gebracht zu werden, hatte er mit Sicherheit die richtige Einstellung und Ausbildung für die vor ihm liegenden Aufgaben bewiesen.

U 518 legte am Samstag, dem 26. September 1942, um 07.00 Uhr von der Tirpitzmole im Kieler Marinehafen ab und steuerte in die herbstlichen Nebelschleier hinein, die über einer ruhigen See hingen, um sich mit *U 602* (Kptlt. Philipp Schüler) zu treffen. Anschließend marschierten die beiden U-Boote mit ihrer Geleitsicherung durch die zunehmend gefährlicheren Gewässer der nordwestlichen Ostsee Richtung Norwegen. Die Maschinenanlage und die Geschütze wurden noch einer Erprobung unterzogen, ehe die beiden U-Boote zu einer letzten Treibstoff- und Wasserübernahme in den norwegischen Hafen Kristiansand-Süd einliefen. Hier trennte sich *U 518* von *U 602* und steuerte unter den ersten Anzeichen des Winters nach Norden.

Während des Marsches stellten sich eine Anzahl lästiger Störungen ein, darunter auch ein Leck, durch das Wasser ins Boot drang. Obwohl es sich um ein ernstes Problem handelte, entschloss sich Kptlt. Wissmann nicht zur Umkehr, um die Werft aufzusuchen. Wirtschaftlichste Fahrt laufend, ging er auf Westkurs, um die Wildheit des Nordatlantik herauszufordern.

Dieser Marsch wurde wirklich zu einer ernsten Prüfung. Die ersten Anzeichen, dass die Natur überhaupt nicht kooperativ war, zeigten sich in den Nachmittagsstunden des sechsten Tages in See. Das Barometer fiel so rasch, dass die Männer zunächst annahmen, mit ihm wäre etwas nicht in Ordnung. Ein paar Stunden später wurde es offensichtlich, dass das Messinstrument nicht defekt war. Die ruhige bis mäßig bewegte See wich einem wütenden

Sturm, der mit Stärke 11 aus westlichen Richtungen blies. Es stürmte so stark, dass sich einige der Männer frugen, ob das Boot tatsächlich noch Fahrt voraus machte oder zurück nach Europa geblasen wurde. Fünf Tage später, als der Sturm abklang, sah U 518 wie ein zerschlagenes Wrack aus, auch wenn es noch keine Feindberührung gegeben hatte. Einige Mündungsklappen von Torpedorohren waren beschädigt und Decksplanken waren weggerissen worden. Außerdem war eines der Sehrohre mit Wasser vollgelaufen, der Fahrtanzeiger arbeitete nicht mehr und es gab noch eine Reihe weiterer Defekte. Sie waren alle unangenehm, aber keiner war schwerwiegend genug, um den Abbruch der Unternehmung zu erzwingen.

Der Betrachter fragt sich, was in Werner v. Janowskis Kopf vor sich gegangen ist, insbesondere als U 518 auf der Suche nach einem Geleitzug zu einem Vorpostenstreifen gehörte. Im Äther herrschte geschäftiger FT-Verkehr und rings herum wurde eine Vielzahl von Funksprüchen über Gefechtshandlungen abgesetzt. Doch Wissmanns Boot blieb davon unberührt. Er musste bis zum 17. Tag der Feindfahrt warten, ehe ein Ziel auftauchte, das nicht einmal in Torpedoreichweite kam: Ein schneller Frachter, der scharf abdrehte, um wieder hinter dem Horizont zu verschwinden. Einen Tag später schoben sich sie weißen Berge Grönlands über die ferne Kimm. Alle Versuche, das Angriffssehrohr zu reparieren, waren erfolglos geblieben. Zum Glück wurde es nicht unbedingt gebraucht. U 518 setzte daher weiterhin seine Feindfahrt mit wirtschaftlicher Marschfahrt fort. Ein paar Tage später kam die Belle Isle in Sicht, die den Eingang zur Belle-Isle-Straße zwischen Neufundland und dem kanadischen Festland bewacht. In diesem Seegebiet hatten früher U-Boote wertvolle Ziele gemeldet, aber Kptlt. Wissmann war das Glück nicht hold. Die Leuchtfeuer brannten noch, doch für einen Torpedoschuss war nichts Wertvolles zu sehen. Am 19. Oktober glaubte er, ein gutes Ziel entdeckt zu haben, das sich jedoch bei näherer Prüfung als ein Eisberg herausstellte. Zumindest gab dieser Kenntnis von voraus liegenden Gefahren.

Ein bleicher Mond lieferte bei Nacht eine solch ausgezeichnete Sicht, dass Kptlt. Wissmann entschied, sich noch längere Zeit in diesem Seegebiet aufzuhalten, ehe er den Agenten abzusetzen versuchte. Bei derart hervorragenden Bedingungen die Küste anzulaufen, war nicht ratsam. U 518 wechselte zwischen Marschfahrt, um Treibstoff zu sparen, Tauchen und Verfolgen von Zielen ab, die sich dann als kleine Fischerboote herausstellten. In der Dunkelheit hin und her zu kreuzen, führte ebenfalls zu keinen Zielen und das Aufregendste, das diese Monotonie unterbrach, war ein Ruderversager.

Schon seit einiger Zeit hatte die komplizierte Ruderanlage periodisch auftretende Anzeichen von sich gegeben, dass sie nicht störungsfrei funktionierte, und am frühen Morgen des 32. Tages der Feindfahrt protestierte sie plötzlich und reagierte überhaupt

Oben: U 518 vom Typ IX C (Kptlt. Friedrich-Wilhelm Wissmann) nach dem Absetzen des Agenten Werner v. Janowski in Kanada. Das Öffnen eines Luks außer dem Turmluk wäre unter diesen Bedingungen Selbstmord. Die Männer mühen sich mit dem Ölschlauch bei der Versorgung aus dem U-Tanker U 460 ab, um nach erfolgreicher Feindfahrt sicher Frankreich zu erreichen.

nicht mehr. Dies wäre an sich nicht so schlimm gewesen, wenn die Störung nicht zusammen mit einer deutlich sichtbaren Ölspur aufgetreten wäre, die im Kielwasser einen unwillkommenen Hinweis hinterließ. Wie es sich so ergab, hatten die beiden Probleme nichts miteinander zu tun und die Ölspur hörte auf, als der Inhalt des lecken Bunkers in einen anderen umgepumpt worden war. Kptlt. Wissmann gab im Kriegstagebuch (KTB) zum Ruderversager keine weitere Erklärung ab, so dass angenommen werden kann, das Maschinenpersonal hatte die Störung beseitigt. Im Hecktorpedoraum war zudem ein Notfahrstand mit einem Handsteuerrad vorhanden. Doch ein Weitergeben von Ruderbefehlen über eine größere Entfernung durch den lärmerfüllten Maschinenraum an einen Rudergänger konnte im Gefechtsfalle heikel werden.

Der Höhepunkt dieser Zeitspanne vor Neufundland war der in der Nacht vom 1./2. November 1942 durchgeführte Angriff auf zwei Erzfrachter, die in der Conceptionbai auf Wabana Roads, der Reede des Hafens von St. John's, vor Anker lagen. Obwohl es auf Mitternacht zuging, als U 518 dichter unter Land ging und in die Bucht einlief, gab es noch eine erhebliche Anzahl Autos, die auf beiden Seiten der Bucht die Uferstraßen benutzten. Tief hängende Wolken und ein aus der See aufsteigender nebliger Dunst erwiesen sich für das U-Boot als eine gute Deckung, aber diese Helfer verflüchteten sich plötzlich. Die Wolken verzogen sich und ein silbriger Glanz beleuchtete das Wasser. Doch dies war nicht das einzige Problem. Strahlen von Scheinwerfern huschten über die See und legten den Entschluss nahe, es wäre von Vorteil, nicht zu dicht heranzugehen; aber sie stoppten kurz vor dem Boot und schwenkten wieder zurück. So konnte U 518 in Ruhe das Ziel auffassen und seine Torpedos auf drei große Schatten nahe der Küste abfeuern. Der genaue Ablauf des Geschehens ist noch immer schwierig zu ermitteln. Drei Ziele waren anvisiert worden, aber nur zwei wurden versenkt: Die 7803 BRT große ROSE CASTLE und die 5633 BRT große *P.L.M. 27*. Kptlt. Wissmann hielt sich nicht lange auf, wendete und verschwand mit hoher Fahrt in der Weite der offenen See.

Wenige Tage später drang er noch weiter in kanadische Hoheitsgewässer ein, um das Landeunternehmen »Bobbi« durchzuführen. Die gewählte Örtlichkeit – Sawyer's Point – befand sich auf der Halbinsel Gaspé in der Provenz Quebec an der Baie des Chaleurs in der Nähe der Stadt New Carlisle. Das Absetzen des Agenten erfolgte in den frühen Morgenstunden des 9. November, während zur unwillkommenen Luftfeuchtigkeit ein kräftiger und kalter Südwestwind hinzukam, der den Vorgang begleitete. Ansonsten waren die Wetter- und Lichtverhältnisse gut. Eine vollständig finstere Nacht machte es leicht, beleuchtete Häuser und Autos zu erkennen. Eine größere Anzahl Leuchtfeuer, die bestimmt werden konnten, sorgten für eine genaue Position. Das gesamte Unternehmen lief glatt, ausgenommen die Tatsache, dass die Lebhaftigkeit des Verkehrs auf den Straßen weit nach Mitternacht die Männer verwunderte.

Die Berechnungen ergaben, dass auflaufende Flut herrschte, so dass Kptlt. Wissmann keine großen Probleme erwartete. Die einzige Schwierigkeit bestand darin, dass er den Strand nicht erkennen konnte. Die gesamte Wasserkante lag in einem schwarzen Schatten. Doch das spielte keine Rolle. Mit nur knapp aus dem Wasser ragendem Oberdeck glitt U 518 mit sehr langsamer Fahrt unter Benutzung der geräuschlosen E-Motoren auf den Strand zu, bis der Kiel den Grund berührte. Dann wurde das vorbereitete Dingi zu Wasser gebracht und der Agent an Land gerudert. Schweigend und äußerst angespannt warteten Kptlt. Wissmann und seine Ausgucks auf die Rückkehr des Schlauchbootes. Bis zum trockenen Land waren etwa 700 m zurückzulegen, so dass der Landevorgang einige Zeit in Anspruch nehmen würde. Gerade in diesem Augenblick, der außerordentlich kritisch war, stoppte ein Kraftfahrzeug. Als es wendete, drangen seine hell leuchtenden Scheinwerfer tief in die Finsternis der Nacht und richteten sich auf das U-Boot. Kptlt. Wissmann konnte nicht glauben, was er sah. Angesichts der Abgeschiedenheit dieser Gegend waren die Chancen, dass so etwas passierte, äußerst minimal. Doch da war er nun hier in Kanada, während ein einsamer Bauer sich in seinem Auto in einer Position befand, das gesamte Unternehmen zu durchkreuzen; er konnte vielleicht sogar für die Vernichtung seines Bootes verantwortlich sein. Angesichts der Tatsache, dass sich der Scheinwerferstrahl nur wenige Meter von seinem Boot entfernt befand, gewann Kptlt. Wissmann seine Fassung zurück und befahl den Männern auf der Brücke, sich zu ducken, damit ihre hellen Gesichter über dem stumpfen Grau des Turmschanzkleides nicht gesehen werden konnten. Dann, noch einmal tief durchatmend, blickte Kptlt. Wissmann auf. Das aufdringliche Scheinwerferlicht war weg. Fast zum selben Zeitpunkt kehrte das Dingi mit der Meldung zurück, dass der Agent, ohne nass geworden zu sein, am Strand abgesetzt worden war. Ohne Störungen schien alles in Ruhe und völlig problemlos abgelaufen zu sein. U 518 nahm über den Achtersteven Fahrt auf und verschwand vom Schauplatz des Geschehens. Doch es sollte noch ein Monat vergehen, ehe das Boot wieder nach Lorient zurückkehrte. Die gesamte Feindfahrt war sehr erfolgreich verlaufen. Das U-Boot hatte nicht nur den Agenten an Land gesetzt, sondern auf dem Rückmarsch waren auch noch eine Anzahl weiterer Schiffe angegriffen worden. Die Männer hatten allen Grund, mit sich zufrieden zu sein.

Die größten Fehler des gesamten Unternehmens, die zu seinem Scheitern führten, hatten die Fachleute der Abwehr bei der Planung und Werner v. Janowski selbst begangen. Erstens lag die Örtlichkeit der Landung in der Nähe eines kleinen Dorfes am Meer, in dem sich zur Sommerszeit tatsächlich Touristen aufhielten, aber in dem es während des Winters kaum ein fremdes Gesicht gab. Daher musste ein deutscher Agent sofort Verdacht erwecken. Schließlich verschlimmerte Werner v. Janowski die Lage noch selbst, indem er nicht imstande war, in der Dunkelheit einen Weg zu finden, um vom Strand wegzukommen. So war er gezwungen, in der Luftfeuchtigkeit frierend, die frühe Winternacht an der Wasserkante zu verbringen, bis es ihm das Tageslicht ermöglichte, die Klippen hinaufzuklettern. Er vergrub sein Funkgerät und die verräterische Marineuniform und zog Zivilkleidung an, ehe er loszog, um sich im Ort ein Hotelzimmer zu nehmen und ein Bad zu genießen. Nachdem er auf jede erdenkliche Art und Weise kleinere Fehler begangen hatte, meldete der Gastwirt seinen Verdacht der Polizei, die Werner v. Janowski festnahm, ehe er die Gelegenheit hatte, in die Anonymität der großen Städte zu verschwinden.

Die Aussicht, als Spion gehängt zu werden, behagte ihm nicht, so dass er zustimmte, als Doppelagent zu handeln und alle Informationen weiterzugeben, die ihm die *Royal Canadian Mounted Police* (RCMP) übergab. Zunächst ließ sich jedoch diese Abmachung nicht in die Tat umsetzen, da die RCMP schnell herausfand, dass sein Funkgerät nicht leistungsstark genug war, um Deutschland zu erreichen. Zum Glück hatte Werner v. Janowski während seiner damaligen Zeit in Kanada auch eine Ausbildung als Rundfunktechniker erhalten. Daher gelang es ihm, einen Verstärker einzubauen, um die Leistung seines Gerätes zu erhöhen. Dies ermöglichte das Senden, aber die vielen Hintergrundgeräusche im Äther gestalteten das Empfangen sehr schwierig. Was aus ihm schließlich wurde, ist nicht klar, aber es scheint wahrscheinlich zu sein, dass er nach dem Krieg repatriiert wurde, um in den Nachkriegswirren zu verschwinden.

Vorstoß bei Tageslicht in die Conceptionbai

U 518, das den Agenten Werner v. Janowski absetzte, war nicht das erste U-Boot, das in der Conceptionbai auf Wabana Roads, der Reede des Hafens von St. John's, vor Anker liegende Schiffe angriff. Etwa zwei Monate früher führte *U 513* unter KKpt. Rolf Rüggeberg einen ähnlich gewagten Vorstoß bei hellem Tageslicht durch.

Der 1907 im spanischen Barcelona geborene KKpt. Rüggeberg trat 1926 in die Marine ein und gehörte damit zu den »alten Hasen«. Trotz dieser Tatsache war er verhältnismäßig spät zur U-Bootwaffe gekommen. Zu Beginn des Krieges befand er sich als Abteilungskommandeur an der spanischen Marineschule in San Fernando und wurde dann Gehilfe des Marineattachés in Madrid. Seine U-Bootausbildung dauerte nur vier Monate, ehe er als Kommandantenschüler auf *U 107* unter KKpt. Günter Heßler (Schwiegersohn von Dönitz) kommandiert wurde. Danach folgte ein Monat Baubelehrung bei der Deutschen Werft in Hamburg und am 10. Januar 1942, einem bitterkalten Tag, stellte er *U 513*, ein nagelneues IX-C-Boot in Dienst. Im Gegensatz hierzu war es ein warmer, aber regnerischer Samstag im August, als das U-Boot zu seiner ersten Feindfahrt des Krieges vom Marinestützpunkt Kiel aus in See ging.

Sobald KKpt. Rüggeberg auf der westlichen Seite des Atlantiks angekommen war, setzte er den Gegner wie auch seine Kameraden in Erstaunen, als er in die Conceptionbai schlich und die Erzfrachter LORD STRATHCONA (7335 BRT) und SAGANAGA (5454 BRT) bei hellem Tageslicht versenkte. Plötzlich war am Samstag, dem 5. September 1942, kurz vor Mittag an Bord der SAGANAGA die erste von zwei gewaltigen Detonationen zu hören. Eine beträchtliche Anzahl Trümmerstücke wurde zusammen mit ein paar Männern hoch in die Luft geschleudert, ehe eine riesige Wolke aus Rauch und Flammen die Szene verhüllte. Kaum eine Minute später war nichts mehr zu sehen; lediglich das Wasser brodelte noch dort, wo sich das Schiff befunden hatte.

Ross Creaser, der Erste Offizier der LORD STRATHCONA erschien etwa zur selben Zeit an Deck, als der zweite Torpedo die SAGANAGA traf. Er sah, wie Angehörige seiner Besatzung eines der Boote bemannten, um Überlebende zu bergen. Rasch befahl er an das nahe gelegene Fort eine Botschaft zu senden, um mitzuteilen, dass sich in der Bucht ein Unterseeboot befand. Dann sprang er, das Verschwinden der SAGANAGA beobachtend, in das nächste Boot, um in dem aufgewühlten Wasser nach weiteren Überlebenden zu suchen. Kaum hatte er sein Schiff verlassen, als auch dieser Frachter Torpedotreffer erhielt, um in weniger als zwei Minuten wie ein Stein zu sinken.

Die Verteidigungskräfte reagierten langsam. Um 16.00 Uhr gab es noch immer kein Anzeichen für eine Reaktion der Marine. Doch kurz danach trafen eine Korvette und ein U-Bootjäger am Ort des Geschehens ein, um die Bucht gründlich abzusuchen. Diese Suche dauerte die ganze Nacht hindurch. An Land und an Bord der vor Anker liegenden Schiffe wurden sofort alle verfügbaren Geschütze besetzt und die Ausguckposten verdoppelt, aber niemand entdeckte etwas Außergewöhnliches. Das U-Boot war offensichtlich nicht kühn genug gewesen, um zu einem weiteren Angriff auf die verbliebenen Schiffe zurückzukommen. Aber auch so hatte *U 513* einen großen Eindruck gemacht und dieses wagemutige und eindrucksvolle Meisterstück überzeugte viele andere Gemeinden an der Küste, präventive Maßnahmen zu ergreifen. Doch trotz dieser Maßnahmen drangen weiter U-Boote tief in die kanadischen Hoheitsgewässer, um in den tückischen Flachwasserbereichen der Küsten eindrucksvolle Unternehmungen durchzuführen.

Aufnehmen entflohener Kriegsgefangener

Deutsche U-Boote haben mindestens zwei Versuche unternommen, um aus kanadischen Kriegsgefangenenlagern entflohene Gefangene aufzunehmen. Das erste dieser Unternehmen fand im April/Mai 1943 statt, als *U 262* (Kptlt. Heinz Franke) die noch immer stark vereiste Cabot-Straße zwischen Neufundland und der Kap-Breton-Insel überwand, um North Point auf der Prinz-Eduard-Insel zu erreichen. Trotz intensiver Bemühungen, mit den potenziellen Passagieren Verbindung aufzunehmen, rührte sich nichts und *U 262* musste das Unternehmen abbrechen und unverrichteter Dinge wieder umkehren.*

---

* Anm. d. Übers.: Eine eingehende Darstellung des Unternehmens findet sich bei Jak P. Mallmann Showell *Die U-Boot-Waffe. Kommandanten und Besatzungen*, Motorbuch Verlag, Stuttgart 2001, S. 111.

Oben: Kptlt. Heinz Franke von *U 262*. In einer beispiellosen Fahrt durchfuhr er 18 Stunden lang getaucht die mit dickem Eis bedeckte Cabot-Straße (Kanada), um entflohene Kriegsgefangene aufzunehmen. Leider scheiterte deren Flucht und das U-Boot musste erfolglos zurückkehren. Kptlt. Franke erhielt das Ritterkreuz des Eisernen Kreuzes am 30. November 1943. Im Bild sichtbar das um den Hals gelegte Band mit dem Orden nach der Verleihungszeremonie bei seinem Eintreffen im französischen La Pallice eine Woche später. Im Bild links KptzS. Hans Rudolf Rösing, der Führer der U-Boote West (lediglich eine truppendienstliche Stellung). In der Mitte KKpt. Richard Zapp, der Chef der 3. U-Flottille. Kptlt. Franke trägt links an der Mütze das Emblem seines Bootes: das »Fliegende Schwert«.

Der von einem weiteren U-Boot einige Monate später unternommene zweite Versuch endete ebenfalls mit einem Fehlschlag. Doch das U-Boot unternahm heldenhafte Anstrengungen und wand sich aus der tödlichen Gefahr heraus, gekapert zu werden, um schließlich auf der europäischen Seite des Nordatlantiks kurz vor dem Erreichen des eigenen Stützpunktes der Vernichtung anheim zu fallen. Bei diesem U-Boot handelte es sich um *U 536* unter Kptlt. Rolf Schauenburg, 1913 in Winterthur in der Schweiz geboren. Zu Beginn des Zweiten Weltkrieges befand er sich als II. Artillerieoffizier, der für die Flak verantwortlich war, an Bord des Panzerschiffes ADMIRAL GRAF SPEE. Nach dem Seegefecht vor dem Rio de la Plata am 13. Dezember 1939 und der anschließenden Internierung in Argentinien entkam er aus dem Internierungslager über Chile nach Deutschland. Nach kurzer Dienstzeit auf Zerstörern meldete er sich zur U-Bootwaffe und fuhr nach seiner U-Bootausbildung als Wachoffizier und Kommandantenschüler unter Kptlt. Heinz-Otto Schultze auf *U 432*, der kurz zuvor das Ritterkreuz des Eisernen Kreuzes erhalten hatte. Obwohl sich Rolf Schauenburg in der Zeit an Bord befand, als *U 432* vor Neufundland operierte, hätte er genauso gut an anderer Stelle sein können, denn es gab keine Verbindung zum Land.

Der Plan, entflohene Kriegsgefangene aufzunehmen, war etwas mehr als ein Jahr zuvor aufgerollt worden. Er stammte ursprünglich vom U-Bootass Otto Kretschmer, der sich in einem kanadischen Kriegsgefangenenlager befand, über einen verabredeten Briefkode. Mehrere dieser Kodes waren in Gebrauch und der gebräuchlichste war der so genannte »Irland-Kode«. Dieser Name konzentrierte sich auf die Buchstaben »I« und »R«. So bedeuteten im Morse-Alphabet: Der erste Teil des Alphabets von A – I einen Punkt, der zweite Teil von J – R einen Strich und die Buchstaben S – Z eine Lücke. Dieses System war nicht erfunden worden, um Fluchtpläne zu organisieren, sondern mit ihm sollten die Gefangenen Einzelheiten zur Versenkung ihres Bootes und andere wichtige nachrichtendienstliche Informationen an die U-Bootführung weitergeben; denn die an die Angehörigen gerichteten Briefe sollten mit diesen Botschaften ohne Beanstandung die Zensur passieren. Der kritische Teil der Botschaft war der erste Buchstabe jedes Wortes. Er gestaltete die Zusammenstellung des Textes langweilig und die Ergebnisse waren oft unbeholfen. Schlimmer war noch, wenn Benutzer törichterweise versuchten, den Kode in einem bedeutungslosen Text zu verbergen; denn ein solches Vorgehen erleichterte den alliierten Zensoren ein Erkennen und so manche Botschaft wurde auf diese Weise abgefangen. Natürlich waren auch einige dieser Informationen für die Alliierten von Nutzen, die für sie harmlose Botschaften oft passieren ließen, um zu zweckdienlicheren Nachrichten zu ermuntern.

Die Kriegsgefangenen sollten aus dem *Camp 30* bei Bowmanville nahe Toronto kommen. Was genau geschah, wird vermutlich nie geklärt werden, aber irgendwie hatten die Alliierten von dem Fluchtplan erfahren und nutzten die Gelegenheit, um den Versuch zu unternehmen, das aufnehmende U-Boot zu kapern. Es hat den Anschein, als ob zur selben Zeit zwei Fluchtversuche stattfanden. Der Hauptversuch sollte aus einem 300 m langen Fluchttunnel erfolgen, den das kanadische Wachpersonal später als eine Meisterleistung der Ingenieurkunst bezeichnete. Der zweite Versuch betraf nur einen einzigen U-Bootkommandanten, KKpt. Wolfgang Heyda, der mit improvisierten Steigeisen einen Mast mit einem Hochspannungskabel erstieg und einen behelfsmäßigen Bootsmannsstuhl benutzte, um sich über den äußeren Zaun zu ziehen. Das Einstürzen des Tunnels machte der Flucht seiner Erbauer, darunter auch Otto Kretschmer, Horst Elfe und Hans Ey, ein rasches Ende. Doch Heydas einsame Fluchtanstrengung blieb unentdeckt, bis sein Fehlen beim Anwesenheitsappell bemerkt wurde. Daher gelang es ihm, fast den angegebenen Aufnahmepunkt zu erreichen, und erst ungefähr einen Kilometer vorher fassten ihn die Kanadier. Mit Heydas Festnahme schadeten sie sich selbst, denn hätten sie ihn laufen lassen und ihn nur beobachtet, hätte er das richtige Signal abgegeben, um das U-Boot heranzuholen. Stattdessen sendeten die Kanadier einen Spruch im Klartext, der *U 536* zum Näherkommen aufforderte. Dieser Morsespruch war Kptlt. Schauenburg verdächtig, der wendete und seewärts ablief.

Der Aufnahmepunkt, die Pointe de Maisonette, lag in Neubraunschweig an der flachen Südküste der Chaleurbai, gegenüber von New Carlisle auf der Halbinsel Gaspé, wo Werner v. Janowski von *U 518* an Land gesetzt worden war. An diesem Punkt, über 50 km landeinwärts vom St.-Lorenz-Golf, war die Chaleurbai etwa 25 km breit. Diese Abmessungen machen die großen Entfernungen innerhalb der Bucht deutlich, wenn sie vom Kliff aus überblickt oder versucht wird, sie in einem Dingi zu befahren. Doch der Besatzung eines U-Bootes könnte die weite Bucht sehr beengt vorkommen, wenn von einigen Kriegsschiffen ihr Absuchen nach erprobtem Suchmuster droht.

Im Gegensatz zu Kptlt. Heinz Franke von *U 262* war Kptlt. Rolf Schauenburg vor dem Auslaufen in einer Einsatzbesprechung eingewiesen worden, wenn auch keiner seiner Männer Bescheid wusste, die erst unmittelbar vor dem Aufnehmen unterrichtet werden sollten. Der Grund für diese außergewöhnliche Sicherheitsmaßnahme war das hohe Risiko einer Versenkung des Bootes, wobei Besatzungsangehörige den Alliierten hätten in die Hände fallen können. Für den Fall einer Versenkung gab es einige andere Boote, die versiegelte Umschläge mit den Einzelheiten des Unternehmens an Bord hatten, die sie – wie dies bei *U 262* der Fall gewesen war – hervorzuholen hatten, um die Operation in letzter Minute doch noch durchzuführen.

Das Annähern an den Aufnahmepunkt war nicht einfach. *U 536* ortete eine ungewöhnlich große Anzahl von Flugzeugen und schnellen Kriegsschiffen. Um allem die Krone aufzusetzen, meldeten die Ausgucks im selben Augenblick, da sie in die weite Bucht einliefen, in großer Entfernung mehrere Zerstörer. Kein Wunder, die kanadische Marine hatte vor, *U 536* zu kapern. Sie hatte die Absicht, dem U-Boot den Weg zurück in die offene See zu versperren. Es war geplant, das Boot auf flachem Wasser zu stellen, und zwar in dem kritischen Augenblick, da es am Strand fast den Grund berührte. Obwohl *U 536* bis auf ein paar hundert Meter an die Küste heranging, war Kptlt. Schauenburg nicht der Typ, der seinem Glück vertraute. Der kleine Küstenausschnitt, den er gesehen hatte, spiegelte eine geschäftige, fast friedensmäßige Atmosphäre wider: Brennende Leuchtfeuer, erleuchtete Fenster in den Häusern und Autos mit eingeschalteten Scheinwerfern. Nur der Aufnahmepunkt war in eine tiefe schwarze Ruhe getaucht, die verdächtig wirkte. Plötzlich blinkten anstatt des Erkennungssignals die gemorsten deutschen Worte »Komm, komm!« auf. Gleichzeitig zuckte ein prächtig entfaltetes Spiel von Nordlichtern über die Bucht, das von der spiegelglatten Wasseroberfläche reflektiert wurde. Der vorsichtige Kptlt. Schauenburg tauchte sofort weg. Er hatte zwar nicht viel Spielraum unter dem Kiel seines Bootes, aber Morsesprüche ohne Erkennungskode waren bei dieser prächtigen Illumination zu viel. Sekunden später begannen die Detonationen von Wasserbomben durch das

Oben: Übernahme eines Torpedos in den Heckraum von *U 262*, einem Boot des Standardtyps VII C, gebaut beim Bremer Vulkan in Vegesack. Der Dreibeinmast im Vordergrund gehörte zum Ladegeschirr, um den ca. 1,5 t schweren Torpedo in Schräglage langsam durch das achtere Torpedoluk abzusenken.

Oben: Das Vorschiff von *U 262*. Zwischen vorderem Torpedoluk und Decksgeschütz, das seitwärts geschwenkt werden musste, gab es für die Übernahme wenig Platz: Ein komplizierter Vorgang, auch an einem schönen Tag im Hafen. Beachte jedoch die Probleme einer Übernahme bei grobem, kühlem Wetter in See.

Wasser der Bucht zu dröhnen – noch weit entfernt, aber trotzdem entnervend. *U 536* war von niemand geortet worden und in diesem Gebiet gab es auch keine anderen U-Boote. Warum fielen Wasserbomben? Gleichzeitig begann die Besatzung des U-Bootes das Geräusch näher kommender Überwasserschiffe zu vernehmen. Irgendwer war irgendwo nervös geworden und gemahnte Kptlt. Schauenburg, dass es Zeit war zu verschwinden.

Das FT »Kiebitz verpfiffen!«, das Kptlt. Schauenburg an den BdU absetzte, nachdem er sein Boot aus dieser gefährlichen Lage befreit hatte, bedeutete, dass das Unternehmen »Kiebitz« infolge Verrats abgebrochen wurde. Hätte er das Erwartete getan, nämlich sein Boot gewendet und Kurs auf den Ausgang der Bucht genommen, wäre er fast mit an Sicherheit grenzender Wahrscheinlichkeit in die Falle gegangen. Doch Kptlt. Schauenburg war schon zuvor während der Internierungszeit in Südamerika zweimal entkommen, weil ihm klar war, dass er das tun musste, was von ihm nicht erwartet wurde. In diesem Fall war es besser, tiefer unter Land zu schleichen, ruhig abzuwarten und die Untiefen zu nutzen, um sein Boot zu verstecken. Obwohl das U-Boot eine Anzahl fest verankerter Fischnetze losriss, funktionierte die List. Die Jäger suchten weiterhin in tiefem Wasser und pflasterten den vermuteten Fluchtweg von *U 536* erfolglos mit Wasserbomben. Als die Luft rein war, machte sich *U 536* in den offenen Atlantik davon, um noch weitere zwei Wochen vor Kanada zu operieren,

Rechts: U 262 von achtern. Pause bei der Torpedoübernahme. Der Torpedo hängt mit dem Schwanz am Dreibeinmast des Ladegeschirrs und wird gerade durch das achtere Torpedoluk in den Heckraum abgefiert. Die Männer sitzen vor der aufgeklappten Abdeckung über dem Luk (ähnlich dem vorderen Luk siehe Seite 54). Nach der Übernahme wurde das Ladegeschirr wieder abgebaut und verstaut.

Unten: U 262 nimmt Munition für das 8,8-cm-Schnellfeuer-Decksgeschütz L/45 an Bord. Die Patronenmunition befand sich in fest verschlossenen Pappbehältern und wurde in der Munitionskammer unter den Flurplatten des Funkraums verstaut. Draußen auf See wäre es zu gefährlich gewesen, das vordere Torpedoluk wie hier zu öffnen; denn die Oberseite des Druckkörpers lag nur wenig oberhalb der Wasseroberfläche und es bestand stets die Gefahr, dass Wasser in das Boot lief. Deshalb wurden die Patronen durch den Turm auf die Brücke, von da über die Rückseite des Turms auf das Oberdeck und seitlich am Turm vorbei zum Geschütz verbracht. Das dünne, stielartige Objekt auf dem Vorschiff im Bild rechts vom Netzabweiser ist ein Unterwasserhorchgerät, und zwar ein drehbares Kristallbasisgerät (KDB), und links daneben sind zwei versenkbare Poller erkennbar.

Oben: Im Bild U 262 mit verstärkter Fla-Bewaffnung. Der »Wintergarten« wurde als obere Geschützplattform vergrößert, aber anscheinend führt das Boot nur eine 2-cm-Zwillingslafette – ungewöhnlich, da die meisten Boote üblicherweise mit zwei dieser etwas wirkungslosen 2-cm-Zwillingsflaks ausgestattet waren. Zwischen den mit Front nach Backbord angetretenen Männern rechts im Bild und der teilweise ausgefahrenen Stabantenne an der Achterkante der Brücke befindet sich eine außen befestigte Gasflasche mit Wasserstoff. Das Gas wurde zum Füllen der Ballons für das Funkmess-Täuschungsgerät (FuMT 1) mit dem Decknamen »Aphrodite« gebraucht. Es bestand aus einer ca. 60 m langen Leine mit einem Schwimmer am unteren Ende. Längs der Leine mit dem dicht über der Wasseroberfläche schwebendem Ballon waren Dipolstreifen aus Aluminiumfolie befestigt. Diese reflektierten die ankommenden Radarimpulse und erzeugten auf dem Radargerät des Gegners ein ähnliches Echo wie ein aufgetauchtes U-Boot (Scheinziel). Der Kopf der runden FuMB-Antenne zum Erkennen einer gegnerischen Radarortung links neben der Stabantenne ist vor dem diffusen Hintergrund kaum auszumachen.

Das Emblem an der Turmvorderseite zeigt das »Fliegende Schwert«, das Abzeichen der 2. Jagd-Gruppe Ost der Luftwaffe, die in der Nähe von La Rochelle für den Fronteinsatz geschult wurde und mit U 262 sehr freundschaftlich verbunden war. Frankes U-Boot erhielt das Emblem 1943 von Oberleutnant Krupinski überreicht, einem der Jagdfliegeroffiziere und späterem Generalleutnant der Bundesluftwaffe. Die beiden schwarzen Flugzeuge mit dem Datum symbolisieren zwei abgeschossene Feindflugzeuge, während die Olympischen Ringe das Emblem der Crew 36 sind, dem Jahr der Olympiade in Deutschland und des Eintritts Frankes in die Marine.

Das Äußere des Bootes signalisiert, dass es eine ziemlich harte Zeit hinter sich haben muss, denn an der Vorderkante des Turms fehlt der Netzabweiser zum Bug. Auf der Brücke grüßt Kptlt. Heinz Franke mit weißer Mütze und Megafon in der linken Hand.

ehe das U-Boot auf Ostkurs ging, um sich dem Vorpostenstreifen der U-Bootgruppe »Schill 2« anzuschließen.

In der Nacht vom 19./20. November 1943, mehr als einen Monat nach dem missglückten Aufnahmeversuch, wurde *U 536* von der 5. Unterstützungsgruppe *(Support Group)* gestellt. Wasserbomben der kanadischen Korvetten SNOWBERRY (Lt. J. Dunn) und CALGARY (Lt.-Cdr. H. Hill) brachten das U-Boot an die Wasseroberfläche, wo es von der britischen Fregatte NENE (Cdr. J. D. Birch) mit Artillerie vernichtet wurde. Kptlt. Schauenburg und 16 seiner Männer überlebten, um die Episode zu berichten, wie sie den Kanadiern in den flachen Gewässern ihrer eigenen Küste ein Schnippchen schlugen.

Die deutsche Wetterstation in Kanada

Die erste und einzige deutsche Wetterstation auf dem amerikanischen Kontinent blieb bis Anfang der 80er-Jahre im Verborgenen. Doch dann enträtselte sich ihre Entdeckung auf eine sogar noch seltsamere Art als ihre ursprüngliche Errichtung. Dies fing damit an, dass KptzS. a. D. Otto Köhler, als Kptlt. der erste Kommandant von *U 377*, in Denzlingen bei Freiburg i. Br., am Rande des Schwarzwaldes gelegen, seinen Ruhestand zu genießen begann. Eines Tages traf er in Freiburg mit Dr. Kurt Sommermeyer zusammen, einem alten Kriegskameraden, den er 1942 bei einem Unternehmen auf Spitzbergen an Bord hatte. An Bord von *U 377* war mein Vater damals als Stabsobermaschinist für die Dieselmotorenanlage verantwortlich. Er verließ das Boot nach dessen 12. Feindfahrt im Herbst 1943, wurde aber erneut auf *U 377* (OblztS. Gerhard Kluth) abkommandiert, da sein Nachfolger erkrankt war und das Boot nicht mit zwei Neulingen im Maschinenraum auslaufen konnte. Daher befand sich mein Vater auf dieser letzten verhängnisvollen Feindfahrt an Bord, auf der *U 377* verschwand – drei Monate vor meiner Geburt. Otto Köhler war in der Zwischenzeit befördert worden und nunmehr Leiter der Lehrgruppe für den damals neuen Horchtorpedo T 5 »Zaunkönig«. Somit hatte er das Glück, den Krieg zu überleben.

Dieses Zusammentreffen in Freiburg i. Br. veranlasste Otto Köhler, mir nahe zu legen, dass Dr. Sommermeyer noch Fotos haben könnte, auf denen mein Vater zu sehen wäre. Leider brach diese interessante Verbindung durch Dr. Sommermeyers vorzeitigem Tod ab. Doch sein Sohn Klaus war so freundlich, mir eine Schachtel mit Fotos zu senden, unter denen ich vielleicht einige von meinem Vater finden könnte. Bei diesen Bildern befand sich die sehr interessante Aufnahme einer Anlage, die wie ein Funksender mit einem Antennenmast aussah und den Namen des kanadischen Wetterdienstes trug. Die Alliierten waren schon sehr frühzeitig im Kriege gezwungen gewesen, die Ansiedlungen für die Kohlenbergwerke auf Spitzbergen zu evakuieren, wo mein Vater im Herbst 1942 mit *U 377* gewesen war. Allerdings war noch eine Zeitlang eine kleine Abteilung kanadischer Truppen geblieben, um den Betrieb der Funkstation aufrechtzuerhalten, damit die Räumung der deutschen Seite verborgen blieb. Daher bestand durchaus die Wahrscheinlichkeit, dass es sich um einen Teil ihrer transportablen Funkanlage handelte, zumal die Aufschrift auf eine solche Möglichkeit hinwies.

Später zeigte ich das Foto dem in Österreich geborenen Ingenieur Franz Selinger, dessen Studie über die deutschen Wetterstationen in der Arktis ihn zu einem unbestrittenen Fachmann auf diesem Gebiet gemacht hat. Er stimmte zu, dass der seltsame Aufbau tatsächlich eine automatische Wetterstation sein könnte, war aber der Auffassung, dass sich die Örtlichkeit nicht auf Spitzbergen befände. Weitere Nachforschungen ergaben, dass die Station irgendwo im nördlichen Kanada liegen müsste. Doch von kanadischer Seite aus wurde Selinger offiziell versichert, dass dies ein Irrtum wäre; denn auf kanadischem Boden hätte es nie eine deutsche Station gegeben. Ein Streik der Post hatte den Briefwechsel beträchtlich verzögert und so traf die Antwort aus Kanada erst kurze Zeit später ein, nachdem Selinger die Identität des U-Bootes herausgefunden hatte, das die Station errichtet hatte. Somit konnte er aus dem Kriegstagebuch ihre Position feststellen. Dies verschaffte ihm die prächtige Genugtuung, die Arroganz zu erschüttern, mit der die offizielle Antwort abgefasst war. Später führte diese Entdeckung zu einer Einladung, um die Örtlichkeit mit dem Ziel zu besuchen, möglicherweise einige Gegenstände für eine Ausstellung im Museum zu bergen.

An dieser Stelle des Berichtes dürfte ein Rückblick auf den Herbst 1943 von Interesse sein, als der Deutsche Wetterdienst eine Reihe automatischer Wetterstationen bauen ließ, die in der Arktis durch U-Boote errichtet werden sollten. Dieses Transportverfahren fügte der Konstruktion zusätzliche Schwierigkeiten hinzu, denn die gesamte Station musste zerlegbar sein, um in Behälter zu passen, die durch die kleinen, kreisrunden Luken eines U-Bootes hindurchgingen. Die Prototypen, im winterlichen Erzgebirge erprobt, arbeiteten gut und empfahlen sich für die Fertigung. Zwei Stationen wurden für Kanada gebaut, aber eine von ihnen traf dort nie ein. Sie befand sich an Bord von *U 867* unter KptzS. Arved v. Mühlendahl. Auf dem Hinmarsch beschädigte das U-Boot nordwestlich von Bergen eine »Mosquito« der 248. RAF-Squadron, geflogen von H. A. Corbin. Die britische Funküberwachung fing daraufhin einen Notruf auf, der Schlepperhilfe anforderte. Nicht mehr tauchfähig wartete die U-Bootbesatzung geduldig und empfing sogar die »Liberator Q« der 224. RAF-Squadron, die den Auftrag hatte, das Boot anzugreifen, mit starkem Abwehrfeuer ihrer Fla-Geschütze. *Flight Lieutenant* H. J. Rayner warf seine Wasserbomben so weit daneben, dass er der Auffassung war, sie könnten das U-Boot kaum ernsthaft beschädigt haben. Doch als er eine Kurve flog, war er überrascht zu sehen, dass die Besatzung das Boot aufgab, und bemerkte dann, wie das Boot immer tiefer sackte, bis es auf ebenem Kiel sank. Vermutlich hatte es sich selbst versenkt. Leider gelangte keiner der Besatzungsangehörigen, die sich in die Schlauchboote gerettet hatten, lebend an Land. Der Verlust von *U 867* ereignete sich am 19. September 1944.

Die andere für Kanada bestimmte Wetterstation befand sich bereits ein knappes Jahr früher an Bord von *U 537* unter Kptlt. Peter Schrewe (nicht zu verwechseln mit KKpt. Georg Schewe, Kommandant von *U 60* und *U 105*). Gegen Mitte September 1943 trafen Dr. Sommermeyer und Walter Hildebrandt, sein Assistent, in Kiel mit ihrer Ausrüstung ein. Nach dem Auslaufen aus Kiel verlegte *U 537* nach Bergen in Norwegen und trat von dort aus den Marsch über den Nordatlantik nach Labrador an. Der Zeitpunkt war vom Wetter her kritisch. Nach dem Plan sollte die Station errichtet werden, ehe die See über den Winter hinweg zufror, um auf diese Weise die Kanadier monatelang daran zu hindern, diesen Ort zu erreichen, falls sie die Station mit Funkpeilung feststellten. Allerdings war der deutschen Seite nicht bekannt, dass die kanadische Marine nur Funksender in See einpeilte und kaum nach Funksignalen suchte, die von Landstationen kamen.

Wie schon andere Landeunternehmen, so hatte auch diese Operation keinen Vorrang erhalten. Daher verbrachte *U 537* einige Zeit in isländischen Gewässern, damit die Funker eine Anzahl vorbereiteter Funksprüche abgeben konnten, um die Anwesenheit einer schweren Kampfgruppe aus Überwasserschiffen vorzutäuschen. Dies lief verhältnismäßig gut ab, aber die Männer auf *U 537* hattten keine leichte Zeit. Ein Leck im Dieselmotorenraum – nicht so schwerwiegend, um umzukehren – fügte ihren Problemen noch ein zusätzliches hinzu und eine ausgeprägte Schlechtwetterfront sorgte dafür, dass ein größerer Teil der Besatzung unter Seekrankheit litt. Die Wetterverhältnisse waren so schlecht, dass die 2-cm-Vierlingsflak auf der unteren »Wintergarten«-Plattform hinter dem Turm weggerissen wurde. Damit nicht genug; beide Sehrohre waren voll Wasser gelaufen, einer der Dieselmotoren hatte eine Störung und zudem gab es zahlreiche kleinere Schäden. Kptlt. Schrewe zog ein Umkehren in Betracht, aber sein Leitender Ingenieur versicherte ihm, dass die Störungen auf der Westseite des Atlantiks repariert werden könnten, wenn das Boot in ruhigen Küstengewässern vor Anker ginge.

Das Wetter blieb abscheulich und die beiden Meteorologen wünschten sich, sie hätten sich für ein etwas weniger körperlich anstrengendes und nervenaufreibendes Unternehmen freiwillig gemeldet. Trotz dieser scheinbar endlosen Kette an natürlichem Unheil, das fast noch schlimmer als die Heftigkeit von Wasserbombenangriffen war, dachten jedoch weder Kptlt. Schrewe noch seine Männer an Aufgeben. Das Finden ihres Bestimmungsortes war überhaupt nicht einfach; denn blind machende Schneestürme, die fast eine Woche lang wüteten, hatten nicht nur das Wasser zu gewaltigen Seen aufgetürmt, sondern auch die natürlichen Navigationshilfen ausgelöscht. Es war unmöglich, sich nach der Sonne oder den Sternen zu orientieren. Der Obersteuermann musste sich allein auf sein gegisstes Besteck verlassen. Doch dies war bei weitem nicht so schlimm, wie es scheinen mochte – schließlich war das Finden von Kanada keine so schwierige Aufgabe und es kam überhaupt nicht darauf an, wo sie Land sichteten, so lange es eine abgelegene Örtlichkeit war, und solche Plätze sind an der langen, einsamen arktischen Küste reichlich vorhanden.

Kurz nach Mittag am 22. Oktober 1943 sichteten die Ausgucks Kap Chidley am Eingang zur Hudsonstraße und bald danach begann Kptlt. Schrewe zu loten, um sicher zu gehen, dass sie nicht auf ein unerwartetes Hindernis stießen. Er war entschlossen, nicht die Fehler der Vergangenheit zu wiederholen. *U 537* kam rasch voran und es dauerte nicht lange, da konnten sie in der Bucht von Attinaukjuke – der Martin's Bay, wie der einheimische Name anglisiert heißt – Anker werfen. Sie liegt etwa auf 60°05'N, 64°24'W. Binnen einer Stunde ging ein Erkundungstrupp an Land und nahm einen speziell vorbereiteten Sack Abfall mit: Büchsen von Notrationen und Zigarettenpackungen, die aus einem abgeschossenen Flugzeug stammten. Diese kleine Zugabe wurde als eine gute Idee angesehen. Sollte die Station gefunden werden, würde sie vielleicht nicht an zuständige Stellen gemeldet werden, wenn es so aussah, als ob es sich um eine kanadische handelte.

Es herrschte kaum Wind und die Temperatur lag nur um etwa 2° C unter dem Gefrierpunkt. Dies legte den Gedanken nahe, von den unerwartet guten Wetterbedingungen sofort Gebrauch zu machen. Ohne zu zögern, machten sich daher die Männer ans Werk. In weniger als drei Stunden nach ihrer Ankunft begannen sie mit Hilfe eines großen Schlauchbootes, die schweren Behälter an Land zu schaffen. Gleichzeitig reparierte das Maschinenpersonal die Schäden im Inneren des U-Bootes. Obwohl es für jeden von ihnen mehr als genug zu tun gab, war Kptlt. Schrewe der Auffassung, dass eine zusätzliche Vorsichtsmaßnahme nicht schaden könnte. Er postierte an erhöhter Stelle einen Ausguck, falls die Örtlichkeit doch nicht so abgelegen sein sollte, wie er sich das vorgestellt hatte.

Die Arbeiten verliefen gut; die Wetterstation mit ihrem Funkmast und den Batterien wurde an Land gebracht und aufgestellt. Schon kurze Zeit später sendete sie ihr erstes Signal, worüber sich die Männer freuten. Etwa 28 Stunden nach seinem Eintreffen lichtete *U 537* wieder den Anker und nahm Kurs zurück auf die offene See. Der Funkraum überwachte die Station, aber die Funker waren überrascht, als sie ein Stören der Signale vernahmen. Noch mehr erstaunte sie die Erkenntnis, dass diese Störungen mehr von deutscher als von alliierter Seite kamen. Dennoch blieb ihnen nichts anderes übrig, als sich zu beschweren. Doch auch dies musste warten, bis das U-Boot weit genug entfernt stand. Daher sollte noch einige Zeit verstreichen, bis sich *U 537* sicher genug fühlte, um ein FT mit der Vollzugsmeldung an den BdU abzusetzen.

Die Anerkennung für die erfolgreiche Durchführung des Auftrages kam mit der willkommenen Erlaubnis für Kptlt. Schrewe, in den kanadischen Gewässern völlig frei zu operieren. Er wurde lediglich gewarnt, nicht in die vor kurzem von *U 220* (ObltzS. Bruno Barber) gelegte Minensperre vor St. John's zu geraten, dem Haupthafen von Neufundland. *U 537* bekam jedoch nicht ein einziges Schiff zu Gesicht und kehrte ohne Versenkungserfolg zurück. Kptlt. Schrewe gelang es aber, die beiden Meteorologen sicher zurückzubringen, als er am 8. Dezember 1943 in Lorient einlief. Drei Monate später ging *U 537* erneut in See, diesmal in

Rechts: Das inzwischen bekannte Bild, mit dem in den 80er-Jahren die aufregende Fahndung nach einer deutschen Wetterstation auf kanadischem Boden begann. Es zeigt die Station südlich von Kap Chidley an der Küste der Martin's Bay in Labrador, unmittelbar nach ihrer Errichtung aufgenommen. Sie wurde am 22./23. Oktober 1943 von Dr. Sommermeyer und seinem Assistenten aufgebaut, unterstützt durch die Besatzung von *U 537* (Kptlt. Peter Schrewe). Auf dem rechten Mast befindet sich gerade noch sichtbar der Windmesser, während der linke Mast die Funkantenne zur automatischen Datenübermittlung aufweist.

Oben: Im Inneren der runden Behälter waren neben zwei Arten von Batterien auch die Geräte zur automatischen Wetteraufzeichnung und der Funksender zur automatischen Übermittlung der Wetterdaten untergebracht. Gleichzeitig dienten diese schweren Behälter auch als Verankerungen für die beiden Masten, um zu verhindern, dass sie vom Sturm umgeweht werden. Zur Täuschung befand sich außen auf den Behältern die Aufschrift: »Canadian Weather Service«. Auf dem mittleren Behälter ohne Tarnanstrich ist sie in weißer Schrift deutlich zu erkennen.

Rechts: Eine Nahaufnahme des Mastes mit dem an seiner Spitze angebrachten Windmesser und den Temperaturfühlern.

Oben: U 537 (Kptlt. Peter Schrewe) brachte die Wetterstation nach Kanada und half den beiden Meteorologen beim Aufbau.

den Indischen Ozean, und traf im August 1944 in Batavia auf Java/Niederländisch-Ostindien ein (heute Jakarta, die Hauptstadt von Indonesien). Auf dem Heimmarsch torpedierte und versenkte das amerikanische Unterseeboot USS FLOUNDER das deutsche U-Boot am 9. November 1944 ostwärts von Soerabaja (heute Surabaja) mit der gesamten Besatzung in der Javasee.

Es hat den Anschein, dass sich die Anstrengungen von *U 537* gelohnt haben, denn die Station übermittelte die erforderlichen Wetterdaten. Dieser Erfolg veranlasste einen weiteren Versuch, noch eine Wetterstation durch *U 867* ein Jahr später im selben Gebiet errichten zu lassen. Nach dem oben beschriebenen Verlust des Bootes kam es zu keinen weiteren Bemühungen mehr, in Kanada eine Wetterstation aufzubauen, da bis dahin der Krieg fast vorüber war.

Die von *U 537* errichtete Wetterstation mit dem Decknamen »Kurt« wurde erst 1981 entdeckt, als Franz Selinger ihr Vorhandensein den kanadischen Behörden mitgeteilt hatte. Daraufhin erhielt er eine Einladung, sich einer kleinen Erkundungsgruppe anzuschließen, um die Örtlichkeit aus nächster Nähe zu untersuchen: Dr. W. A. B. Douglas, Leiter der Historischen Abteilung im *National Defence Headquarters,* Captain Jim Clarke, Leiter der Abteilung Führungssysteme im Kommando der kanadischen Küstenwache, und Ms. Donna C. Andrew, Presseoffizierin. Aufklärungsflüge der kanadischen Luftwaffe hatten bestätigt, dass sich die Station zweifellos noch dort befand. Doch die Entdeckung wurde als wichtig genug angesehen, um sie an Ort und Stelle näher zu untersuchen.

Der schwere Eisbrecher LOUIS S. ST.LAURENT (13.800 ts max.) der kanadischen Küstenwache unter Capt. M. S. Tanner stellte rasch fest, dass Kptlt. Schrewe entweder besonderes Glück hatte oder besonders mutig oder verwegen war, so dicht unter Land zu gehen. Der Eisbrecher, der zwei Hubschrauber an Bord hatte, ging das Risiko einer Wiederholung dieses Meisterstückes nicht ein, blieb weit draußen vor dem gefährlichen Packeis und setzte seine Hubschrauber ein, um die Erkundungsgruppe zu den Resten der Wetterstation zu bringen. Bedauerlicherweise war viel von ihr zerstört worden. Ihre Trümmerstücke waren über ein großes Gebiet verstreut. Zunächst war angenommen worden, nomadisierende Eskimos hätten die Behälter verwüstet. Später setzte sich jedoch die Erkenntnis durch, dass diese nicht über die Werkzeuge verfügten, um alles so sorgfältig zu zerlegen. Einige Teile der Wetterstation wurden an Bord des Eisbrechers zurückgebracht, um in einem Museum ausgestellt zu werden. Ein in Kanada veröffentlichter Bericht über die entdeckte Station führte in der Folge zu einer Antwort von einer Gruppe Geomorphologen. Die Wissenschaftler hatten die Station schon früher entdeckt, aber sie intakt verlassen, da sie der Auffassung waren, es handele sich um eine offizielle Einrichtung. Diese Mitteilung bewies, dass die Zerstörung der Station erst verhältnismäßig kurze Zeit vor dem Eintreffen der Erkundungsgruppe stattgefunden hatte. Allerdings lassen sich die Ursachen und Umstände der Zerstörung nur vermuten.

Oben: *U 537* in der Martin's Bay vor Anker. Im Hintergrund die Torngatberge an der Nordwestküste von Labrador.

Oben: *U 537* nach dem Eintreffen in der Martin's Bay südlich von Kap Chidley an der kanadischen Atlantikküste von Labrador. Während der Atlantiküberquerung herrschte derart raues Wetter, dass die 2-cm-Vierlingsflak auf der unteren Plattform des achteren Turmanbaus aus ihren Fundamenten gerissen wurde und in der See verschwand.

Links: An Land Ausguck zu halten, war eine gefragte Aufgabe und sogar der Kommandant (mit der Maschinenpistole) und der LI nahmen an der Ablösung teil. Im Vordergrund ein leichtes Maschinengewehr MG 15 mit seiner typischen Doppelgurttrommel. Es handelte sich ursprünglich um ein Flugzeug-Bord-MG, das ab 1943 für den Erdeinsatz umgebaut wurde. Weiter oben auf den hohen Klippen waren zwei weitere Ausgucks postiert, um zu verhindern, dass das ankernde U-Boot überrascht wurde.

Links: Lt.(Ing.) Günter Graeser, der Leitende Ingenieur (LI), legt eine Verschnaufpause ein, um unter seinen Füßen kanadischen Boden zu fühlen. Er ging nur für kurze Zeit an Land, da er zusammen mit dem Maschinenpersonal beträchtliche Schäden an Bord reparieren musste, die der Sturm verursacht hatte.

Oben: Auf der Brücke von *U 537*: Besatzungsangehörige »schießen« mit dem Sextanten die Sonne, um die genaue Position des U-Bootes zu bestimmen. LtzS. Freudenberg, der III. Wachoffizier (III. WO), beobachtet durch das Fernglas.

Oben links: Bruno Dieck, I. WO von *U 537*, »schießt« mit dem Sextanten die Sonne.

Oben rechts: Ausguck an Bord von *U 537*.

Unten: Harold Eberhard trägt hier die »Eismedaille« von *U 537*. Die Männer hätten sie gern die »Kanadische Labrador-Medaille« genannt, aber aus Sicherheitsgründen musste jede Verbindung mit dem amerikanischen Festland verschwiegen werden.

Oben: Harold Eberhard, der II. WO, trägt an der Bordmütze das Emblem von *U 537*, eines Bootes vom Typ IX C/40: Zwei über dem Anker gekreuzte Schwerter. Das Käppi oder auch »Schiffchen« wurde an Bord sehr gern getragen, weil es zusammengefaltet in die Tasche gesteckt werden konnte und auch sonst wenig Platz beanspruchte. Harold Eberhard fiel zusammen mit der gesamten Besatzung des Bootes am 9. November 1944 in der Javasee ostwärts von Surabaja, torpediert durch das U-Boot USS FLOUNDER.

6. Am Rande der Sahara

U 66: Unternehmen »Sturm«

Die Aussicht, das Kommando von *U 66* vom Typ IX C zu übernehmen, erfüllte Kptlt. Friedrich Markworth mit beträchtlicher Beklommenheit. Das Dasein wäre sehr viel einfacher gewesen, hätte er die Möglichkeit gehabt, nach Deutschland zurückzukehren, um ein nagelneues U-Boot in Dienst zu stellen. Stattdessen hatte er im französischen Lorient zu bleiben und am 22. Juni 1942 das Boot von KKpt. Richard Zapp zu übernehmen, einem Ritterkreuzträger. KKpt. Zapp hatte mit *U 66* vom Frühjahr 1941 an fünf Feindfahrten in den Nordatlantik, bis in das Seegebiet vor Freetown in Westafrika, an die Ostküste der Vereinigten Staaten und zweimal in die Karibik durchgeführt – eine unglaubliche Folge von Leistungen für jeden neuen Kommandanten, um den Erwartungen gerecht zu werden. Natürlich gab es auch eindeutige Vorteile, mit einem eingefahrenen Boot in See zu gehen, aber die allgemeine Aussicht war ziemlich einschüchternd. Unerfahrene Neulinge sahen sich wahrscheinlich einem beträchtlichen Einstürzen ihres Selbstwertgefühls gegenüber. Kptlt. Markworth war bekannt, dass bessere Männer als er selbst hinsichtlich dessen, wer tatsächlich verantwortlich war, in ernsten Zweifeln gesteckt hatten. Er wusste, die beunruhigenden Augenblicke würden auf ihn zukommen, dass Angehörige aus der Besatzung sein Handeln kritisieren könnten. So gab es zum Beispiel den Vorfall, dass auf *U 178* ein Ausguck befohlen hatte zu tauchen, während sein Kommandant, KptzS. Hans Ibbeken, noch das sich nähernde Flugzeug beobachtete. Sobald das Boot auf Tiefe war und die Aktivität des Tauchmanövers sich gelegt hatte, schrie der Kom-

Unten: Indienststellung von *U 66* am 1. Januar 1941 bei der Deschimag A. G. »Weser« in Bremen. Obwohl die U-Boote vom Typ IX oft als »groß« bezeichnet werden, sind sie noch immer winzig, verglichen selbst mit einem kleinen hochseegehenden Handelsschiff. Diese Aufnahme lässt deutlich erkennen, wie klein *U 66* gegenüber dem Schiff hinter ihm erscheint.

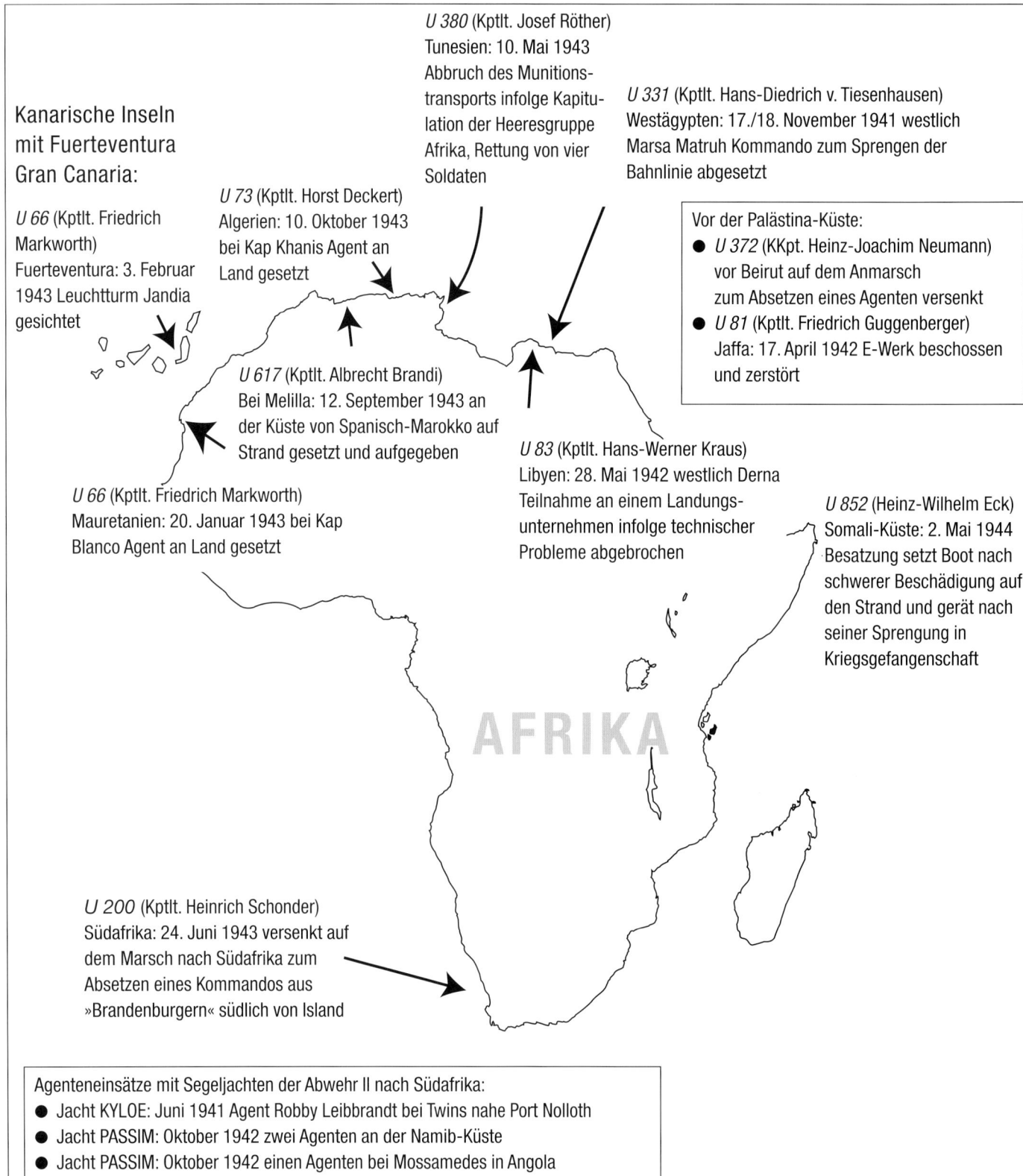

mandant den Missetäter an: »Wer zum Teufel glauben Sie, kommandiert dieses Boot?« Der Mann, von seinem Vorgesetzten kaum aus der Fassung gebracht, erwiderte ruhig: »Niemand stellt ihre Stellung in Frage, aber wenn Sie am Leben bleiben wollen, dann sollten Sie nachdenken und ein klein wenig schneller reagieren.«

Trotz vieler potenzieller Probleme fand Kptlt. Markworth auf *U 66* eine Atmosphäre der Unterstützung vor, die ihm das glatte Überstehen seiner Feuertaufe erleichterte. Diese verlief tatsächlich nicht ganz einfach. Er hatte nicht nur mit den Problemen einer ungewöhnlich langen Feindfahrt von 98 Tagen in die Karibik zu kämpfen, um vor Port Castries auf Saint Lucia Minen zu legen, sondern sah sich auf dem Rückmarsch einem sehr ungewöhnlichem Problem gegenüber. Es entstand als Folge einer Treibstoffversorgung aus *U 460* (Kptlt. Heinrich Schnoor). Ein Vorfall von jener Art, über den Beteiligte später bei einem Glas Wein zu lachen pflegten, aber damals ist er wahrscheinlich wie eine Bombe eingeschlagen; denn es erhob sich die gespenstische Vorstellung eines im gefährlichen Golf von Biskaya ohne Treibstoff ohnmächtig liegen gebliebenen *U 66*.

Dieses mögliche Unheil passierte, weil Treiböl auf Wasser schwimmt. Daher sind die Treibölbunker auf U-Booten unten zur See hin offen, so dass Wasser einströmen und das verbrauchte Treiböl ersetzen kann. Auf diese Weise bilden sich in den Bunkern keine gefährlichen Explosivgase, die beim Tauchvorgang als Blasen aufsteigen. Bei dieser Treibstoffversorgung erkannte niemand, dass der Großteil des auf *U 460* mitgeführten Treiböls bereits verbraucht worden war und dass während einer erheblichen Zeitspanne der Versorgung aus der »Milchkuh« Seewasser in die Bunker des Kampfbootes gepumpt wurde. Der Zeitraum der glückseligen Ungewissheit, ausreichend mit Treiböl versorgt zu sein, wäre sogar noch länger gewesen, hätte der LI von *U 66* nicht auf einer gründlichen Überprüfung des Treibölvorrats vor dem Einlaufen in die gefährlicheren Gewässer bestanden. Doch der Schaden war bereits angerichtet worden; denn *U 66* stand zu diesem Zeitpunkt vom Versorgungs-U-Boot schon zu weit entfernt.

Niemand wusste mit Sicherheit genau zu sagen, wie weit das Boot mit dem vorhandenen Treiböl gelangen konnte, aber es war sehr wahrscheinlich, dass ausgerechnet in der Gefahrenzone des Golfes von Biskaya der Treibstoff ausgehen könnte – in einem Seegebiet, das unter der engen Überwachung durch Flugzeuge des *Coastal Command* stand, des Küstenkommandos der RAF. Kptlt. Markworth wollte daher das Risiko eines Weitermarsches nicht in Kauf nehmen, das aller Wahrscheinlichkeit nach nur mit der Vernichtung des Bootes enden konnte. Andererseits gab es auch keinen Grund, in der relativen Sicherheit eines Seegebietes zu bleiben, das noch eine Luftüberwachungslücke inmitten des Atlantiks darstellte, da keine anderen U-Boote in der Nähe standen, um mit Treiböl auszuhelfen. Deshalb musste ein drastisches Handeln Platz greifen. Die U-Bootführung stimmte einem Notverfahren zu und traf für *U 66* Vorkehrungen, um im neutralen Spanien eine geheime Treibstoffversorgung durchzuführen.

Das Anlaufen eines ausländischen Hafens wie El Ferrol war an sich schon ein größeres Unterfangen, insbesondere wenn sich der Betrachter daran erinnert, dass Kptlt. Markworth wenig Übung hatte, mit seinen 1200 t Stahl an einem fremden Platz und in völliger Dunkelheit anzulegen – und dies nachdem er mit seinem Boot ein beengtes, flaches Fahrwasser durchlaufen hatte, das reichlich Gelegenheit bot, um gegen Hindernisse jeder Art zu stoßen.

Als *U 66* vor El Ferrol stand, legte Kptlt. Markworth das Boot auf Grund, um den Einbruch der Nacht abzuwarten. Erst dann tauchte er mit seinem Boot auf und kroch vorsichtig durch die Dunkelheit auf eine Anzahl Erkennungslichter zu, obwohl es nicht einfach war, die vereinbarten Signallichter des Versorgungsschiffes MAX ALBRECHT der Etappe Spanien vor dem Lichtermeer im Hintergrund zu unterscheiden.

Dennoch verlief die Versorgung nach Wunsch und Kptlt. Markworth brachte sein Boot heil nach Lorient zurück. Seine zweite Feindfahrt in der ersten Novemberhälfte 1942 endete fast mit einer Katastrophe, als *U 66* einen Tag nach dem Auslaufen im Golf von Biskaya vor einem Feindflugzeug wegtauchte und infolge eines offen gebliebenen Ventils einen Wassereinbruch hatte, der das Boot mit starker Vorlastigkeit auf 135 m (A + 45) durchfallen ließ. Nur die schnelle Reaktion des LI brachte *U 66* an die Wasseroberfläche zurück, während eine britische »Wellington« das Boot angriff und beschädigte. Kptlt. Markworth blieb unter diesen Umständen nur die Rückkehr nach Lorient, um so rasch wie möglich den Stützpunkt zu erreichen, ehe dies englische Flieger durch weitere Angriffe verhinderten. Sein beschädigtes Boot war tauchunfähig, wollte er nicht einen noch stärkeren Wassereinbruch riskieren, den die Lenzpumpen nicht mehr hätten bewältigen können.

So blieb ihm nichts anderes übrig, als an den Fla-Geschützen ausreichend Munition bereitzustellen und zu hoffen, dass ein Zur-Schau-Stellen der Abwehrbereitschaft jeden potenziellen Angreifer abschrecken würde. Zum Glück hatte *U 66* vor dieser Feindfahrt eine neue Flakausrüstung erhalten. Daher konnte das Boot angemessen antworten. Die *Royal Air Force* hatte das neue Abwehrpotenzial, dass die U-Boote nunmehr an Bord hatten, noch nicht voll erkannt und viele Piloten flogen noch immer zu dicht heran – in der Annahme, sie hätten es noch mit dem wirkungslosen Abwehrfeuer früherer Tage zu tun. Somit bestand für die U-Boote wenigstens eine Chance. In der Nacht wurde *U 66* tatsächlich von einer RAF-Maschine mit einem starken Scheinwerfer, dem *»Leigh Light«*, angeflogen, aber es gelang ihm, ihre Wasserbomben auszumanövrieren.

Links: Die Aufnahme zeigt *U 66*, das hier vermutlich zu seiner fünften und letzten Feindfahrt (67 Tage) unter KKpt. Richard Zapp Ende März 1942 in die Karibik ausläuft. Er übernahm im Juni 1942 als Chef die 3. U-Flottille in La Rochelle. Die rechts im Bild aus dem Turm ragenden beiden Masten sind (rechts) der Flaggenmast für den Kommandantenwimpel – hinter dem aus Germersheim in der Pfalz stammenden Zapp ist auch die gesetzte Kriegsflagge zu erkennen – sowie eine teilweise ausgefahrene Stabantenne (links). Interessant ist das Emblem des Bootes an der Steuerbord-Turmkante: Es ist ein Löwenkopf auf schwarzer Raute, das Abzeichen des 1919 durch Oberst Ritter v. Epp aufgestellten Freikorps mit der Bezeichnung »Bayerisches Schützenkorps«. An der Vorderkante des Turm ist die Befestigung des vorderen Netzabweisers deutlich zu sehen.

Rechts: 23. Juni 1942: *U 66* läuft unter Kptlt. Friedrich Markworth aus Lorient zu seiner ersten Feindfahrt in die Karibik aus, die 98 Tage dauern sollte. Sie verlief mit neun versenkten Schiffen sehr erfolgreich. Auf der Brücke stehen der Kommandant mit der traditionellen weißen Mütze und neben ihm sein I. WO, ObltzS. Karl-Hartwig Siebold. Letzterer verließ nach dieser Fahrt *U 66*, ging auf den Kommandanten-Lehrgang, übernahm im November 1942 das VII-C-Boot *U 554* und bekam im September 1944 mit *U 3504* eines der neuen »Elektroboote« vom Typ XXI. Rechts unten im Bild ist gerade noch Obersteuermann Fröhlich zu sehen. Links von ihm sind die Befestigung des achteren Steuerbord-Netzabweisers und darunter das grüne Positionslicht zu erkennen.

Oben: Eines der als Dingi dienenden Schlauchboote von *U 66*, aufgenommen Mitte September 1942 im Mittelatlantik, als das Boot aus dem Versorgungs-U-Boot *U 460* (Kptlt. Heinrich Schnoor) Treiböl ergänzte. Das zum Absetzen des Agenten am Rande der Sahara benutzte Dingi glich diesem.

Rechts: Begrüßung nach dem sicheren Einlaufen in Lorient Ende September 1942 durch den Chef der 2. U-Flottille, KKpt. Viktor Schütze. Kptlt. Markworths erste Feindfahrt mit *U 66*, die zugleich seine Feuertaufe als Kommandant war, verlief nicht einfach. Ein Matrose beging Freitod, weil auf ihn das Kriegsgericht wegen mehrerer Diebstähle wartete, und ein anderer musste wegen eines Hodenbruchs in El Ferrol an das Versorgungsschiff übergeben werden. An Auszeichnungen trägt der spätere Ritterkreuzträger hier das Eiserne Kreuz I. und II. Klasse. Im Hintergrund sind nahe am Bug zwei einziehbare Poller mit Vorspring und Vorleine zu sehen. Zwischen ihnen und der angetretenen Besatzung ist der Kopf der elektrischen Winsch zu erkennen, um die Festmacher steif zu holen.

Rechts: Oberfunkmaat Hannes Hildebrand in einem der Torpedoluks von *U 66*. Beachte, dass dessen Süll mit den Planken des Oberdecks nicht abschließt. Dies lässt den frei flutenden Raum zwischen Oberdeck und Druckkörper erahnen. Hinter dem Funker ist der druckfeste Verschluss deutlich zu sehen, da es sich hierbei um eine Öffnung im Druckkörper handelt. Das Objekt am äußersten rechten Bildrand ist von besonderem Interesse, bleibt aber rätselhaft.

Links: Vielleicht ein Festessen oder eine Erholungspause während der Ausrüstungsphase? Das offene Luk im Hintergrund – vermutlich das achtere mit Zugang zum Hecktorpedoraum – scheint dasselbe zu sein, wie auf dem Foto oben, aber rechts im Bild hat kein U-Boot festgemacht. Die nicht identifizierbare rechteckige Fläche ist vor dem offenen Luk zu erkennen; sie gehört zu den zahlreichen Gegenständen, die kreuz und quer an Oberdeck umherliegen.

Rechts: Ein Blick in die Zentrale von *U 66*, in das Herz eines U-Bootes. Der U-Bootmann in der Mitte steht am Fuße des Niedergangs, der in den Turm führt. Links oben ist das Ende eines Sprachrohrs zu sehen. Darunter sitzen die beiden Tiefenrudergänger.

Oben: Ein Anblick, wie er sich den Männern von *U 66* bei ihrer ersten Erkundung der afrikanischen Küste geboten haben muss. Den größten Teil der Szenerie beherrscht über Felsen gewehter Sand – eine stets aufs Neue entstehende Landschaft, die es außerordentlich schwierig macht, bestimmte Orte zu erkennen.

Links: Zwei Seeleute führen auf *U 66* laufende Reparaturen an Oberdeck unter ungewöhnlichen Bedingungen aus. Angesichts der über das Deck waschenden Seen wäre es außerordentlich schwierig, wenn nicht sogar unmöglich, ein Dingi auszusetzen. Daher sind die an Oberdeck arbeitenden Seeleute mit einer Sicherheitsleine gesichert, die in der Regel am Drahttau eines der Netzabweiser eingehakt wird. Im Bild das 3,7-cm-Fla-Geschütz achtern.

Unten: So ähnlich muss der Ort ausgesehen haben, an dem *U 66* am 20. Januar 1943 den Agenten nahe Kap Blanco an Land gesetzt hatte: An der westafrikanischen Küste zum Mittelatlantik am Rande der Sahara – dort, wo einerseits die Unermesslichkeit einer Landschaft anfängt, die in der Hauptsache aus Sand, Felsen und gelegentlichen Dornbüschen besteht, und andererseits die Weite einer Wasserwüste beginnt.

Links: ObltzS. Friedrich Markworth während seiner Zeit als I. WO auf *U 103* (KKpt. Werner Winter), ein Boot vom Typ IX B, das in seinem äußeren Erscheinungsbild einschließlich der Bewaffnung weitgehend einem IX-C-Boot wie *U 66* glich, Markworths erstem Kommando. Die höhere Kenn-Nummer des IX-B-Bootes ist hierbei unerheblich. An Bord ist Badetag im »Open-Air-Waschraum«: Die von der tropischen Sonne tief gebräunte Haut des einen kontrastiert beträchtlich zur weißen Haut des anderen, dessen Gefechtsstation sich offensichtlich unter Deck befindet und der nur gelegentlich nach oben kommt. Die Sonneneinstrahlung war für Besatzungen, deren Feindfahrt sie in tropische Gewässer führte, ein großes Problem. Daher wurden zum Schutz gegen die Sonne eine beträchtliche Anzahl verschiedener Sonnencremes und -öle mit auf Feindfahrt genommen.

Unten: Friedrich Markworth als I. WO an Bord von *U 103*. Beachte die unkonventionelle Kleidung von U-Bootfahrern auf Feindfahrt, wobei sich Uniformteile mit Zivilem mischen konnten. Angesichts der besonderen Bedingungen an Bord von U-Booten zählten bis zu einem gewissen Grade allein Zweckmäßigkeit und Bequemlichkeit.

Oben: Friedrich Markworth beim Waschen mit Seewasser und einer besonderen, nicht beliebten »Seewasserseife«. Vor ihm das 10,5-cm-Schnellfeuer-Deckgeschütz L/45 auf dem Vorschiff von *U 103*.

Die Ausbesserung der Schäden, die durch den Wassereinbruch und die weiteren Beschädigungen entstanden waren, dauerte anderthalb Monate. Dies verschaffte einem Teil der Besatzung Gelegenheit zum Weihnachtsurlaub, während andere einen Fla-Waffen-Lehrgang besuchten.

So wurde es Anfang Januar 1943, ehe *U 66* erneut zu einer Feindfahrt auslaufen konnte. Dieses Mal hatte das Boot einen Geheimagenten an Bord, um ein kitzliges Sonderunternehmen durchzuführen. Der Grundplan für das Unternehmen »Sturm« war sehr einfach, abgesehen davon, dass der Ablauf sich anders gestaltete, als er auf dem Papier ersonnen wurde. Die Aufgabe für Kptlt. Markworth bestand lediglich darin, einen einzelnen Mann, den Franzosen Jean Lallart (oder J.M. Allard?), bei Kap Blanco in Mauretanien/Westafrika abzusetzen. Der Landeplatz lag nahe der neutralen spanischen Kolonie Rio de Oro bzw. Spanisch-Sahara (dem heutigen Staat Sahara) und der Agent sollte mit den Freifranzosen in Pt. Etienne (dem heutigen Nouadhibou) Verbindung aufnehmen. Mauretanien gehörte damals zum französischen Kolonialreich und stand unter freifranzösischer Kontrolle. Falls das Unternehmen nicht so günstig verlaufen sollte, stellte das spanische Gebiet einen leicht zu erreichenden Schlupfwinkel dar.

Kptlt. Markworth und seine Männer wussten wenig von Afrika; er hatte jedoch gelesen, dass eine unglaublich starke Brandung die Anwohner aus der westlichen Sahara davon abhielt, ihren Lebensunterhalt durch Fischen zu ergänzen. Diese Brandungswellen waren so groß und mächtig, dass es für kleine Boote oft unmöglich war, durch sie hindurchzukommen. Ein Vorteil für das Unternehmen war, dass es kaum Häfen gab; denn somit war es unwahrscheinlich, dass für *U 66* durch den Küstenverkehr Schwierigkeiten auftraten.

Eine erste Erkundung erbrachte weder einen Beweis für eine Brandung noch für einen Schiffsverkehr. Ein starker Dunstschleier aufsteigender Hitzewellen über dem Strand ließ nichts außer Einsamkeit erkennen, verziert mit Felsen und vom Wind verwehten Sanddünen. Als Kptlt. Markworth dieses Bild zum ersten Mal unter der Mittagssonne durch das Sehrohr erblickte, entschied er, sich von der Strömung der atlantischen Dünung treiben zu lassen, bis ein geeigneter abgelegener Landeplatz gefunden werden konnte. Eine sandige Bucht, durch einige Klippen geschützt und ohne nennenswerte Felsenriffe, wäre ein idealer Ort. Doch eine solche Kombination wollte lange Zeit nicht auftauchen. Erst nach fast drei Stunden erspähte er die ideale Örtlichkeit. Die Gelegenheit ergreifend, legte der Kommandant das Boot auf Grund, um zu ruhen, bis es dunkel genug war, um die Landung zu versuchen. Nach dieser langen in der Beengtheit verbrachten Zeit bereitete sich der Agent auf sein Unternehmen vor, während der Bootsmannsmaat Wagner, der als Unteroffizier den Befehl hatte, und der Matrosenobergefreite Daschkey, zwei gute Schwimmer, eingewiesen wurden, um den Franzosen mit dem Schlauchboot an die Küste zu rudern.

Da diese Sonderaufgabe der Besatzung noch nicht bekannt gegeben worden war, hörten die Beteiligten aufmerksam zu. Der Plan sah vor, das Dingi mit einem Anker auszurüsten und mit einer langen Wurfleine zu sichern, die dünn genug war, um sie über eine beträchtliche Entfernung auszulegen. Es konnte gut sein, dass die Männer gezwungen waren zu schwimmen. Daher hielt es Kptlt. Markworth für eine gute Idee, wenn sie etwas zur Verfügung hatten, um sich selbst zu helfen, falls das Boot kenterte.

Es war der 20. Januar 1943 gegen 20.00 Uhr, als sich *U 66* vom Grund löste, auftauchte und mit langsamer Fahrt auf die Küste zulief. Das erste Hindernis ließ nicht lange auf sich warten. Nachdem das Boot die 20-m-Linie erreicht hatte, befand es sich immer noch etwa 2000 m vom Strand entfernt. Doch die Bedingungen waren gut, und weder Wagner noch Daschkey schien die Entfernung zu beunruhigen. Kptlt. Markworth wies Wagner an, nicht durch die Brandung zu gehen, falls sich dies als zu schwierig erwies. Stattdessen sollte er den Agenten allein zur Küste schwimmen lassen. Immerhin war es warm und seine Kleidung würde im Nu trocknen, sobald am nächsten Tag die starke tropische Hitze einsetzte.

Es bestand die entfernte Möglichkeit, dass das Dingi an Land gelangen, aber nicht zurückkehren könnte. Deshalb hatte der Kommandant als Vorsichtsmaßnahme eine Alternativmöglichkeit vorgesehen. In diesem Fall sollten die beiden Seeleute zum Kap Blanco marschieren und dann zum U-Boot schwimmen, falls die Brandung das Dingi am Strand festhielt. Irgendwie schienen diese Weisungen überflüssig zu sein, denn von einer nennenswerten Brandung war weder etwas zu sehen noch zu hören. Kptlt. Markworth unterließ es jedoch, mit den Seeleuten Signale zu verabreden. Daher waren die beiden nicht in der Lage, mit dem U-Boot in Verbindung zu treten.

Trotzdem verlief alles glatt. Ein außergewöhnlich heller Mondschein erlaubte es den Ausgucks auf der Brücke zu beobachten, wie das Dingi zur Küste gelangte.

Kurze Zeit später, nachdem die drei Männer das Land erreicht hatten, ruderten sie mit dem Schlauchboot in den Schatten einiger Felsen, so dass sie den Ausgucks außer Sicht kamen. Doch dies war verständlich; denn wenn auch der Ort verlassen war, so hatte es doch keinen Zweck, herumzustehen und ihre Anwesenheit zu verraten. Kptlt. Markworth konnte nicht begreifen, warum Wagner und Daschkey den Agenten nicht verließen und zurück zum Boot ruderten. Vielleicht hatte die lange Zeit fehlenden Trainings an Bord des U-Bootes ihre Körperkräfte geschwächt und sie brauchten eine gewisse Zeit, um sich von der vorherigen Anstrengung zu erholen? Minuten der Spannung schleppten sich außergewöhnlich lange hin, aber das Schlauchboot tauchte nicht wieder auf.

Durch die starken Nachtgläser sahen die Männer auf der Brücke, wie der Agent über die Dünen wegging und außer Sicht verschwand. Obwohl es keine weitere auffällige Bewegung gab, war der Kommandant noch nicht beunruhigt. Etwa zehn Minuten später, als der Agent wieder zu sehen war, gab es einen niederschmetternden Wechsel in den Umständen. Das sanfte Anplätschern des ruhigen Wellenganges brach plötzlich in ein Chaos brodelnden Gischtes aus. Es war unmöglich, das kleine Dingi durch diese grimmige Barriere zurückzubringen, die jetzt wie eine Sperre aus Fontänen kochenden Gischtes emporstieg. Die veränderten Bedingungen waren vermutlich durch den Wechsel der Gezeiten verursacht, aber auf *U 66* war diese Möglichkeit nicht in Betracht gezogen worden.

Um 04.00 Uhr morgens, fast sechs Stunden nach dem Absetzen, als noch immer kein Anzeichen einer Aktivität an der Küste zu erkennen war, befahl Kptlt. Markworth, einen Blinkspruch mit der Signallampe abzugeben: »Entlang der Küste gehen!«. Er hoffte, genau festzustellen, wo die Männer abgeblieben waren. Doch es gab keine Antwort. Drei Stunden später, als noch immer nichts vom Dingi oder von den Männern zu sehen war, veranlasste ihn der erste Schimmer des Tageslichtes, sich mit *U 66* in tieferes Wasser zurückzuziehen. Im Sand sichtbare Fußstapfen und die Schleifspur des Bootes blieben die einzige Hinterlassenschaft des nächtlichen Unternehmens.

Von dem auf Sehrohrtiefe eingesteuertem U-Boot aus wurde die Landestelle weiterhin beobachtet, aber sie blieb genauso verlassen, wie sie dies im ersten Tageslicht gewesen war. Um 11.00 Uhr entschied Kptlt. Markworth, dass die Örtlichkeit abgelegen genug war, um ein Auftauchen bei Tageslicht zu riskieren, um entlang der Küste in Richtung des Vorgebirges zu kriechen, an dem die Männer warten könnten. Erneut war nichts zu sehen. Im ersten Licht des folgenden Tages kehrte *U 66* an den Landestrand zurück, um dann noch einmal mit langsamer Fahrt die Küste abzusuchen. Eine Anzahl Fischerboote mit der Kennzeichnung der Kanarischen Inseln drang in die Ruhe der friedlichen Abgeschiedenheit ein, aber sonst war nichts zu sehen: Weder Männer noch Anzeichen irgendeiner Aktivität. Die einzige wirkliche Gefahr kam etwa eine Stunde vor Einbruch der Dunkelheit, als ein Flugzeug das Boot überflog. Doch es hatte den Anschein, als ob es die Küste lediglich als Navigationshilfe benutzte, denn die Maschine zeigte keinerlei Interesse an dem U-Boot.

Nachdem er so lange ohne Ergebnis gewartet hatte, konnte Kptlt. Markworth nur noch annehmen, dass freifranzösische Truppen seine Männer überrascht und gefangen genommen haben könnten. Oder gab es noch irgendetwas anderes, das sie daran hinderte, zurück durch die Brandung zu gelangen? Vielleicht marschierten sie mit dem Agenten landeinwärts? Wie dem auch war, *U 66* konnte nicht für immer an dieser Stelle bleiben und brach das Warten schließlich tief enttäuscht ab.

Tatsächlich waren Wagner und Daschkey gefangen genommen worden. Aus Nachkriegsberichten ergab sich, dass ihr Dingi in der Brandung gekentert war. Seltsam bleibt jedoch, dass keiner der Ausgucks dies gesehen hatte, obwohl offensichtlich heller Mondschein herrschte und das Vorankommen des Schlauchbootes deutlich zu sehen war. Vielleicht hatten die Männer vom Krieg genug gehabt und sich zum Aufgeben entschlossen oder sie waren von dem Agenten verraten worden? Jedenfalls nahmen sie die Franzosen fest, vermutlich deswegen, weil sich der Agent dem nächsten militärischen Außenposten ergeben hatte. Zehn Tage nach dem Absetzen, am 30. Januar 1943, erhielt Kptlt. Markworth Kenntnis von einer Mitteilung der Abwehr I, wonach die drei Männer in Kriegsgefangenschaft geraten wären.

Zu diesem Unternehmen gibt es noch eine interessante Nachbemerkung, obwohl diese nichts mit den geschilderten Ereignissen zu tun hat. Nach dem Absetzen des Agenten und dem Verlust von zwei Männern aus seiner Besatzung erhielt *U 66* Befehl, zur U-Bootgruppe »Rochen« zu stoßen. Das Boot sollte aus *U 461* (Kptlt. Wolf-Harro Stiebler) nahe der Azoren mit Treiböl versorgt werden, als ein weiterer Geleitzug gemeldet wurde. Infolgedessen wurde diese Treibölübernahme verschoben und *U 66* erhielt den Befehl, direkt in Richtung Kanarische Inseln zu laufen. Vor dem ersten Tageslicht am 3. Februar 1943 sichteten die Ausgucks die letzten nächtlichen Blitze des Leuchtturms Jandia an der Küste von Fuerteventura. Fast sofort konnten die dunklen und gezackten Umrisse der Berge dieser Insel gegen den leicht helleren Himmel ausgemacht werden. Sich weiter nach Westen zu bewegend, ermittelte *U 66* seine genaue Position noch eindeutiger, indem auch zum Leuchtfeuer von Isleta an der Nordspitze von Gran Canaria eine Peilung genommen wurde. Mit der über dem Heck anbrechenden Morgendämmerung kam das Boot Minuten später in Sichtweite der Villa Winter in der Nähe des Ortes Cofete. Dort sollte sich damals angeblich eine geheime U-Bootbasis befunden haben. Die Operationen gegen mehrere Geleitzüge in diesem Teil des Atlantik gingen unvermindert weiter, aber die Knappheit an Proviant veranlasste schließlich *U 66*, den Rückmarsch nach Frankreich anzutreten. Dennoch hatte sich das an Vorräten knappe Boot nur Minuten von dem Ort entfernt befunden, der als eine größere Basis für heimliche Versorgungen beschrieben worden ist. Warum wurde sie in diesem Falle nicht genutzt? Oder ist dies ein weiterer Beweis dafür, dass eine solche Einrichtung überhaupt nicht existiert hatte? Ob diese Basis vorhanden war oder nicht soll ausführlich im 8. Kapitel ab Seite 104 erörtert werden.

Landungen an der Mittelmeerküste

Im Gegensatz zur riesigen Leere der atlantischen Küste am Rande der Sahara bot die Mittelmeerküste Nordafrikas völlig andere Bedingungen. KKpt. Wilhelm Dommes – am bekanntesten als späterer Chef im Südraum, der die fernöstlichen U-Bootstützpunkte eingerichtet hatte, ausgezeichnet für die Einsätze mit *U 431* unter den harten Bedingungen des Mittelmeeres mit dem Ritterkreuz des Eisernen Kreuzes – vertrat die Auffassung, dass der einzige Weg, in diesem Seegebiet zu überleben, für einen Kommandanten darin bestand, die Seekarte vollständig im Kopf zu haben. Die herrschende Hitze, das kristallklare Wasser, die häufig flachen Gewässer, die oft spiegelglatte Wasseroberfläche und die gewöhnlich ausgezeichnete Sicht in Verbindung mit dichter Nähe zum Land machten das Mittelmeer zu einem außergewöhnlich schwierigen Kampfplatz für Unterseeboote. Manche Kampfhandlung zwang die U-Boote in die Küstengewässer, in denen Bedingungen ertragen werden mussten, für die sie nicht ausgebildet worden waren. *U 431* zum Beispiel kam mehr als die meisten anderen U-Boote mit der afrikanischen Küste in Berührung, wobei KKpt. Dommes bei zu vielen Gelegenheiten die baumlosen Strände durch sein Sehrohr betrachten konnte.

Kptlt. Friedrich Guggenberger, der mit *U 81* den britischen Flugzeugträger ARK ROYAL versenkte, unternahm Besseres, indem er mit Artillerie Landziele angriff. Hierfür bot an der Küste Palästinas das Elektrizitätswerk in Jaffa (heute Tel Aviv-Jaffa) eine gute Gelegenheit, obwohl dies absurd klingen mag. Im Gegensatz zu den E-Werken in Nordeuropa wurde die technische Anlage hier ohne den Schutz eines großen Gebäudes im Freien errichtet. Daher konnte *U 81* einen beträchtlich höheren Schaden anrichten als nur die Nachtwächter zu erschrecken. Die Granaten des 8,8-cm-Deckgeschützes brachten die gesamte Anlage zum Erliegen und beraubten die britischen Besatzungstruppen einer wesentlichen Energieversorgung.

Es ist auch beachtenswert, dass der Mittelmeerraum eine beträchtliche Anzahl mysteriöser Angriffe hervorgebracht hat. Die Kriegstagebücher der U-Boote enthalten viele unglaublich lebendige Berichte von Versenkungen, Beschreibungen von riesigen Feuerbällen, von durch die Luft fliegenden Schiffstrümmern und von Schiffen, die im Meer verschwanden. Doch eine verhältnismäßig große Anzahl dieser Ereignisse ist nie in den alliierten Unterlagen aufgetaucht und ist auch nie identifiziert worden. Ähnliches kann von Landungen an den Küsten des Mittelmeeres gesagt werden. Es hat den Anschein, als ob es eine beachtliche Anzahl von ihnen gegeben hätte, aber die Mehrheit scheint entweder nicht aufgezeichnet worden zu sein oder die Aufzeichnungen wurden vernichtet.

Ein Sonderunternehmen, das mit Sicherheit stattfand, betraf *U 73* unter Kptlt. Horst Deckert, der einen als Werftarbeiter getarnten Agenten von La Spezia nach Algerien brachte und in der Nacht vom 9./10. Oktober 1943 bei Kap Khanis an Land setzte. Alles scheint gut vorbereitet worden zu sein, denn das Unternehmen verlief so glatt, dass einige Männer im Inneren des Bootes den Ablauf kaum bemerkt hätten, wäre das Boot nicht zur schnellen Selbstversenkung vorbereitet worden. Der Grund hierfür lag in der begründeten Möglichkeit, auf flachem Wasser beschädigt zu werden, und die U-Bootführung hatte entsprechende Weisungen erteilt, um zu verhindern, dass zu viel an wertvoller Ausrüstung in gegnerische Hände fällt. Daher wurden mit Zeitzündern versehene spezielle Wasserbomben neben den Torpedos angebracht, um nicht nur das Boot zu versenken, sondern auch mit seinem gesamten geheimen Inhalt in die Luft zu sprengen.

Der in der Uniform eines britischen Majors steckende Agent ruderte mit einem Schlauchboot selbst an Land, blinkte mit seiner Taschenlampe drei Mal »Grün« als verabredetes Signal und zeigte hiermit an, dass alles gut abgelaufen war. Kptlt. Deckert hatte nicht die Absicht, sich lange aufzuhalten. Unverzüglich sprangen wieder die Diesel an und *U 73* zog rasch von dannen, um nie wieder etwas von dem Vorfall zu hören. Da die U-Bootmänner zu besonderer Geheimhaltung verpflichtet worden waren, wurde auch nie darüber gesprochen. Soweit die Besatzung des U-Bootes betroffen war, hatte es dieses Ereignis nie gegeben, und das Boot konzentrierte sich nunmehr auf das Finden von Zielen in etwas tieferen Gewässern.

U 73 war ein glückhaftes Boot. Es brachte 16 Feindfahrten hinter sich, davon zehn in den beengten Gewässern des Mittelmeeres. Hierbei wurde das VII-B-Boot mehrere Male beschädigt und einmal sogar als vernichtet gemeldet. Doch die Männer kamen mit Glück davon. Am 30. Oktober 1943 griff sogar das britische Unterseeboot ULTIMATUM (Lt.-Cdr. H. Kett) das deutsche U-Boot an und meldete es als versenkt, aber *U 73* schlüpfte wenige Stunden später ohne bedeutende Schäden nach Toulon hinein. Doch auf der 17. Feindfahrt war das Glück des Bootes am 16. Dezember 1943 zu Ende, als es unter dem Verlust von 16 Mann amerikanischen Zerstörern zum Opfer fiel.

* * *

Da sich dieses Kapitel mit dem Absetzen von Agenten an der afrikanischen Küste befasst, mag es angebracht sein zu erwähnen, dass im Auftrag der Abwehr II noch vier weitere Agenten abgesetzt wurden, aber nicht durch U-Boote. Wie schon erwähnt, setzte die 35 ts große Segeljacht KYLOE unter Führung von Christian Nissen, einem Hochseesegler der Vorkriegszeit, am 7. Juni 1941 den Agenten Robby Leibbrandt bei Twins in der Nähe von Port Nolloth in Südafrika an Land. Leibbrandt war in Transvaal geboren, hatte sich vor der Teilnahme an den Olympischen Spielen 1936 als Boxer einen Namen gemacht und war während seines Aufenthaltes in Berlin der Faszination des Nationalsozialismus erlegen.

Während des folgenden Jahres brachte die Segeljacht PASSIM unter Führung von Lt.(S) Heinrich Gabers, ebenfalls ein Hochseesegler aus der Zeit vor dem Kriege, der bereits zur Besatzung der

KYLOE gehört hatte, drei weitere Agenten ins südliche Afrika: Zwei Agenten am 5. Oktober 1942 an die Küste der Namib-Wüste im ehemaligen Deutsch-Südwestafrika (heute Namibia) und wenige Tage später einen weiteren Agenten an den Strand einer Bucht nahe Mossamedes in Angola. Letzterer wurde kurze Zeit nach seiner Landung festgenommen, während die beiden anderen zusammen mit ihrem Funkgerät spurlos verschwanden, ohne dass noch etwas von ihnen gehört wurde. Entweder tauchten sie unter, um ein neues Leben zu beginnen, oder ihre Knochen bleichen noch immer irgendwo in dieser kaum besiedelten, lebensfeindlichen Wüste.

Die Besatzungen dieser Jachten gehörten nicht zur Kriegsmarine, sondern wurden vom Amt »Ausland/Abwehr« im OKW (Admiral Canaris) angeworben, und zwar durch die Abteilung »Abwehr II«: Insurgierung und Sabotage (Oberst v. Lahousen), die hierbei auch mit der Abteilung »Abwehr I« (Offensiver Nachrichtendienst) zusammenarbeitete. In genau derselben Weise war die Abwehr auch für die durch U-Boote abgesetzten Agenten (interne Bezeichnung *V-Leute*) und deren Unternehmen zuständig. Die beiden Segeljachten legten in allen Fällen ihren Weg nach Süden und wieder nach Frankreich zurück, ohne einen Hafen anzulaufen oder auch nur bewohntes Land zu sichten. Sie passierten die unbewohnte kleine brasilianische Insel Ilha da Trindade, die günstig auf ihrer Route lag und dazu diente, ihre nach astronomischer Navigation ermittelte Position zu überprüfen. Diese geheimnisvolle Insel, etwa 900 sm (ca. 1600 km) nordostwärts von Rio de Janeiro gelegen, galt auch als ein geheimer U-Bootstützpunkt.*
Doch wenn diese Behauptung wahr wäre, so fragt sich der Betrachter, warum haben dann diese Jachten seine Einrichtungen nicht benutzt? Immerhin hätte die Verfügbarbeit eines Versorgungshafens derart lange Fahrten in kleinen Booten weitaus sicherer und erträglicher gestaltet. An dieser Stelle mag die Anmerkung von Interesse sein, dass Heinrich Gabers mit der PASSIM 1943/44 zwei weitere erfolgreiche Fahrten nach Südamerika unternahm, um auch dort Agenten an Land zu setzen.

* * *

In der Nacht vom 17./18. November 1941 unternahm Kptlt. Hans-Diedrich Freiherr v. Tiesenhausen mit *U 331* vermutlich eine der wagemutigsten Landungen auf besetztem Gebiet im Rücken des Gegners. Diese Tatsache macht eine Erklärung schwierig, warum dieses Unternehmen in einer ausgesprochenen Katastrophe endete.

---
* Anm.d.Übers.: Die Ilha da Trindade war im Ersten Weltkrieg ein geheimer Ankerplatz für deutsche Hilfskreuzer. Näheres hierzu siehe in John Walter: *Piraten des Kaisers. Deutsche Handelsstörer 1914–1918*, Motorbuch Verlag, Stuttgart 1995.

Der Plan sah vor, ein besonders ausgebildetes Kommando an Land zu bringen, um die Eisenbahnlinie entlang der Küste zu sprengen, die von Alexandria aus westwärts zum ägyptischen Sollum (heute Es-Salum) an der Grenze zu Libyen verlief. Diese Bahnlinie war eine wichtige Nachschublinie für die britischen Streitkräfte, die in heftige Kämpfe mit dem Deutschen Afrikakorps in Libyen verwickelt waren. Trotzdem der Küstenstreifen dichter besiedelt war als das Innere der Wüste waren die riesigen Strecken leeren Landes unmöglich zu überwachen und daher ideal, um einen überraschenden Angriff durchzuführen. Da die Bahnlinie nur eine kurze Strecke landeinwärts lag, sollte es ein verhältnismäßig einfaches Unternehmen werden: Landung, Sprengstoff mit Druckzünder anbringen, wieder verschwinden – und der nächste, diese Stelle passierende Zug bereitete sich mit der Detonation selbst einen vernichtenden Empfang.

Eine aus zwei Soldaten bestehende britische Patrouille näherte sich jedoch der Landestelle, an der die Fußstapfen des zehn Mann starken Sprengkommandos deutlich zu sehen waren. Aber ein Soldat des Kommandos und der Ruderer des Dingis von *U 331*, die am Schlauchboot als Wache zurückgelassen worden waren, töteten die beiden britischen Soldaten geräuschlos. Das Fehlen der Patrouille wurde auf britischer Seite aber bemerkt und ein starker Suchtrupp wurde losgeschickt, um herauszufinden, wo die beiden Wachposten geblieben waren. Der schwer bewaffnete Trupp stieß kurze Zeit später auf das deutsche Sprengkommando, dessen Dingi in der Eile des Rückzugs gekentert war. Vor Nässe triefend und mit kalten Gliedern wurden die deutschen Soldaten überwältigt und als Kriegsgefangene mitgenommen.

Die Briten vermuteten den Grund für die Anwesenheit des deutschen Trupps und obwohl die Gefangenen einfach hätten schweigen können, bis der nächste Zug gekommen wäre, der mit seiner Zerstörung ihren Erfolg verkündet hätte, entschieden sie sich anders. Insbesonders als ihnen noch gesagt wurde, sie könnten das Los ihrer Gefangenschaft ein wenig erleichtern, teilten sie den Briten mit, was passiert war, und verrieten ihnen die genaue Lage des Sprengstoffs. Dies bedeutete kaum die Enthüllung eines großen Geheimnisses, denn die im sandigen Boden hinterlassenen Spuren hätten die Briten auf jeden Fall zu der Stelle geführt, an der die Sprengung erfolgen sollte.

Munitionstransport für die Heeresgruppe Afrika

U 380 gehörte zu jenen fast unbekannten U-Booten, die in den Annalen des Zweiten Weltkriegs kaum Erwähnung finden – und trotzdem: Hätte ein Autor die Geschichte seines Schicksals als einen Roman ersonnen, hätten seine Kritiker wahrscheinlich später gesagt, sie wäre zu weit hergeholt.

Kptlt. Josef Röther, der Kommandant von *U 380*, war 36 Jahre alt, als er das VII-C-Boot am 22. Dezember 1941 bei den Kieler

Der Leuchtturm von Jandia auf Fuerteventura, Kanarische Inseln, wie er heute aussieht. *U 66* unter Kptlt. Friedrich Markworth hatte ihn in den frühen Morgenstunden des 3. Februar 1943 gesichtet. Siehe hierzu auch Seite 104ff.

Howaldtswerken in Dienst stellte. Er war älter als die meisten Kommandanten, deren Durchschnittsalter 1941 bei 29,5 Jahren lag. Er hatte die relative Sicherheit der Führung eines Netzlegers und später seine Stellung als Chef der Hafenschutzflottille in Oslo verlassen, sich zur U-Bootwaffe gemeldet und nach der U-Bootausbildung seinen letzten Schliff als Kommandantenschüler bei Kptlt. Erich Topp auf *U 552* erhalten. Die Reife seiner Jahre gewährte den Männern von *U 380* den zusätzlichen Vorteil, einen Kommandanten zu haben, der gewillt war, ihnen das Leben nicht zu erschweren. Sein Handeln war rasch und entschlossen und zumeist sah er keinen Grund, seine Besatzung über die Grenzen der Notwendigkeit hinaus scharfzumachen. Diese Haltung trug dazu bei, dass Kptlt. Röther das Bild vermittelte, ein »Vater« seiner Besatzung zu sein. Er war umgänglich und bestand bei ihnen nie auf Albernheiten, die viele andere Kommandanten forderten. Im Sommer 1942 lief *U 380* aus Kiel aus, marschierte nach Trondheim in Norwegen und nahm danach Kurs in den rauen Atlantik. Die erfolgreiche Zeitspanne in den amerikanischen Gewässern, oft als die zweite »Glückliche Zeit« bezeichnet, war bereits zu Ende gegangen und jeder an Bord wusste, dass sie im Begriff standen, auf den Schiff-Fahrtswegen im mittleren Nordatlantik einer schweren Zeit entgegenzugehen. Es war nicht leicht, aber das Boot überstand sie, um in St. Nazaire neu ausgerüstet zu werden, ehe es zu einer erneuten quälenden Feindfahrt Kurs nach Westen nahm. Doch dieses Mal war alles anders. Kaum hatte *U 380* den Golf von Biskaya durchquert, als Kptlt. Röther einen südlichen Kurs befahl und anschließend der Besatzung verkündete, dass sich das Boot auf dem Wege ins Mittelmeer befände. Die Männer erkannten augenblicklich, dass ihre Ausrüstung für eine längere Feindfahrt von mehr als drei Monaten Dauer ein Vorwand gewesen war, um mögliche Spione in den Atlantikhäfen irrezuführen. Gleichzeitig wussten sie aber auch, dass sie außerordentlich viel Glück brauchen würden, wenn sie je wieder festes Land unter den Füßen spüren wollten.

Das bekannte Ereignis, das am Ende des Films »Das Boot« so lebhaft nachgestellt worden ist, als *U 96* unter Kptlt. Heinrich Lehmann-Willenbrock der Durchbruch durch die Straße von Gibraltar misslang, hatte fast genau ein Jahr früher stattgefunden. Mittlerweile kannte jeder in der deutschen U-Bootwaffe die Gefahren, die von diesen engen, klaren Gewässern ausgingen. Der bemerkenswerte Teil dieses höchst risikoreichen Unternehmens bestand darin, dass *U 380* nicht nur durch die Straße kam, sondern auch noch einen unglaublichen Erfolg errang. Kurze Zeit später, nachdem feststand, dass es eindeutig die Enge passiert hatte, stieß das Boot auf einen großen Truppentransporter. Die 11.069 BRT große SS NIEUW ZEELAND fuhr zwar unter niederländischer Flagge, aber in Verbindung mit der Landung in Nordafrika am 7./8. November 1942 in britischem Auftrag, als

Kapitänleutnant Hans-Diedrich Freiherr v. Tiesenhausen trägt nach dem Einlaufen stolz das an Bord gefertigte Ritterkreuz. Bisweilen wird gesagt, er hätte die Auszeichnung unmittelbar bei seiner Rückkehr nach der Versenkung des Schlachtschiffes HMS BARHAM (27. November 1941) erhalten, aber dies stimmt nicht. U 331 lief am 14. Januar 1942 erneut aus und Kptlt. v. Tiesenhausen bekam die Mitteilung von der Verleihung der sehr begehrten Auszeichnung am 27. Januar erst in See. Die beiden Fotos zeigen ihn unmittelbar nach dem Einlaufen von dieser Feindfahrt am 28. Februar 1942 in La Spezia bei der Begrüßung durch den Flottillenchef, KKpt. v. Frauenheim. Für die eben beendete Feindfahrt hätte er kein Ritterkreuz erhalten: U 331 hatte sich im Schlamm festgefahren und musste zur Gewichtsverringerung eine Anzahl Torpedos über Bord werfen, ehe es wieder freikam. Der Versuch, unter Einsatz von U 331 die Bahnlinie westlich von Alexandria zu sprengen, fand bereits Mitte November 1941 statt.

zwei gut gezielte Torpedos das Schiff drei Tage später in die Tiefe schickten. Die Besatzung von U 380 konnte ihr Glück kaum glauben. Sie hatte nicht nur ein wertvolles Ziel versenkt, sondern es gab auch keine Geleitsicherung, um das Boot zu jagen. Im Gegensatz hierzu hatte U 81 unter Kptlt. Friedrich Guggenberger, als das Boot nicht weit von dieser Stelle entfernt ein Jahr zuvor den britischen Flugzeugträger ARK ROYAL versenkte, eine unglaublich lange Wasserbombenverfolgung durchzustehen, in derem Verlauf über 100 Wasserbomben gezählt wurden.

U 380 kam aus der Kühle eines feuchten Herbstes in die relative Wärme des Winters am Mittelmeer und für die Besatzung konnte das Dasein nicht besser gewesen sein. Nach einer Feindfahrt von nur zwei Wochen lief das U-Boot am 19. November 1942 in den norditalienischen Kriegshafen La Spezia ein, um mit neuen und luxuriösen Dingen konfrontiert zu werden, von denen die Männer nicht einmal zu träumen gewagt hatten. Die Fahrt von Frankreich ins Mittelmeer war so kurz gewesen, dass ein gewaltiger Schweizer Käse aus dem Emmental, der in zwei Hälften geschnitten werden musste, weil er für das Turmluk und die Torpedoluks zu groß war, noch immer im Bugraum als Sitz diente. Er konnte dem Proviantamt unverspeist, wenn auch in kleineren Stücken, zurückgegeben werden. Das U-Boot vollständig auszuräumen war ein hartes Stück Arbeit, aber notwendig, um das Bootsinnere gründlich zu reinigen, ehe es zur nächsten Feindfahrt auslief.

Die Lage an den Landfronten sah nicht sehr rosig aus. In Nordafrika war der erkrankte Feldmarschall Erwin Rommel am 9. März 1943 durch Generaloberst v. Arnim als Oberbefehlshaber der Heeresgruppe Afrika abgelöst worden. Ihre noch kampffähigen Truppenteile waren im Norden Tunesiens durch Amerikaner und Briten eingeschlossen. Ihre Versorgungslage war katastrophal, als *U 380* am 5. Mai 1943 aus La Spezia auslief – zu einer weiteren der routinemäßigen Feindfahrten, die in den letzten Monaten das Dasein ausgefüllt hatten, wenn auch die Bitterkeit des totalen Krieges von den verhältnismäßig ruhigen Gewässern des nördlichen Mittelmeeres noch weit entfernt zu sein schien, so ruhig, dass *U 380* fast in einer angenehmen Kreuzfahrt-Atmosphäre operieren konnte. Zusätzlich war es zwei Leuten gestattet, auf der Brücke zu rauchen, während zwei weitere dies im Turm tun konnten. Ein Wasserkübel sorgte dafür, dass die Zigaretten für den unwahrscheinlichen Fall eines Angriffs rasch ausgemacht werden konnten. Noch gab es in den italienischen Küstengewässern kaum Überraschungen, da die alliierten Luftstreitkräfte so weit von ihren Hauptoperationsgebieten entfernt noch keine regelmäßigen Patrouillen flogen.

Der erste Hinweis darauf, dass sich etwas Ungewöhnliches rührte, zeigte sich bald. Das U-Boot hatte noch keine sehr große Strecke zurückgelegt, als die seltsame Anweisung eintraf, dass der Funkraum stets voll besetzt zu sein hatte, selbst wenn das Boot im Hafen festmachte. Zu diesem Zeitpunkt wusste jeder, dass ihr Bestimmungshafen Livorno war, lediglich ein paar Stunden entfernt. Doch niemand, nicht einmal der Kommandant, hatte eine Ahnung, warum das Boot diesen Hafen anzulaufen hatte. *U 380* war noch nie zuvor in diesem Hafen gewesen. Livorno war jedenfalls kein Marinestützpunkt sondern lediglich eine bedeutende Handelsstadt. Darüber hinaus hatte der Obersteuermann noch nicht einmal die erforderlichen, detaillierten Seekarten zur Verfügung und als sie kurz vor Einbruch der Dunkelheit dort eintrafen, konnte ihnen niemand sagen, wo sie festmachen sollten.

Livorno hätte einer dieser traumhaften Häfen sein können, wie sie von Bildern aus der Vorkriegszeit bekannt waren. Nirgendwo war ein Anzeichen der Dringlichkeit zu erkennen und nirgendwo gab es jemand, der das geringste Interesse an der Ankunft eines deutschen U-Bootes zeigte. Es dauerte eine geraume Zeit, ehe Kptlt. Röther mitgeteilt wurde, er solle mit seinem Boot an einer abgelegenen Ölpier festmachen. Nachdem dies geschehen war, vergrößerte die U-Bootführung noch das Geheimnis, indem sie in einem Funkspruch mitteilte, dass *U 380* nicht beladen werden sollte. Es hatte den Anschein, als ob in der Operationsführung niemand wusste, dass dieses U-Boot bereits für eine längere Feindfahrt voll ausgerüstet war. Der Grund hierfür war: Die Operationsführung, d.h. die Kriegsführung zur See, oblag in diesem Falle dem Führer der U-Boote (FdU) Mittelmeer, KAdm. Leopold Kreisch, der sich mit seinem Stab in Rom und später in Toulon befand, während alle anderen Vorkehrungen und Maßnahmen, d.h. truppendienstlicher einschl. logistischer Art, wie Ausrüstung des Bootes, Sorge für die Besatzungen u. Ä., Aufgabe der 29. U-Flottille (KKpt. Fritz Frauenheim) in La Spezia war.

Einige Zeit später herrschte in jeder Hinsicht Klarheit. Kptlt. Röther erhielt den Befehl, auszuladen und alles zu entfernen, was er entbehren konnte. Alle Torpedos bis auf zwei musste er ebenfalls an Land geben und, außerordentlich überraschend, auch die größeren Geschütze waren aus Gründen der Gewichtsverringerung auszubauen. Damit noch nicht genug: Auch etwa die Hälfte der Besatzung hatte in Italien zurückzubleiben. *U 380* nahm so viel Munition an Bord, wie das Boot tragen konnte, um die eingeschlossenen Truppenteile der Achse im Norden Tunesiens zu unterstützen. Offensichtlich war die Lage der Heeresgruppe Afrika noch weitaus schlimmer, als die Wehrmachtsberichte im Rundfunk die Öffentlichkeit glauben machen wollten.

Obwohl sich die Ereignisse sehr rasch niederschreiben lassen, sah sich die Besatzung einer verworrenen Situation gegenüber. Die Sonne brannte aus einem wunderbar blauen Himmel herunter, so dass im Bootsinneren eine unglaubliche Hitze herrschte. Die Anweisungen ergingen in derartiger Unordnung, dass die einen noch die Torpedos aus dem Boot entfernten, während andere noch versuchten, irgendwo den Proviant zu verstauen, der auf ihnen sorgfältig gestapelt worden war. Diese Arbeit war kaum ausgeführt worden, als alles sogar noch hektischer wurde. Jetzt musste auch der Proviant weitgehend ausgeladen werden, um Platz für noch mehr Munition zu schaffen. Alles musste so rasch geschehen, dass ein Großteil der Gegenstände einfach über Bord ins Wasser geworfen wurde, da es zu lange gedauert hätte, um auf Kräne zu warten. Die Männer arbeiteten guten Mutes. Sie hatten erkannt, dass sich die Lage in Nordafrika so chaotisch entwickelt hatte, dass niemand genau wusste, was vor sich ging. In einer solchen Situation musste alles unternommen werden, um den Kameraden an Land zu helfen.

Als der Kommandant nach Freiwilligen frug, die zurückzubleiben hatten, meldete sich nicht ein Einziger. Trotz der Erkenntnis, dass sich ihr U-Boot in ein schwimmendes Pulverfass verwandelt hatte, verspürte keiner den Drang, möglichem Unheil zu entkommen. Kptlt. Röther blieb nichts anderes übrig, als die schwierige Auswahl selbst zu treffen. Nachdem er sich entschieden hatte, ging er durch das Boot, um eine Reihe trauriger Männer zu trösten, die den Befehl zum Zurückbleiben erhalten hatten. »Es ist für mich schon schwer genug, diese Entscheidung zu treffen«, sagte er zu ihnen, »macht es mir bitte nicht noch schwerer.«

Am Freitag, dem 7. Mai 1943, stand die Sonne bereits wieder an einem klaren blauen Himmel, als das schwimmende Pulverfass sorgfältig getrimmt Kurs nach Süden in Richtung Tunis nahm. *U 380* war noch nicht sehr weit gekommen, als der FdU Mittelmeer über Funk mitteilte, dass die Stadt Tunis von britischen Truppen genommen worden war. Einzelheiten über einen alternativen Entladehafen sollten sobald wie möglich folgen. Die Fahrt des U-Bootes verlief nicht immer auf geradem Kurs. Das Sichten vieler Minen deutete an, dass die Gegenseite ein solches Handeln erwartet und auf einem möglichen Kurs Hindernisse platziert hatte. Darüber hinaus ließen die Untiefen vor der afrikanischen Küste ein Anlaufen dieses Gebietes nur mit Schwierigkeiten zu. Kptlt. Röther blieb weiterhin auf einem südlichen Kurs und hoffte auf sinnvolle Befehle. Diese ließen lange auf sich warten, dann erging die Weisung, in Kelibia auf der Kap-Bon-Halbinsel zu entladen. Doch dieser Befehl war etwas sinnlos, denn *U 380* hatte keine Landkarte an Bord, die diesen Küstenabschnitt zeigte. Beim Stab des FdU Mittelmeer musste dies erkannt worden sein, denn kurz darauf kam ein FT mit der Positionsangabe, so dass der Ort auf der Seekarte bestimmt werden konnte. Die Brückenwache vermutete, dass die Anzahl der Lazarettschiffe, die das Rote Kreuz führten und in entgegengesetzte Richtung fuhren, auf intensive Kampftätigkeit hinwiesen. Dies bestätigten einige Zeit danach das dumpfe Dröhnen von Artilleriefeuer und die zahlreichen Rauchsäulen, die sich über der afrikanischen Küste erhoben.

U 380 stand bereits seit zwei Tagen in See, als der FdU Mittelmeer die Weisung funkte, vor Kelibia einen Lotsen aufzunehmen, der das Boot zu einem sicheren Entladeplatz führen sollte. Aber dies war bereits wieder überholt; denn der britisch-amerikanische Vormarsch ging so rasch vor sich, dass sich die Prioritäten laufend dramatisch veränderten. Die Männer auf der Brücke von *U 380* beobachteten das vor ihnen liegende Land und hielten nach dem vermutlichen Treffpunkt mit dem Lotsen Ausschau, als über Funk mitgeteilt wurde, ihre Ladung würde nicht mehr gebraucht. Es gab keine deutsch-italienische Heeresgruppe Afrika mehr und die gesamte Munition sollte über Bord geworfen werden, um Platz für die zu evakuierenden Truppen zu schaffen. In Anbetracht der Tatsache, dass das Innere des Bootes so heiß wie ein Backofen war und dass von der Hälfte der normalen Besatzung 25 t Munition durch die Luken an Deck gebracht werden mussten, war dies ein ausgesprochen mörderisches Unterfangen.

Zur Abwechslung hatte die Brückenwache das bessere Los gezogen. Anstatt mit den unfreundlichen Elementen der Natur zu kämpfen, konnten sich die vier Ausgucks und der wachhabende Offizier ohne große körperliche Anstrengungen auf der Brücke aufhalten. Sie beobachteten Kanoniere an Land, die mit ihren

Oben: Kptlt. Josef Röther kam 1941 zur U-Bootwaffe und fuhr als Kommandantenschüler auf *U 552* unter Kptlt. Erich Topp, einer von fünf U-Bootfahrern, die das Eichenlaub mit Schwertern zum Ritterkreuz erhielten. Röther überstand den Krieg; er erhielt Ende 1943 eine Stabsstellung und geriet im August 1944 in Frankreich in Kriegsgefangenschaft. *U 380*, sein Boot, führte als Emblem ein vierblättriges Kleeblatt. Siehe hierzu das Mützenabzeichen Seite 82 oben.

Geschützen auf Flugzeuge schossen und sogar versuchten, über ein Megafon mit ihnen Verbindung aufzunehmen. Dem U-Boot näherte sich dann ein kleines Wachboot, drehte aber rasch wieder in die Sicherheit der Küste ab, da sich seine Besatzung vermutlich nicht sicher war, ob Freund oder Feind.

Einige Zeit danach war von Land her ein deutscher Blinkspruch zu erkennen, der mitteilte, dass die Männer dort ein Ruderboot, aber keine Riemen hätten – zumindest handelte es sich um eigene Soldaten. Doch leider sah sich Kptlt. Röther nicht in der Lage, ihnen zu helfen. Strömung und Wind waren zu stark, um von *U 380* aus ein Schlauchboot auszusetzen. Ein eingehendes FT beendete erfolglos diesen Austausch von Blinksprüchen und teilte mit, dass Kptlt. Röther mit zunehmender feindlicher Aktivität zu rechnen hätte. Zu dieser Erkenntnis war er ohnehin schon von sich aus gekommen. Ihre Lage begann entschieden unangenehm zu werden. Bei nur geringer Wassertiefe unter dem Bootskiel blieb zum Manövrieren wenig Raum. Ein italienisches Torpedoboot war anscheinend der Anlass für die vielen verworrenen Botschaften von Land her, aber dieser kurze Austausch von

U 380: Auf der Brücke macht eine Flasche die Runde, vermutlich das Einlaufen nach der ersten oder zweiten Feindfahrt, denn kaum einer aus der Besatzung trägt das U-Bootskriegsabzeichen. Kptlt. Josef Röther mit weißer Mütze ist rechts im Bild mit der linken Hand auf dem Ventilationsschacht zu erkennen.

Blinksprüchen hatte keine neuen Erkenntnisse erbracht. Niemand schien zu wissen, was vor sich ging, und es schien auch niemand zu kümmern, dass die U-Bootmänner ihr Leben riskierten, um sie zu retten.

Trotz der vorherrschenden unglaublichen Verwirrung und der Tatsache, dass von niemand hilfreiche Befehle kamen, versuchte Kptlt. Röther, das Beste aus der Situation zu machen. Wenige Minuten nach Mitternacht des eben angebrochenen 10. Mai 1943 hörte die Brückenwache das unmissverständliche Quietschen von Riemen in den Dollen. Mit einem feuerbereiten Maschinengewehr in die Dunkelheit starrend, erkannten die Seeleute ein kleines Boot, in dem vier Männer saßen: der Obergefreite Heinrich Pehn sowie die Gefreiten Hans Handwerk, Ernst Schulz und Hans Renner. Sie stammten aus verschiedenen Heereseinheiten und konnten über die verworrene Lage auch nicht viel aussagen. Sie teilten Kptlt. Röther lediglich mit, dass sich dort an Land noch weitere 40 bis 50 Mann befänden, die aber von dem U-Boot nichts wüssten. Als den vier Soldaten das U-Boot aufgefallen war, hatten sie es zunächst für ein britisches Unterseeboot gehalten und wollten sich verbergen. Offensichtlich waren gegnerische Marineeinheiten die Küste entlanggefegt und hatten den sich zurückziehenden Truppen zusätzlich zugesetzt.

Dieses chaotische nächtliche Suchen nach eigenen Truppen dicht an den Stränden unterbrach ein auftauchender Zerstörer, der Landziele aufs Korn nahm, ohne das U-Boot zu bemerken. Doch Kptlt. Röther konnte nur wenig unternehmen. Zum einen war die Wassertiefe zu gering und zum anderen kommandierte er derzeit nur eine leere Hulk ohne jede Bewaffnung. Die beiden noch verbliebenen Torpedos in den Bugrohren konnten nicht abgefeuert werden. Das Entfernen eines Großteils des Ballastes und der schweren Munition hatte das Boot gefährlich instabil werden lassen, d. h. die Klugheit gebot, ein ausgedehntes Prüfungstauchen zu seinem Austrimmen durchzuführen, ehe eine offensive Angriffshandlung möglich war. Der Zerstörer jedenfalls befand sich für einen direkten Überwasserangriff etwas zu weit entfernt. Daher blieb Kptlt. Röther nichts anderes übrig, als darauf zu hoffen, dass die Verworrenheit rings um ihn her eine ausreichende Tarnung für seine gefährliche Zwangslage abgab.

Das Chaos hielt die ganze Nacht hindurch an, während die Männer an Bord von *U 380* entschlossene Anstrengungen unternahmen, weitere zu evakuierende Soldaten zu finden, ohne sich in dem flachen Wasser festzufahren. Diese angespannte Atmosphäre erhöhte eine Landbatterie noch mehr, die das U-Boot aufs Geratewohl unter Feuer nahm. Glücklicherweise waren die Kanoniere nicht allzu geübt, um Seeziele anzuvisieren, aber eine nur 400 m entfernt detonierende Granate war haarsträubend genug und stellte einen ausreichenden Grund dar, um die relative Sicherheit tieferen Wassers aufzusuchen.

Der in der Tiefe herrschende Friede hielt nicht lange an. Bald war das Bootsinnere vom quälenden Dröhnen entfernt detonierender Wasserbomben erfüllt. Neue Weisungen strömten in so schneller Folge herein, dass bereits wieder ein Gegenbefehl etwas völlig anderes anordnete, ehe der Kommandant in der Lage war, den ersten Befehl zu befolgen. Jeder an Bord von *U 380* wusste, dass sich das Boot nicht nur an einem gefährlichen Ort sondern auch in einem unfassbaren Schlamassel aufhielt, den spätere Historiker wahrscheinlich kaum in der Lage sein werden zu entwirren. In

Rechts: Das Achterschiff von *U 380*, am »Wintergarten« weht die Kriegsflagge.

Links: Kptlt. Röther schaut Oblt.(Ing.) Stubbe, dem Leitenden Ingenieur von *U 380*, beim Säubern von Fischen für das Mittagessen zu. Die im Hintergrund erkennbaren großen Korbflaschen enthalten destilliertes Wasser für das Nachfüllen der Batterien. Die in Drahtkörben, gepolstert mit Stroh, untergebrachten großen Glasflaschen waren damals die üblichen Transportbehälter für Flüssigkeiten, ob dies nun Säure, Wein oder wie hier Wasser war; Plastikbehälter gab es noch nicht.

Wahrheit war dieses Durcheinander so schlimm, dass jeder Augenzeugenbericht etwas völlig anderes aussagte und sogar die Besatzung von *U 380* lieferte voneinander abweichende Beschreibungen.

Kptlt. Röthers Dilemma bestand in der Antwort auf die Frage, ob er dieses Gebiet verlassen sollte. Einerseits war die Lage sichtlich unbehaglich und lärmerfüllt, aber andererseits erkannte er klar, dass seine Entscheidung unter Umständen für andere den Unterschied zwischen Leben und Tod oder Freiheit und Gefangenschaft bedeuten konnte. Daher versuchte er, sich mit seinem Boot weiterhin unentdeckt in einem Gebiet aufzuhalten, von dem aus er rasch jeden Abschnitt der tunesischen Küste erreichen konnte – in der Hoffnung, der Stab des FdU Mittelmeer könnte ihm eine Position mitteilen, an der er seine Aufgabe erfüllen konnte, Reste der geschlagenen deutsch-italienischen Heeresgruppe zu retten. Schließlich ging trotzdem die Weisung ein, dass er infolge der hoffnungslosen Lage den Rückmarsch nach La Spezia antreten sollte. Auf demselben kürzesten Weg zurückzukehren, den er auf dem Anmarsch gewählt hatte, war aufgrund der umfangreichen Minensperren, die in diesem Gebiet inzwischen gemeldet worden waren, nicht ratsam. So blieb dem Kommandanten nur der lange Weg um Sizilien übrig, um im Schutze der italienischen Küste nach Norden zu schleichen.

Der FdU Mittelmeer stimmte in einer Nachbemerkung zur Feindfahrt im Kriegstagebuch von *U 380* zu, dass sich Kptlt. Röther einer außergewöhnlich schwierigen Unternehmung gegenübergesehen hatte, in derem Verlauf die Lage ständigen Veränderungen unterworfen war, aber Kommandant und Besatzung hätten sich ausnehmend gut verhalten. Er anerkannte auch, dass durch zahlreiche Minensperren, gegnerische Seestreitkräfte und Flugzeuge sowie die Verworrenheit der Lage bedeutet hatten, dass sich das U-Boot in einer ständigen Gefechtssituation befunden hätte. Kommandant und Besatzung hätten ihre Aufgabe mit einer Freude und Tüchtigkeit erfüllt, die volle Anerkennung verdient. Doch es wäre bedauerlich festzustellen, dass als Ergebnis dieses Mammutunternehmens nur vier Soldaten gerettet wurden.

Oben: Eine Nahaufnahme des Abzeichens, das auf der nebenstehenden Abbildung rechts oben in der Ecke zu sehen ist.

Oben: Das Emblem von *U 380*: Ein Glück bringendes vierblättriges Kleeblatt in der Traditionsecke des Bootes im U-Boot-Archiv in Cuxhaven-Altenbruch. Kurz vor dem Auslaufen des Bootes zur ersten Feindfahrt fiel ein Seemann auf dem Wege zum Einräumen des Bootes mit seiner ganzen Habe beim Überqueren einer Wiese ins Gras. Dabei fand er im Liegen ein vierblättriges Kleeblatt, pflückte es ab und nahm es als Talisman mit an Bord. Das Original wurde gepresst, kam später unter Glas und erhielt im Turm des Bootes einen Ehrenplatz.

Rechts: Ausschnitt aus der Traditionsecke mit Erinnerungsstücken an *U 380* »Vierklee«: Die Ehrentafel zum 75. Geburtstag am 7. Oktober 1982 von »Vater Jupp«, wie der Kommandant von seinen »Jungs« liebevoll genannt wurde.

Ganz oben: Tischstander vom 3.–10. Besatzungstreffen, ausgestellt im U-Boot-Archiv, darunter zwei Bootsmannsmaatenpfeifen.
Oben: Nahaufnahme aus der Ehrentafel auf der gegenüberliegenden Seite.
Links: Ein großes vierblättriges Kleeblatt, das Bootsemblem von *U 380*.

7. Das neutrale Spanien

Versorgung in spanischen Häfen

Pläne für eine Zusammenarbeit zwischen Deutschland und Spanien gab es vor dem Kriege immer wieder, ohne dass es zu einer definitiven Vereinbarung kam. Zu Beginn des Zweiten Weltkrieges brachte General Franco diese Pläne zu einem unvorhergesehenen Abschluss, indem er in einer offenen Erklärung faktisch die Neutralität Spaniens verkündete, die Außenminister Serrano Suñer später so erläuterte: »Spanien ist nicht neutral, sondern nichtkriegführend.« Unter diesen Umständen hoffte das Oberkommando der Kriegsmarine (OKM) immer noch, spanische Marineeinrichtungen zur Versorgung von Überwasser-Handelsstörern und Unterseebooten benutzen zu können und unternahm daher Anstrengungen, die im Spanischen Bürgerkrieg gelegte Grundlage auszubauen, als deutsche Freiwilligen-Einheiten der Legion Condor an der Seite von General Francos nationalspanischen Truppen kämpften. Jedoch erst wenige Wochen vor Beginn des Zweiten Weltkrieges erhielt KptzS. Hans-Georg v. Friedeburg (damals Stabsoffizier zbV beim FdU, KptzS. und Kommodore Karl Dönitz, ab September 1939 Chef von BdU org) die Weisung, ernsthafte Verhandlungen mit Spanien zur Einrichtung eines auf dieses Land gestützten Versorgungssystems zu führen. Definitive Verhandlungsergebnisse kamen nicht zu Stande, aber die Gespräche endeten mit Ermutigungen auf spanischer Seite. Infolgedessen wurde KKpt. Kurt Meyer-Dröhner, der deutsche Marineattaché in Madrid, angewiesen, Pläne für die Benutzung von Vigo und El Ferrol del Caudillo im Norden und Cádiz im Süden Spaniens als mögliche deutsche Versorgungsbasen vorzubereiten.

KKpt. Meyer-Dröhner hielt sich bereits so lange in Spanien auf, dass er fast als Einheimischer angesehen wurde, und die Verbindungen, die er angeknüpft hatte, kamen ihm jetzt gut zustatten. Admiral Salvador Moreno Fernandez vom Marineministerium stimmte mit den deutschen Plänen überein, betonte aber nachdrücklich, dass sie nur verwirklicht werden konnten, so lange ausländische Mächte nicht dagegen protestierten. Sobald dies jedoch geschähe, müsste Spanien die Einhaltung einer strikten Neutralität beachten und Maßnahmen gegen Deutschland ergreifen. Trotz dieser Ermutigung war die KKpt. Meyer-Dröhner gestellte Aufgabe beängstigend. Sogar das Versprechen Berlins, faktisch unbegrenzte Geldmittel zur Verfügung zu stellen, erleichterte die Lösung des Hauptproblems nicht, das in der allgemeinen Nahrungsmittelknappheit bestand, bedingt durch den eben erst zu Ende gegangenen Bürgerkrieg. Es gab keine Möglichkeit, die vom OKM geforderten Mengen an Nahrungsmittelvorräten zu erwerben, auch nicht bei einer zwei- bis vierwöchigen Vorankündigung, der äußersten Frist, die ihm voraussichtlich zugestanden wurde. Die spanische Marine war zwar bereit, Proviant aus ihren eigenen Vorräten zu verkaufen, aber dies konnte an unerwarteten Stellen zu einem Durchsickern von Informationen führen. In diesem Stadium konnte niemand vorhersehen, wie die übrige spanische Bürokratie vermutlich reagieren würde, falls sich das Verschwinden beträchtlicher Mengen von Proviant für ein Unterfangen ergeben sollte, das sich als ein bodenloses Loch entpuppen könnte. Sobald diese Vorschläge auf ministerialer Ebene überdacht worden waren, ergab sich eine bessere Zusammenarbeit mit den Spaniern, als KKpt. Meyer-Dröhner nach den ersten Gesprächen erwartet hatte. Doch dann überlagerte der Kriegsausbruch diese Gespräche. In einer Hinsicht wurde manches etwas einfacher. So mussten die deutschen Frachtschiffe in spanischen Häfen vermutlich dort bleiben; denn ihnen waren die Wege für eine Rückkehr nach Deutschland versperrt und ein großer Teil von ihnen hatte bereits einen beträchtlichen Teil der erforderlichen Vorräte an Bord. Diese Zusammenarbeit mit den Spaniern gestattete aber der deutschen Seite, diese Frachtschiffe zu verlegen, um dafür zu sorgen, dass sie sich an den geeignetsten Plätzen befanden. Gleichzeitig wurde den Schiffen gestattet, innerhalb der Häfen die günstigsten Ankerplätze einzunehmen.

Die völkerrechtlichen Vorschriften hinsichtlich der Krieg führenden und der nicht Krieg führenden Staaten waren kompliziert und standen einer Vielzahl verschiedener Auslegungen offen, die wahrscheinlich dazu beitrugen, dass es nur sehr wenige Ereignisse gab, wobei Kriegsschiffe neutrale Häfen anliefen. Einer der bekannteren Fälle betraf das Panzerschiff ADMIRAL GRAF SPEE, das im Dezember 1939 von der Regel Gebrauch machte, wonach sich ein Kriegsschiff für eine begrenzte Zeitspanne in einem neutralen Hafen aufhalten durfte, um medizinische Hilfe in Anspruch zu nehmen. Nach dem Ablauf der gewährten Frist musste das Schiff entweder wieder auslaufen oder sich für die Dauer der Feindseligkeiten internieren lassen. Handelsschiffe konnten in neutralen Häfen verbleiben, so lange sie die Krieg Führenden nicht unterstützten. Den Bestimmungen wurde oft Nachdruck verschafft, indem die Funkanlagen ausgebaut oder betriebsunfähig gemacht wurden, um eine Verbindung mit der Außenwelt zu unterbrechen. Versorgungsschiffe, selbst solche mit zivilen Besatzungen, wurden als militärischen Zwecken dienend eingestuft und das Versorgen von Kriegsschiffen mit Treibstoff und Proviant war Handelsschiffen strikt untersagt. In einigen Fällen wurden sogar Zahnpasta und medizinische Ausrüstung als Kriegsgüter angesehen, weil sie

die Fähigkeit eines Schiffes zum Kämpfen verlängerten. Diese ganzen verschwommenen Vorschriften lieferten einen weit reichenden Rahmen für bewusste Täuschung und Tarnung sowie das Verbergen wichtiger Informationen vor dem Gegner. Wer wollte zum Beispiel die genaue Dauer einer Zeitspanne bestimmen, innerhalb derer ein Besuch in einem neutralen Hafen gestattet war, wenn es sich um ein kleines Unterseeboot handelte, dessen Ankunft niemand bemerkte?

Andererseits brachte der Kriegsausbruch für die deutsche Seite auch zusätzliche Schwierigkeiten, weil den spanischen Behörden die möglichen Folgen stärker ins Bewusstsein traten. Sie wollten sicher sein, dass keine Wahrscheinlichkeit bestand, in den Konflikt hineingezogen zu werden. Die Nachricht, dass die britische Seite die Aktivitäten in den spanischen Häfen wachsam im Auge behielt, verschlimmerte die Nervosität der Spanier beträchtlich. Der britische Nachrichtendienst hatte angedeutet, dass ein Spionagenetz eingerichtet worden war, um sicherzustellen, dass es keine Verletzungen der spanischen Neutralität geben würde. Darüber hinaus machte Großbritannien deutlich, dass jeder Verstoß zu ernsten Vergeltungsmaßnahmen führen würde. Die Folge davon war, dass sich General Franco nach dem Ausbruch der Feindseligkeiten sträubte, mit der deutschen Seite weiterhin eng zusam-

Oben: U 31 während eines seiner beiden Spanien-Einsätze in Cádiz. Zwei »schwarze Bälle« vor weißem Hintergrund (s. S. 89). Im Vordergrund auf dem Vorschiff das 8,8-cm-Deckgeschütz L/45, von der Konstruktion her eine Schnellfeuerkanone in Torpedobootslafette, d. h. ein Seezielgeschütz.

menzuarbeiten. Er begann, seine Unterstützung der deutschen Pläne zurückzunehmen. Für eine kurze Zeit sah es so aus, als ob die deutschen Vorbereitungsarbeiten völlig zunichte gemacht worden waren. Nach dem raschen Abschluss des Blitzkrieges in Polen änderte jedoch General Franco erneut seine Ansicht und stimmte zu, mit der Unterstützung der deutschen Pläne fortzufahren. Diese wieder auflebte Begeisterung ging so weit, Regierungsvertreter zu den verschiedenen Zentren deutscher Interessen zu entsenden, um die örtlich zuständigen Behörden zu informieren und zur Zusammenarbeit zu veranlassen.

Das Erwerben der Versorgungsgüter blieb das Hauptproblem; nunmehr erschwert durch das Franco-System, das seine potenziellen inneren Feinde daran hindern sollte, Vorratslager für einen zukünftigen Kampf gegen ihn anzulegen. Zum Beispiel überwachte eine Behörde jeden Verkehr mit Öl und Treibstoff und erschwerte es der deutschen Seite oder verwehrte es ihr sogar gänzlich, die für die Versorgung der Unterseeboote erforderlichen Mengen zu beziehen, es sei denn, die Beamten dieses Amtes waren zur Zusammenarbeit bereit. Das Problem, die Proviantvorräte zu beschaffen, wurde schließlich auf folgende Weise gelöst: Kauf in Italien, Befördern nach Spanien durch ein ziviles Transportsystem und Ablieferung in deutschen Marinedepots in der Nähe der Häfen. Diese gesamte Planung wuchs sich rapide zu einer komplizierten Organisation mit einem umfangreichen Personalbestand aus, die zu den kleinen Mengen, die zu beschaffen waren, außer Verhältnis stand. Dennoch schien sich Berlin nicht mit allen verfügbaren Mitteln um das Unternehmen zu kümmern und es zu unterstützen.

Verschiedenartige Projekte der Zusammenarbeit waren in Erwägung gezogen worden; sie reichten vom Bau deutscher Unterseeboote auf spanischen Werften bis zur Verwendung spanischer Schiffe, um deutsche Überwasser-Handelsstörer und Unterseeboote auf hoher See zu versorgen. Doch diese gesamte konzentrierte Einbeziehung eines neutralen Landes ging nie über das anfängliche Stadium der Planung hinaus. Der Krieg war erst wenige Wochen alt, als deutlich wurde, dass das Beste, worauf Berlin hoffen konnte, darin bestand, dass die spanischen Behörden gegenüber den deutschen Aktivitäten beide Augen zudrückten. Im Herbst 1939 hatte KKpt. Meyer-Dröhners Stab genügend Treibstoff- und Proviantvorräte erworben, um Depots zur Eigenversorgung von U-Booten einzurichten. Sie enthielten alles, was ein U-Boot wahrscheinlich brauchte, um seinen Einsatzzeitraum auszudehnen. Da keine Möglichkeit bestand, diese Versorgungsgüter hinaus auf die hohe See zu bringen, blieb nichts anderes übrig, als auf einlaufende U-Boote zu warten, um sie versorgen zu können. Dieses Depotsystem zur Eigenversorgung wurde die Stütze des gesamten Unternehmens; denn es gab absolut keine Möglichkeit, dass deutsche oder spanische Schiffe aus dem Hafen schlüpfen konnten, um regelmäßige Versorgungen in See durchzuführen. Darüber hinaus mussten die Betreiber dieser Depots bei Nacht gerufen werden, ohne dass die spanischen Behörden von dem, was vor sich ging, Wind bekamen. Dieses Verfahren schloss große Überwasser-Handelsstörer von vornherein aus, aber die Unterseeboote waren klein und konnten daher mehr oder weniger augenfällig kommen und gehen. Der deutschen Seite blieb nur zu hoffen, dass es keine unangenehmen Zeitgenossen geben würde, die überflüssige Fragen zu stellen begannen. Manch entscheidende Phase des Unternehmens beruhte auch auf der Leistungsfähigkeit von einzelnen Personen zweifelhaften Charakters, um

Oben: *U 31* vom Typ VII A während des Spanischen Bürgerkrieges in Cádiz. Erkennbar an den schwarz-weiß-roten Nationalfarben (im Bild von links nach rechts) an der Vorderseite des Turms sowie quer über dem Vorschiff (und an zwei »schwarzen Bällen« vor weißem Hintergrund: Seite 88) gehört das U-Boot der U-Flottille »Saltzwedel« zu den Seestreitkräften der Internationalen Seekontrolle des NIC *(Non-Intervention Committee)* nach dem »Nichteinmischungs-Abkommen« von 1936. Die rechte Person im Bild ist ein spanischer Priester. Das bei der Deschimag A.G. »Weser« in Bremen gebaute *U 31* wurde am 28. Dezember 1936 unter Kptlt. Rolf Dau in Dienst gestellt, der das Boot einschl. eines ersten Spanien-Einsatzes im Juli/August 1938 bis zum 8. November 1938 führte. Anschließend übernahm Kptlt. Dau *U 42*, ein Boot vom Typ IX A, das bereits auf seiner ersten Feindfahrt am 13. Oktober 1939 als vierter Kriegsverlust versenkt wurde. Kptlt. Dau geriet als dritter U-Bootkommandant in Gefangenschaft.

Als Nachfolger Daus übernahm im November 1938 Kptlt. Johannes Habekost *U 31*. Im April/Mai 1939 folgte ein zweiter Spanien-Einsatz und nach der vierten Feindfahrt fiel das Boot am 12. März 1940 bei einer Probefahrt auf Schillig-Reede vor Wilhelmshaven den Bomben einer Bristol »Blenheim« (Sqdn.-Ldr. M. Delap) der 82. RAF-Squadron zum Opfer. Unter dem Verlust der gesamten Besatzung, zwei Ingenieuroffizieren und elf Werftarbeitern (58 Tote) sank das Boot auf 17 m Wassertiefe. Am 24. März 1940 gehoben, im Dock instandgesetzt, am 30. Juli 1940 von Kptlt. Wilfried Prellberg ein zweites Mal in Dienst gestellt, wurde *U 31* auf seiner zweiten Feindfahrt am 2. November 1940 vom Zerstörer HMS ANTELOPE und einem Flugboot nordwestlich von Irland endgültig versenkt. Nahezu die gesamte Besatzung (2 Tote) wurde gerettet und ging in Kriegsgefangenschaft.

die Güter zum richtigen Zeitpunkt und am richtigen Platz abzuliefern. Jedenfalls war es insgesamt ein außerordentlich unsicheres und kompliziertes Unternehmen.

Das deutsche Motorfrachtschiff THALIA (Kapitän Erich Schaper), das den Decknamen »Gata« führte, traf 1939 kurz vor Weihnachten in Cádiz ein und ermöglichte es, das Versorgungskonzept versuchsweise in die Tat umzusetzen. Doch *U 44* (KKpt. Ludwig Mathes), das erste U-Boot, mit dem dieses neue System im Januar 1940 erprobt werden sollte, war so knapp an Brennstoff, dass ein Umleiten nach Spanien dem Boot nicht mehr gestattet hätte, nach Deutschland zurückzukehren, falls die Versorgung misslang. KAdm. Dönitz hatte kein Interesse, das Risiko einzugehen und bei einer so unsicheren Erprobung ein Boot zu verlieren. Er widerrief den Befehl und wies stattdessen am 27. Januar 1940 *U 25* (KKpt. Viktor Schütze) an, nach Cádiz zu gehen.

Es stellte sich heraus, dass dies eine spannungsgeladene Nacht für jeden der in Spanien Beteiligten werden sollte. Das OKM in Berlin hatte mit Karl Martens sogar einen Sonderbeobachter entsandt. Auch der Stab des Marineattachés war anwesend und machte sich reichlich Notizen, so dass Mängel beseitigt werden konnten, ehe der nächste Versorgungsvorgang stattfand. Die Probleme schienen umfangreich zu sein, aber schließlich war es die unerwartete Einfachheit, die das ganze Unternehmen zunichte zu machen drohte. KKpt. Schütze traf mit *U 25* vom Typ I A mehrere Stunden früher als geplant ein.

Viktor Schütze (der nicht mit Kptlt. Herbert-Victor Schütze von *U 605* verwechselt werden sollte) war 1925 in die Marine eingetreten, gehörte zu den ersten Kommandanten der jungen U-Bootwaffe und war zuletzt als Kapitän z. S. der FdU Ausbildungsflottillen. Er hatte *U 25* nur vier Tage nach Kriegsbeginn übernommen, aber mit seiner Erfahrung brauchte er nicht lange, um zusammen mit einigen weiteren neuen Gesichtern an Bord heimisch zu werden. Zu jedermanns Überraschung ging er mit seinem Boot am 30. Januar 1940 an der THALIA um 20.05 Uhr längsseits, als im Hafen noch ziemlich viel Betrieb herrschte, und die Männer an Bord des U-Bootversorgers hatten sein Einlaufen erst viel später erwartet. Nicht einmal die Ausgucks an Bord der THALIA hatten die Annäherung des U-Bootes bemerkt, als es hereinglitt, wobei sein Oberdeck mit der Wasseroberfläche abschnitt und nur der Turm sichtbar war. Die Fender waren noch nicht ausgebracht und die Männer an Bord der THALIA mussten sich jetzt beeilen, um das U-Boot sicher zu vertäuen. Ein unangenehmer Wind und eine starke Dünung waren die Ursache, dass es fast eine halbe Stunde dauerte, ehe *U 25* schließlich neben dem Versorgungsschiff festgemacht hatte. Danach verlief alles andere außerordentlich glatt. Nach weniger als sechs Stunden legte das U-Boot mit Brennstoff und Proviant versorgt um 02.03 Uhr bereits wieder ab, richtete seinen Bug seewärts und verschwand so rasch in der Schwärze der Nacht, wie es erschienen war.

Danach wurde die Versorgung von U-Booten in spanischen Häfen kunstvoll verkürzt und fast zur Routine. Bei diesen ersten Versorgungsvorgängen gab es mit Sicherheit nur sehr wenig Aufsehen. Allerdings verringerte sich ihre Anzahl als Folge des Zwischenfalls vom 16. Februar 1940 etwas, als das deutsche Tross-Schiff ALTMARK von einem Kommando des britischen Zerstörers COSSACK in einem Fjord des neutralen Norwegen angegriffen und geentert worden war. Auch die unabsichtliche Versenkung des spanischen Frachters BANDERAS (2140 BRT) nahe Kap Villano am 18. Februar 1940 durch *U 53* (KKpt. Harald Grosse) verursachte einige Nachwirkungen. Erst in der Nacht vom 18./19. Juni 1940 kam es zu einer weiteren Versorgung in einem spanischen Hafen. Diesmal übernahm *U 43* (Kptlt. Wilhelm Ambrosius) Treiböl aus dem Motorfrachtschiff BESSEL in Vigo, bereitgestellt als U-Bootversorger unter dem Decknamen »Bernardo«. Der gesamte Vorgang vollzog sich innerhalb von vier Stunden ohne jedes Anzeichen eines Problems. Zu diesem Zeitpunkt hatte sich die Kriegslage bereits radikal verändert, da die deutsche Marine nunmehr im Begriff stand, die französischen Atlantikhäfen zu übernehmen. Daher war die Versorgung mit Brennstoff und Proviant in spanischen Häfen wahrscheinlich nicht mehr in diesem Maße erforderlich, aber die dortigen Einrichtungen blieben für Notfälle erhalten. Zudem sollten sie einige Operationen in die entfernteren Bereiche des Südatlantik erleichtern.

Erschwert wurden die Versorgungen erst im folgenden Jahr, als es der britischen Seite zunehmend gelang, in den Funkschlüssel der U-Boote einzudringen, und hierbei Kenntnis von dem erlangte, was vor sich ging. Es gab tatsächlich Augenblicke, da hatte die britische Admiralität von Versorgungsoperationen Kenntnis, griff aber nicht ein, weil dies die Tatsache bloßgestellt hätte, dass die geheimen Funkschlüssel der Deutschen gebrochen worden waren. So hatte zum Beispiel Kptlt. Heinrich Bleichrodt (»Ajax«) von *U 109* nach einer Versorgung aus der THALIA in Cádiz ein ungutes Gefühl, obwohl er gut zwei bis drei Stunden vor der Morgendämmerung ausgelaufen war.

Als die Sonne über einem völlig klaren östlichen Horizont erschien, folgte dem U-Boot noch immer in respektvoller Entfernung ein irritierendes Fischerboot, das die spanische Flagge führte. Auch durch mehrere drastische Kursänderungen war es nicht abzuschütteln gewesen. Schließlich hatte Kptlt. Bleichrodt genug von diesem »Lockvogel« und befahl der Bedienung des Fla-Geschützes ein paar Schüsse über die Köpfe der Übeltäter zu feuern. Dies entmutigte den Verfolger, beseitigte aber nicht das unangenehme Gefühl, das Kptlt. Bleichrodt in sich verspürte; denn nach seiner Auffassung war er von Angehörigen des britischen *Secret Service* verfolgt worden. Der Gedanke, das Fischerboot zu versenken, war ihm zwar gekommen, aber ein derart drastisches Vorgehen hätte ein Fehler sein und komplizierte Auswirkungen nach sich ziehen können.

Schlimmer noch war ein Ereignis, das drei Monate später folgte. In der Nacht vom 14./15. Oktober 1941 versorgte *U 564* (Kptlt. Reinhard Suhren) in Cádiz aus der THALIA, ohne allzu großes Aufsehen zu erregen. Als jedoch in der darauf folgenden Nacht *U 204* (Kptlt. Walter Kell) festgemacht hatte, wurde plötzlich der gesamte Hafen von hellen Leuchtraketen illuminiert. Das verhinderte zwar die Versorgung nicht, verkürzte aber den Vorgang und das U-Boot lief wieder aus, ehe die Situation zu ungemütlich wurde. Da sich anschließend keine Auswirkungen zeigten, schien das U-Boot höchstwahrscheinlich nicht entdeckt worden zu sein. Jedoch scheint ziemlich sicher, dass jene, die diese Beleuchtung ausgelöst hatten, von seiner Anwesenheit durchaus wussten, aber seinen genauen Aufenthaltsort nicht kannten. Inmitten des Durcheinanders im Hafen wäre es auch selbst bei vollem Tageslicht nicht einfach gewesen, ein kleines Unterseeboot zu entdecken. Die von den hellen Leuchtraketen hervorgerufenen krassen Schatten hätten bei Nacht eine ganze Flottille von Unterseebooten verbergen können, ohne dass ein eifriger Kontrolleur auf nahe Entfernung in der Lage gewesen wäre, sie zu erkennen.

Ein unumstößlicher Beweis, wonach in Spanien eine Versorgung von U-Booten stattfand, ergab sich auf britischer Seite erst Mitte Dezember 1941, als *U 434* (Kptlt. Wolfgang Heyda – siehe auch S. 52f.) und *U 574* (ObltzS. Dietrich Gengelbach) wenige Tage später versenkt wurden, nachdem sie aus dem U-Bootversorger BESSEL in Vigo Brennstoff ergänzt hatten. *U 434* wurde von den Geleitzerstörern HMS STANLEY (Lt.-Cdr. D.B. Swan) und HMS BLANKNEY (Lt. M.V. Thorburn) am 18. Dezember westlich von Kap Sao Vicente mit fast 50 Wasserbomben angegriffen und zum Auftauchen gezwungen. Das schwer beschädigte Boot versenkte sich schließlich selbst. Von seiner Besatzung wurden 42 Mann gerettet, darunter der Kommandant.

U 574 erfuhr am 19. Dezember im selben Seegebiet ein wesentlich schlimmeres Schicksal – vielleicht weil es ObltzS. Gengelbach gelang, mit einem gut gezielten Torpedo den Zerstörer HMS STANLEY zu versenken. Ebenfalls zum Auftauchen gezwungen, fiel der Kommandant auf der Brücke durch Artilleriebeschuss der Sloop HMS STORK (Cdr. F.J. Walker), während die Besatzung nach dem Anbringen der Sprengladungen zur Selbstversenkung das Boot verließ. Dann streifte die Sloop das U-Boot mit einem Rammstoß, ehe sie einen letzten Satz Wasserbomben warf. Aufzeichnungen im U-Boot-Archiv belegen folgende Tatsachen: Die gesamte Besatzung mit Ausnahme des Kommandanten hatte das U-Boot verlassen. Anschließend lief das angreifende Kriegsschiff über die Versenkungsstelle, ehe es verschwand. Etwa 15–20 Minuten später noch einmal zurückkehrend, beleuchtete das Kriegsschiff mit den Scheinwerfern die Stelle und schoss mit Artillerie in diese Richtung. Dies hatte zur Folge, dass die im Wasser schwimmenden Überlebenden auseinander strebten, so rasch sie konnten. Infolgedessen verloren sie untereinander den

Oben: Vermutlich *U 96* vom Typ VII C (Kptlt. Heinrich Lehmann-Willenbrock), eines der ersten Boote, das in Spanien mit Brennstoff und Proviant versorgt wurde: Am 27. November 1941 in Vigo (an Bord der Propaganda-Kriegsberichter Lt. (S) Lothar-Günther Buchheim).

Kontakt. Etwa eine Stunde später erschien ein anderes Schiff und rettete ein paar der Männer. Während dieses Schiff noch damit beschäftigt war, wurde deutlich, dass im Wasser eine Anzahl Leichen in ihren Schwimmwesten trieben. Später wurde bekannt, dass auch das erste Schiff einige Männer geborgen hatte. Hieraus ergaben sich insgesamt 16 Überlebende. Offensichtlich wurden fünf im Wasser schwimmende Überlebende getötet, als die Sloop HMS STORK im Durcheinander der Versenkung mit der Sloop HMS DEPTFORD kollidierte.

Beide Sloops gehörten zur *36. Escort Group* (Cdr. F.J. Walker). Die aus den beiden Sloops und sieben Korvetten bestehende Geleitsicherungsgruppe sicherte den Geleitzug HG.76 mit seinen 32 Schiffen, der von Gibraltar nach Großbritannien unterwegs

Oben: U 760 (Kptlt. Otto-Ulrich Blum) hat in Vigo längs des spanischen Leichten Kreuzers NAVARRA festgemacht.

Links: U 573 (Kptlt. Heinrich Heinsohn), ein Boot vom Typ VII C. Von einem »Hudson«-Bomber vor Algier angegriffen, gelangte das erheblich beschädigte Boot noch nach Cartagena in Spanien. Dort wurden Boot und Besatzung interniert. Während U 573 später an Spanien verkauft wurde und bis 1970 als G 7 in Dienst blieb, wurden Kptlt. Heinsohn und seine Männer später repatriiert. Kptlt. Heinsohn fiel im Mai 1943 als Kommandant von U 438.

Rechts: Die Proviantübernahme bei einem U-Boot war ein sich lang hinziehender Vorgang; denn Kisten nahmen zu viel Platz weg und mussten daher ausgepackt werden, ehe ihr Inhalt an Bord gebracht werden konnte. Dies war kein so großes Problem, wenn sich das zu versorgende Boot auf dem Rückmarsch befand. Doch auch in diesem Falle musste jedes Behältnis durch die engen Luken ins Bootsinnere geschafft werden. Außerdem war sehr viel Sorgfalt zu verwenden, um keine schweren Behältnisse auf frisches Obst oder ähnliche weiche Güter zu stapeln.

war. Zudem stand am Geleit noch eine Unterstützungsgruppe (*Support Group*) mit einem Geleitträger und drei Geleitzerstörern, darunter auch STANLEY und BLANKNEY.

Nicht lange danach förderten geschickte Vernehmungsoffiziere des britischen Marinenachrichtendienstes bei den Verhören der geretteten U-Bootmänner den unbestreitbaren Beweis zu Tage, dass die beiden U-Boote in spanischen Häfen mit Treibstoff und Proviant versorgt worden waren. Daraufhin erhob die britische Regierung in Spanien diplomatischen Protest. Dies brachte die weiteren Versorgungen eine Zeitlang zum Erliegen. Diesmal war die spanische Reaktion ernsthafter Natur. Nahe an den deutschen Schiffen in den Häfen wurden Wachen aufgestellt, die jede Bewegung beobachteten und überprüfen konnten, wer an Bord ging und was an Bord gebracht wurde. Der Strom der Versorgungsgüter wurde hiermit wirksam zum Stillstand gebracht und es gab nichts, was von deutscher Seite aus unternommen werden konnte. Es blieb lediglich die Hoffnung, dass sich die Verhältnisse wieder änderten. Doch zunächst war die Beachtung einer strikten Neutralität das Gebot der Stunde.

Notreparatur in Spanien

Diese Ereignisse führten nicht zu einem Einstellen der Besuche durch deutsche U-Boote. *U 105* vom Typ IX B war eines der Boote, das auch danach noch Zuflucht in einem spanischen Hafen suchte. Sein erster Kommandant, der spätere KKpt. Georg Schewe, wurde Anfang 1942 Admiralstabsoffizier im Stab des FdU Italien

bzw. Mittelmeer und KKpt. Heinrich Schuch hatte im Januar 1942 das Boot vor seiner fünften Feindfahrt übernommen. Diese Feindfahrt musste KKpt. Schuch abbrechen, als ein neuer Befehl sein Boot umdirigierte, um etwa 80 Überlebende des deutschen Blockadebrechers SPREEWALD zu übernehmen, den *U 333* unter Führung des hoch angesehenen Kptlt. »Ali« Cremer irrtümlich versenkt hatte. Im Anschluss an diese Feindfahrt überquerte *U 105* den Atlantik und führte eine erfolgreiche Unternehmung in amerikanischen Gewässern durch.

Im April 1942 wieder nach Lorient zurückgekehrt, lief KKpt. Schuch am 7. Juni erneut aus, um gegen die Vereinigten Staaten einen weiteren Schlag zu führen. Diesmal lief die Feindfahrt nicht so glatt ab. Er hatte mit *U 105* gerade den gefährlichen Golf von Biskaya durchquert und war auf einen südlichen Kurs gegangen, in der Hoffnung, der zunehmenden Gefahr durch patrouillierende Flugzeuge zu entgehen, als das U-Boot am 11. Juni dennoch von einem »Sunderland«-Flugboot der 10. RAF-Squadron, geführt von Flight Lieutenant E. B. Martin, überrascht wurde.

Es war 09.00 Uhr morgens, als das Flugboot, weniger als 1000 m entfernt, aus einer niedrigen Kumuluswolke herabstieß. Der diesen Sektor überwachende Ausguck war ein junger Bursche auf seiner ersten Feindfahrt und KKpt. Schuch hatte ihn in weiser Voraussicht zwischen zwei erfahrene Seeleute postiert, die seinen Sektor überlappend mitbeobachteten. Doch trotz dieser Maßnahme kam die Warnung verspätet. Der Betrachter könnte sich fragen, welche Bedeutung die Tatsache hat, dass es sich um die erste Feindfahrt des Ausgucks handelte, und was diese mit dem

Erkennen von Flugzeugen zu tun hatte. Schließlich konnte der Mann genauso gut wie die anderen sehen, die bereits mehrere Feindfahrten hinter sich hatten. Doch es muss daran erinnert werden, dass der Ausguck auf einer 76 m langen Stahlröhre stand, ständig stampfend und vom ruhelosen Wasser hin und her geworfen, und es ist sehr wahrscheinlich, dass er sich seekrank oder krank vor Heimweh fühlte oder auch nur des Krieges und der Marine überdrüssig war. Jeder Umstand dieser Art trug nicht zur Verbesserung seiner Konzentration bei.

Sich unten aufhaltend, als der wachhabende Offizier »Alarm!« schrie, kam KKpt. Schuch rechtzeitig am Fuße des Niedergangs in der Zentrale an, um noch zu hören, wie das Turmluk krachend zugeschlagen wurde. Das Durcheinander der zu ihren Tauchstationen laufenden Männer und das ohrenbetäubende Schrillen des Alarms fügte wertvolle Sekunden der Zeit hinzu, die der wachhabende Offizier brauchte, um Meldung zu erstatten. Er hatte sich kaum an Schuchs Seite eingefunden, als drei Detonationen jedem Gespräch ein Ende machten. Körper wurden gegen Stahl geschleudert, die Lichter gingen aus und der starke Strahl von Stablampen durchschnitt die Dunkelheit, während der Leitende Ingenieur darum kämpfte, das Boot unter Kontrolle zu bringen. Augenblicklich erkannte KKpt. Schuch, dass sein wachhabender Offizier, indem er tauchen ließ, einen Fehler begangen hatte. Das Flugzeug war bereits viel zu nahe gewesen und er hätte besser daran getan, mit den Dieseln auf äußerte Kraft voraus zu gehen, um mit Hilfe der hohen Überwassergeschwindigkeit des Bootes den Versuch zu unternehmen, den Wasserbomben auszuweichen.

Die Schadensmeldungen kamen nicht nur langsam herein, sondern waren bei dem Ächzen und Stöhnen kaum zu vernehmen, das aus der Dunkelheit strömte. Da die Notbeleuchtung ausgefallen war, diente der starke Strahl der Stablampen dazu, um die Ursache eines Wassereinbruchs in die Zentrale festzustellen. In Unkenntnis darüber, wie tief sie waren oder welche Schäden das Boot aufwies, entschloss sich der Kommandant, wieder aufzutauchen und den Angreifer mit den Fla-Geschützen abzuwehren. Dies stellte keine völlig zufrieden stellende Alternative dar, da der Seegang zu stark war, um das 3,7-cm-Fla-Geschütz auf dem Oberdeck achteraus des Turms zu bemannen. Angesichts des dunklen Chaos schien es jedoch besser zu sein, an der Wasseroberfläche angegriffen und beschädigt zu werden, als das Boot in gefährliche Tiefen abdriften zu lassen.

Die zertrümmerten Tiefenmesser konnten nicht mehr benutzt werden, um zu erkennen, wann das Boot die Wasseroberfläche durchbrach und ein vorsichtiger Blick durch das Sehrohr hätte zu viel Zeit vergeuden können. Da es jedoch unmöglich war, das Turmluk zu öffnen, so lange der Wasserdruck auf ihm lastete, war es durchaus sicher, einfach dagegen zu drücken, bis es sich öffnen ließ. Die Bedienung des 2-cm-Fla-Geschützes auf dem »Wintergarten« folgte danach KKpt. Schuch sofort nach oben. Seine Vermutung erwies sich als richtig. Die See wusch auch achtern über das Oberdeck und das 3,7-cm-Fla-Geschütz konnte nicht eingesetzt werden.

Als KKpt. Schuch seine Aufmerksamkeit dem immer noch kreisenden Flugboot zuwandte, konnte er anfangs die Meldungen seiner Geschützbedienung kaum glauben, dass die 2-cm-Zwillingsflak ebenfalls außer Gefecht gesetzt war. An ihrem einen Ende war die Munitionszuführung abgerissen und am anderen waren die Rohre leicht verbogen, wobei die weiteren Schäden kaum mehr eine Rolle spielten. Entscheidend war die Tatsache, dass beide Fla-Waffen in dieser gefährlichen Lage nicht eingesetzt werden konnten. Trotzdem sich ihm der Kopf drehte, hatte KKpt. Schuch das Gefühl, dass alles Geschehen um ihn herum langsam ablief. Nur das Flugboot bewegte sich noch mit seiner üblichen Geschwindigkeit. Auch die Diesel gaben keinen Laut von sich. Warum sprangen sie nicht an und erhöhten die Geschwindigkeit des Bootes? *U 105* war zu einer leichten Beute geworden; es konnte nicht einmal zurückschießen. Der Tod rückte bedrohlich näher, aber noch gab es eine Chance. Daher schrillte der Alarm zum Tauchen ein zweites Mal durch das Boot, das daraufhin wieder in der Tiefe verschwand.

Dies erwies sich als keine gute Maßnahme; denn rasch wurde offensichtlich, dass sich der Wassereinbruch in die Zentrale verstärkt hatte. Aus einem Schauer war ein Wolkenbruch geworden, der jetzt das U-Boot in die Tiefe zu ziehen drohte. Um alles noch zu verschlimmern, war es unmöglich, seine Ursache zu finden. Sie musste irgendwo hinter den Unmengen von Proviant liegen, der überall an den Außenwänden untergebracht war. Er war so gut verstaut worden, dass er nicht so ohne weiteres beiseite geräumt werden konnte. Da gab es nicht viel zu erörtern; es blieb nur die Möglichkeit übrig, schnell aufzutauchen: »Pressluft auf alle Tanks!« sowie Einsatz aller verfügbaren Pumpen, um die sich füllende Bilge zu lenzen.

Das kreisende »Sunderland«-Flugboot war noch immer da, wurde aber mit Maschinengewehren und -pistolen auf Distanz gehalten, während fieberhafte Anstrengungen unternommen wurden, um die großkalibrige Fla-Waffe zu reparieren. Leicht verbogene Rohre bedeutete, dass mit dieser Waffe nicht mehr genau geschossen werden konnte. Doch die Besatzung des Flugzeuges wusste dies nicht und hielt sich in respektvoller Entfernung. Zum Glück für *U 105* zwang Treibstoffknappheit die Maschine schließlich dazu, das Gefecht abzubrechen und abzudrehen.

Wenn die Luft auch zur Zeit rein war, gab es keinen Zweifel daran, dass sich *U 105* trotzdem in einer sehr gefährlichen Lage befand. Durch den Wassereinbruch war derart viel Wasser in das Bootsinnere gelangt, dass an ein Tauchen nicht zu denken war. Es bestanden sogar beträchtliche Zweifel, ob das Boot für längere Zeit schwimmfähig blieb. Der Bug lag so tief im Wasser, dass die Seen ständig über das Vorschiff wuschen, während sich die Brücke

tiefer auf die wütende Wasseroberfläche senkte. KKpt. Schuch mit seiner Besatzung konnte nicht viel unternehmen, ausgenommen einen Notruf über Funk abzugeben und um die Erlaubnis nachzusuchen, die spanische Küste anzulaufen, die nur etwa 110 sm, d. h. rund 200 km, entfernt im Osten lag. Bedauerlicherweise stand auch der Dieselmotorenraum erheblich unter Wasser, so dass nur einer der beiden Diesel imstande war, langsame Fahrt zu laufen. Als die »Sunderland« abdrehte, war KKpt. Schuch zunächst auf Heimatkurs gegangen, änderte aber nun, ohne auf Weisungen zu warten, Kurs in Richtung auf die spanische Küste zu. KKpt. Schuch holte mehrere Male tief Luft, während er versuchte, die von allen Stationen eingehenden Schadensmeldungen zu verarbeiten. Die Aussichten sahen nicht rosig aus. Der in der Zentrale verstaute Proviant wurde entfernt und enthüllte einen meterlangen, klaffenden Riss im Druckkörper. Die Munitionskammer unter den Flurplatten des Funkraums war ebenfalls geflutet und die Liste der übrigen Schäden war so umfangreich, dass es besser gewesen wäre, statt ihrer nur das zu melden, was nicht ausgefallen war. Es bestand keine Möglichkeit, die Dieselmotoren zu reparieren, um zurück nach Frankreich zu kommen. Jetzt war sogar zweifelhaft, ob die Männer mit ihrem havarierten Boot die verhältnismäßig kurze Strecke zur spanischen Küste schaffen könnten. Kurs in diese Richtung zu nehmen, so hieß es mit Galgenhumor, würde zumindest die Entfernung verringern, die sie gegebenenfalls schwimmen mussten. Jedenfalls hatte die Besatzung ständig in Bereitschaft zu sein, das Boot zu verlassen, während sie gleichzeitig hoffte, dass die *Royal Air Force* (RAF) sie lange genug in Ruhe lassen würde, um einige wesentliche Notreparaturen durchzuführen. Diese Hoffnung war allerdings sehr gering. Jeder auf deutscher Seite wusste, dass sich der Luftkrieg dramatisch verstärkt hatte, und dies würde so weitergehen. In Kürze könnte ein anderes Flugzeug auftauchen, um das Zerstörungswerk zu vollenden, das die »Sunderland« begonnen hatte.
Mit allen Qualen, Verletzungen und ernsten Schäden wurde *U 105* entgegen jeder Erwartung in Ruhe gelassen, um langsam ostwärts in Richtung neutrales Spanien zu schleichen. Nichts unterbrach diesen Fortgang und die Brückenwache bekam ebenfalls nichts in Sicht, während der Nachmittag dieses 11. Juni einen willkommenen Funkspruch brachte, in dem mitgeteilt wurde, dass in El Ferrol der spanische Zerstörer MELILLA auslaufbereit läge, um auf dem letzten Abschnitt der Fahrt, falls erforderlich, Unterstützung zu leisten. Obwohl diese Nachricht KKpt. Schuch sehr erleichterte, unterließ er eine Antwort. Er wollte über Funk weder seine Position noch seine Absichten verraten, so lange ihn nicht die Dunkelheit einhüllte; denn dann bestand eine geringere Wahrscheinlichkeit, dass die RAF ihn fand.
Wenn auch in das Leben an Bord von *U 105* eine gewisse Art von Normalität zurückkehrte, wurden die Geheimsachen zusammen mit geheimem technischen Material in beschwerte Säcke verpackt und über Bord geworfen. Nur der Funkschlüssel für Notfälle blieb im Verschlussfach, falls ein weiterer Funkverkehr notwendig werden sollte. Das U-Boot kam nur langsam voran, aber von Seiten der Engländer gab es keinerlei Störungen. Kurze Zeit nach Anbruch der Morgendämmerung erschien ein Schlepper, um das Boot in den Hafen von El Ferrol zu bringen. Rasch wurde deutlich, dass die diplomatischen Kanäle geschäftig an der Arbeit gewesen waren. Als *U 105* an der Seite des Zerstörers ALMIRANTE ANTEQUERA festmachte, warteten bereits Herr Brendel, ein deutscher Agent, sowie FKpt. José Ragel, der Adjutant des Kommandeurs, der für das Marinearsenal zuständig war, um an Bord zu kommen. Sie wollten erfahren, welche Hilfeleistungen wahrscheinlich erforderlich waren. Diese Begrüßung hätte nicht freundlicher ausfallen können. Die Reparaturarbeiten wurden rasch in Angriff genommen, während die Besatzung an Bord des im Hafen liegenden Schweren Kreuzers CANARIAS untergebracht wurde. Gleichzeitig erschienen offizielle Vertreter der spanischen Marine, um ihr Mitgefühl auszudrücken und den Besuchern das Leben so angenehm wie möglich zu machen.
Die Trockendock-Kapazitäten waren voll ausgenutzt, so dass ein spanischer Kreuzer zurückgezogen werden musste, um für das deutsche U-Boot Platz zu schaffen; aber dies geschah sehr rasch, noch ehe der Tag zu Ende ging. Auf britischer Seite Interessierte schienen die Anwesenheit des U-Bootes nicht bemerkt zu haben. Die Arbeiten schritten in einem fast gemächlichen Tempo voran. Keiner der Spanier schien ein Anzeichen von Dringlichkeit zu zeigen. Dies versetzte die Besatzung von *U 105* in den Glauben, dass ihre Anwesenheit eher als ein sehr großer Vorteil als eine möglicherweise peinliche Verlegenheit betrachtet wurde. Ihr Aufenthalt verlief außerordentlich gut, als fünf Tage nach dem Angriff des »Sunderland«-Flugbootes ein britisches Aufklärungsflugzeug auftauchte, vermutlich eine Handley Page »Hampden«, die von der spanischen Flak beschossen wurde. Dieses Ereignis wiederholte sich am Nachmittag des folgenden Tages, als ein weiteres Flugzeug langsam über das U-Boot strich. Hatte die britische Seite das insgeheim in einem neutralen Hafen liegende *U 105* entdeckt? KKpt. Schuch verlor die Geduld. Trotz der hervorragenden Gastlichkeit fand er an der Vorstellung interniert zu werden keinen Gefallen, besonders jetzt nicht, da die Aussichten für sein Boot, nach Frankreich aus eigener Kraft zurückzukehren, nicht schlecht standen. Doch an der diplomatischen Front rührte sich nichts und die britischen Aufklärungsflüge gingen weiter. KKpt. Schuch erhielt die Mitteilung, dass es sich hierbei nicht um einen regelmäßigen Vorgang handelte. Dies bestärkte ihn in der Vermutung, dass die Engländer wahrscheinlich von der Anwesenheit des deutschen U-Bootes wussten und darauf warteten, dass es wieder in internationale Gewässer auslief. Der Gedanke, in einer Mausefalle als Köder zu sitzen, war für den Kommandanten alles andere als verlockend.

Bei dieser Gelegenheit erwies sich die Zusammenarbeit mit der Luftwaffe für *U 105* als fruchtbar, denn das U-Boot erhielt für den Rückmarsch nach Frankreich Luftsicherung. Vorgesehen war, dass der Schulzerstörer MELILLA das deutsche *U 105* bis zur Dreimeilengrenze geleiten sollte. Von dort aus hatte eine Ju 88 die Sicherung zu übernehmen. Dies klappte tatsächlich. Zur angekündigten Zeit erschien eine einzelne Junkers Ju 88 C-6 der Zerstörerstaffel, die mit fünf Maschinen im Einsatz war[*], und umkreiste das sich langsam vorwärts bewegende U-Boot, als dieses die letzte Strecke seiner Feindfahrt zurücklegte. Während des Rückmarsches tauchte plötzlich ein »Sunderland«-Flugboot auf, aber entweder schreckte der schwere Jäger die britische Maschine ab oder sie war knapp an Treibstoff. Jedenfalls erfolgte weder ein Angriff noch wurde Verstärkung angefordert, so dass *U 105* nach zwei fürchterlich langen Tagen am 30. Juni 1942 in Lorient festmachen konnte. *U 105* war nicht das einzige U-Boot, das zu Notreparaturen in den Hafen von El Ferrol kroch. Am 9. Februar 1944 beschädigte ein Luftangriff das auf dem Rückmarsch befindliche *U 193* (KKpt. Hans Paukstadt) nordwestlich von Kap Finisterre. Daraufhin lief das Boot am nächsten Tag in El Ferrol ein, um nach einer Notreparatur zwei Wochen später am 25. Februar 1944 sicher nach Lorient zu gelangen.

Interniert in Spanien

Im Sommer 1943 war der Atlantik zu einem außerordentlich gefährlichen Kampfplatz für die deutschen U-Boote geworden. Allein im »Schwarzen Mai« gingen über 40 U-Boote verloren. Für den Juni sahen die Zahlen nicht ganz so düster aus, doch nur deshalb, weil GAdm. Dönitz seine Boote zeitweise aus dem Nordatlantik zurückgezogen hatte, aber im Juli waren es immer noch fast 40 Boote, die in Verlust gerieten. Als *U 760* (Kptlt. Otto-Ulrich Blum) und *U 262* (Kptlt. Heinz Franke), beides VII-C-Boote, am 24. Juli 1943 aus La Pallice ausliefen, musste daher jedem an Bord bekannt gewesen sein, dass für die beiden Boote die Chance außergewöhnlich hoch war, die niederschmetternde Statistik an Verlusten zu bereichern. Der einzige Trost bestand darin, dass keines der Boote seinen vorgesehenen Einsatzraum in den gefährlichen Gewässern des Nordatlantik hatte. Sie marschierten nach Süden und danach auf dem Großkreis nach Westen. So erreichten sie auf dem kürzesten Wege das Seegebiet vor Kap Hatteras in North Carolina. Dort angekommen, hatten beide Kommandanten völlige Operationsfreiheit, um alle sich bietenden Gelegenheiten wahrzunehmen.

In den ersten Tagen seiner Feindfahrt gelang es *U 760* erfolgreich, ein Zusammentreffen mit Flugzeugen zu vermeiden. Das Boot konnte sogar einen neutralen schwedischen Frachter untersuchen, die 6584 BRT große BALI, erhielt dann aber von der U-Bootführung über Funk die Weisung, seine Treibstoffbunker aus *U 664* (Kptlt. Adolf Graef) voll zu bunkern. Diese nicht vorgesehene Gelegenheit ergab sich nach Beschädigungen durch einen Angriff, die Kptlt. Graef zum Rückmarsch zwangen. Da er Brest nur drei Tage vor *U 760* verlassen hatte, betonte dies deutlich die Gefahren einer Atlantiküberquerung – selbst dann, wenn Versuche unternommen wurden, jeder Konfrontation zu entgehen. Kurze Zeit nach der Treibstoffübernahme hatte die Überlegenheit der Alliierten noch weiter zugenommen, wie die Versenkung von *U 664* am 9. August bewies. Auch die Tage von *U 760* schienen gezählt zu sein; denn das Boot befand sich in keiner besseren Lage.

Am 12. August 1943 stieß ein viermotoriger »Liberator«-Bomber (B-24) aus einer niedrigen Wolke heraus und warf drei Wasserbomben, die nahe am Bug einschlugen. Nachdem die Brückenwache den aufschwingenden Bombenschacht erblickt hatte, erstarrten die Männer durch die ohrenbetäubenden Detonationen, aber ein riesiger Schwall überkommenden kalten Wassers, der sie durchnässte, brachte sie rasch wieder zur Besinnung. Als sich der Aufruhr legte, wurde den Männern auf der Brücke bewusst, dass das Boot mit hoher Fahrt in einem engen Kreis fuhr. Keiner von ihnen ahnte zunächst, dass die Ruderanlage des Bootes klemmte. Es verging einige Zeit, bis der wachhabende Offizier in der Lage war, entsprechende Befehle nach unten durch das Sprachrohr zu geben. Als keine Antwort kam, frug er sich, ob alle anderen tot waren. Doch nach der ersten Überprüfung stellte sich die Lage als nicht so schlimm heraus. Es gab nur einen wirklich ernsten Verlust. Der Obergefreite Arthur Henrich lag leblos in der Zentrale auf den Flurplatten. Ihn hatte ein Magazin für die 2-cm-Flak am Kopf getroffen. Alle übrigen Angehörigen der Besatzung arbeiteten fieberhaft, um die Schäden trotz ihrer großen Anzahl zu beseitigen.

In der Zwischenzeit umkreiste die »Liberator« *U 760* und unternahm den Versuch, das Unterseeboot durch Bordwaffenbeschuss zum Tauchen zu zwingen. Doch Kptlt. Blum ließ sich nicht dazu verführen, denn niemand wusste zunächst, ob das Boot ein »eiserner Sarg« oder überhaupt noch tauchfähig war, später imstande, auch wieder aufzutauchen. Inmitten all des Durcheinanders meldete der Funker plötzlich Funkverkehr. Dies brachte Kptlt. Blum auf den Gedanken, dass der »Liberator« möglicherweise die Wasserbomben ausgegangen waren und dass sie Verstärkung anforderte. Er entschloss sich daher, doch zu tauchen. Erst sehr viel später, lange nach dem Krieg, erfuhr Kptlt. Blum, dass die »Liberator« eine neue Geheimwaffe mitführte: Zwei akustische zielsuchende Torpedos vom Typ »Fido«. Daher hatte die Flugzeugbesatzung versucht, das U-Boot zum Tauchen zu verleiten, denn der Zielsuchkopf des »Fido«-Torpedos sprach nur auf ein getauchtes Unterseeboot an.

---
[*]Anm. d. Übers.: KTB 1./Skl vom 26. Juni 1942 (BA/MA RM 8/1289) in Sönke Neitzel: *Einsatz der Luftwaffe*, S. 143, 156.

U 760 Ende August 1943 südlich der Azoren, nur wenige Tage vor dem Angriff, der das U-Boot zwang, zur Reparatur Vigo anzulaufen. Obwohl britische Flugzeuge seit langem eine gefährliche Bedrohung darstellten, führte *U 760* noch immer nur eine einzelne 2-cm-Flak.

Wie es der Zufall wollte, gerieten die Männer von *U 760* beim Tauchvorgang auch noch in die Klemme. Eine der Lüftungsklappen blieb hängen, wodurch das Boot überaus rasch in die Tiefe abzusacken begann, so schnell, dass der Leitende Ingenieur befahl, die E-Motoren abzuschalten. Ob nun das fehlende Motorengeräusch die Ursache war oder ob die akustischen Torpedos aus einer zu großen Höhe abgeworfen wurden, ließ sich nie feststellen. Nur eines ist gewiss: *U 760* überstand den Angriff. Sobald das U-Boot unter Kontrolle und in entsprechender Tiefe sicher eingesteuert war, wurde festgestellt, dass sich der Matrosengefreite Günter Werner nicht auf seiner Gefechtsstation befand. Irgendwie musste er während des entsetzlichen Detonierens der Wasserbomben und des sich anschließenden chaotischen Tauchmanövers über Bord gewaschen worden sein. Kptlt. Blum zögerte nicht und ließ auftauchen. Er ging mit dem Boot auf Gegenkurs und teilte seinen Männern mit, dass keiner aufgegeben würde, wie schwierig die Lage auch sein mochte. Leider blieben alle Anstrengungen umsonst, Werner zu finden. Es war eine dieser ungewöhnlich dunklen Nächte, in denen es sogar unmöglich war, von der Brücke aus den Bug oder das Heck zu erkennen, und der Unglückliche hatte kein Rettungslicht bei sich. Schließlich schlich das U-Boot davon, während die Männer schweren Herzens alle Anstrengungen unternahmen, um das Gefühl zu verdrängen, dass alles zu Ende wäre.

Es gab zahlreiche Verletzungen und beträchtliche Schäden. Die Motorenanlage hielt zweifellos nicht bis in amerikanische Gewässer durch, aber Kommandant und Besatzung, einen weiteren Luftangriff befürchtend, wollten so rasch wie möglich von der Stelle weg, an der sie die »Liberator« angegriffen hatte. Eines der dringendsten Probleme war die Funkanlage. Der Detonationsdruck hatte sie beschädigt und der Kommandant war daher nicht in der Lage, das Geschehen an den BdU zu melden. Es dauerte eine Zeit lang, aber schließlich brachte einer der Funker ein hastig zusammengebautes Behelfsfunkgerät von unten herauf. Die Männer brachten einen langen Antennendraht an der Sehrohrspitze an und dann begann der Funker, durch Wolldecken abgeschirmt, tastend zu suchen. Hierzu brauchte er eine Lampe, aber auf der Brücke Licht zu zeigen, war nicht zu empfehlen. Das Schweigen schleppte sich scheinbar eine Ewigkeit dahin, aber dann verkündete der Ausbruch lauten Beifalls jedem, dass sie gehört worden waren. Die U-Bootführung schien nicht besonders mitfühlend zu reagieren und nutzte die Situation zum Vorteil aus, indem *U 760* den Befehl bekam, *U 84* (Kptlt. Horst Uphoff), ein VII-B-Boot

auf dem Rückmarsch aus dem Seegebiet vor Brasilien, mit Treiböl zu versorgen.

Am Treffpunkt selbst tauchte Kptlt. Blum mit seinem Boot, um nicht in Schwierigkeiten zu geraten. Auf diese Weise hörte die Besatzung von *U 760* das ansteigende Dröhnen einer vereinten Wasserbombenverfolgung. Die Resonanz spürten die Männer durch den Druckkörper hindurch. Dies ließ darauf schließen, dass sich das Geschehen nicht allzu weit entfernt abspielte. Offensichtlich hatte *U 84* eine schwere Zeit durchzumachen, aber niemand konnte zu Hilfe kommen. Auch wenn sich *U 760* in völlig einsatzbereitem Zustand befunden hätte, wäre eine Unterstützung nicht möglich gewesen; denn das Boot besaß gegen Flugzeuge keine wirksame Bewaffnung und hatte überhaupt keine Waffe, um gegen kleine, manövrierfähige Kriegsschiffe wie Zerstörer oder andere Geleitsicherungsfahrzeuge eine Chance zu haben. Die neuen Horchtorpedos vom Typ T 5 »Zaunkönig« waren in der Fertigung, aber es sollten noch ein paar Wochen vergehen, ehe die ersten den Frontbooten zulaufen konnten. *U 84* schaffte es nicht. Vermutlich fiel das U-Boot am 24. August 1943 einem akustisch zielsuchenden Torpedo vom Typ »Fido« zum Opfer, abgeworfen von einem Trägerflugzeug (Flt.Lt. W. A. Felter).

Schließlich tauchte *U 760* in einer unbehaglich dunstigen Stille auf, um sich in einer sanften atlantischen Dünung zu wiegen. Auf der Brücke befanden sich LtzS. Hanns Parsch als wachhabender Offizier sowie Bootsmannsmaat Wilhelm Otten und die Matrosenobergefreiten Anton Agl, Karl Hafner und Egon Scheil als Ausgucks auf Wache, als aus dem nebligen Dunst Aufbauten im Tarnanstrich erschienen. LtzS. Parsch wartete nicht ab, um das

Links: Ein weiteres Foto, das auf der schicksalhaften Feindfahrt von *U 760* entstand. Treibstoffübernahme Anfang August 1943 aus dem beschädigten und daher für den Rückmarsch bestimmten *U 664*: Beim Abkoppeln der Schlauchverbindung zwischen den beiden Booten gingen wenige Minuten nach dem Aufnehmen dieses Fotos der I. WO und der Obersteuermann von *U 664* über Bord.

U 760 im Winter 1942/43 in der mit Eisschollen bedeckten Ostsee, nachdem das Boot während der Ausbildung mit dem Zielschiff VENUS kollidiert war. Obwohl der Schaden schlimm aussah, war er nur oberflächlich, ohne die Taucheigenschaften zu beeinträchtigen.

Schiff zu identifizieren, sondern befahl Alarmtauchen. Er und seine Männer ließen sich mit Getöse hinunter auf die Flurplatten der Zentrale fallen und das Boot verschwand unter den Wellen. Die gesamte Besatzung hoffte, das Schiff hätte sie nicht gesehen, aber sehr schnell wurde offensichtlich, dass sie bereits geortet worden waren. Eine gut platzierte Wasserbombe detonierte nach der anderen und dann hörte unerklärlicherweise plötzlich das Propellergeräusch auf. Das tödliche Schweigen hielt an, bis U 760 nach Einbruch der Nacht unter einem dunklen Himmel und inmitten einer leeren See auftauchte. Der Gestank von Dieselöl ließ die Brückenwache rasch wissen, dass etwas nicht in Ordnung war, und schon bald wurde festgestellt, dass einer oder mehrere der Tauchbunker aufgerissen waren, aus denen kostbares Treiböl strömte. War dieses Leck die Ursache gewesen, das den Zerstörer glauben ließ, er hätte das U-Boot versenkt?

Hinsichtlich dessen, was dann folgte, ist Rückmarsch zum Stützpunkt nicht die korrekte Beschreibung. Wiederholte Motorenausfälle waren jetzt an der Tagesordnung, wobei immer der eine oder andere der beiden Dieselmotoren abwechselnd protestierte, bis jeweils eine Notreparatur sie überzeugte, ihren Dienst weiter zu versehen. Die U-Bootführung unterstützte das Vorwärtskommen, indem sie vorschlug, U 760 sollte den »Piening-Weg« durch portugiesische und spanische Hoheitsgewässer benutzen. Diese Route war nach dem KKpt. Adolf Cornelius Piening benannt, dem Kommandanten von U 155, der sie als Erster benutzte, um mit einem schwer beschädigten Boot erfolgreich nach Hause zu kriechen, indem er sich dicht unter der spanischen Küste hielt. Der große Vorteil lag im Vorhandensein der vielen kleinen Fischerboote, die hier auf Fang waren und dazu beitrugen, das gegnerische Radar zu verwirren.

Bedauerlicherweise wurde es für Kommandant und Besatzung von U 760 schnell offensichtlich, dass diese Route ihnen nicht helfen konnte. Als das Land in Sicht kam, war ihnen klar geworden, dass die Diesel es nicht einmal mehr bis zur Küste schaffen würden, und eine Zeit lang sah es so aus, als ob das U-Boot aufgegeben werden müsste. Glücklicherweise war die Funkanlage jetzt so weit repariert worden, um Unterstützung anzufordern, und Kptlt. Blum schlug vor, ein spanisches Schiff sollte auslaufen, um das U-Boot in den nächsten Hafen zu schleppen. Trotz der Tatsache, dass der Leuchtturm von Porto – in Portugal, ein den Deutschen weniger freundlich gesonnenes Land – in Sicht gekommen war, sah die Lage nicht allzu rosig aus. Während der Stunden des Tageslichtes auf Grund liegend, waren an Bord von U 760 die heftigen Detonationen einer Wasserbombenverfolgung nach der anderen zu hören. Zum Glück lagen diese Detonationen zu weit entfernt, um für das wracke Boot eine Bedrohung darzustellen.

In der Nacht vom 7./8. September 1943 schlug die U-Bootführung vor, U 760 sollte versuchen, Vigo zu erreichen; aber das war nicht so einfach. Die Dieselmotoren hatten endgültig ihren Geist aufgegeben. Unter Benutzung einer Signalpistole gelang es, ein paar Fischerboote näher zum Boot heranzulocken. Mit Hilfe eines Megafons und eines Wörterbuchs versuchte der Kommandant,

Links: Zwar von sehr schlechter Qualität, aber ein außerordentlich seltenes Foto: Die Segeljacht KYLOE hat längsseits von U 760 in Vigo festgemacht. Im Hintergrund ist der Leichte Kreuzer NAVARRA der spanischen Marine zu erkennen. Deutsche Jachten wie diese hatten im Zweiten Weltkrieg mehrfach Reisen nach Irland, Südafrika und Südamerika unternommen, um Agenten abzusetzen. Ihre Kapitäne und Besatzungen, Hochseesegler aus der Vorkriegszeit, gehörten nicht der Kriegsmarine an, sondern unterstanden direkt dem Amt »Ausland/Abwehr« im OKW. Der Kombattantenstatus ergab sich durch die Klassifizierung der Jachten als Hilfskriegsschiffe und der Besatzungen durch Beleihung mit einer Kriegsplanstelle als Sonderführer im Offiziers- oder Unteroffiziersrang.

eine Schleppverbindung zu erbitten. Sie kam zu Stande: Nach vielem Rufen und Fuchteln mit den Armen übernahm eines der Boote ein Tau und zog *U 760* sehr langsam in den Hafen von Vigo. Zunächst verlief auch weiterhin alles gut. *U 760* machte längsseits des spanischen Leichten Kreuzers NAVARRA fest und ein Vertreter des Marineattachés kam an Bord, der sogar im Inneren seiner Hosenbeine eine Anzahl Kolbenringe auf das Boot schmuggelte. Aus Lorient tauchte ein Flottilleningenieur auf, um zu überprüfen, ob die Schäden so schwer wiegend waren, wie der Kommandant gemeldet hatte. Danach stellte sich der übliche spanische Trott mit der Auffassung ein, sich über nichts aufzuregen, das sich nicht ändern ließ. Die deutschen Seeleute wurden gut versorgt, die Reparaturarbeiten wurden in Angriff genommen und *U 760* war nahe daran, wieder auszulaufen, als die spanischen Behörden die Erlaubnis versagten, den Hafen zu verlassen. Sie schickten sogar einen Taucher, der eine Kette um die Propeller legte. Die Aussichten sahen düster aus.

U 760 hatte Spanien genau im falschen Augenblick angelaufen. Zum einen hatte ein alliiertes Landungsfahrzeug mit etwa 20 Soldaten an Bord ebenfalls in Spanien Zuflucht gesucht. Das politische Feilschen um ihre Freilassung, das daraufhin einsetzte, hatte zur Folge, dass auch die Deutschen festgesetzt wurden. Des Weiteren tauchte auch noch eine große Anzahl von Italienern zusammen mit ihrer militärischen Ausrüstung in mehreren spanischen Häfen auf; denn im Gefolge der alliierten Landung auf Sizilien am 10. Juli 1943 war Mussolini Ende Juli entmachtet worden, einen Tag später, nachdem *U 760* Frankreich verlassen hatte. Schließlich folgte am 3. September auch noch die Landung der Alliierten auf dem italienischen Festland und am 8. September wurde der bereits fünf Tage zuvor abgeschlossene Waffenstillstand der Alliierten mit Italien bekannt gegeben. Infolgedessen zog es eine Reihe von italienischen Kriegsschiffen vor, lieber einen spanischen Hafen anzulaufen, als an der Seite der Alliierten den Krieg gegen Deutschland fortzusetzen. Diese gewaltige politische Umwälzung war die Ursache dafür, dass *U 760* eine andere Behandlung als bisherige U-Boote erfuhr.

Ein großer Teil der Besatzung wurde in ein Internierungslager in der Nähe von El Ferrol verlegt, während der Rest in Vigo als Wartungskommando an Bord verblieb. Nach der Genfer Konvention wurde es dem Sanitätsoffizier des Bootes, Marinestabsarzt Dr. Harald Koch, gestattet, Spanien zu verlassen. Im Übrigen hatte die Besatzung ein durchaus behagliches Leben. Es gab das Angebot von Kursen zum Erlernen der spanischen Sprache und von Ausflügen in das Hinterland. Die Männer waren recht gut untergebracht und konnten sogar die örtlichen Bars erkunden. Alles in allem gab es nur wenig Anlass zu Beschwerden. Auf Kosten der spanischen Regierung zu leben, war mit Sicherheit weniger aufreibend als in einem U-Boot zu überleben. Hinzu kam noch, dass sich zu den Internierten von *U 760* auch Überlebende der britischen Leichten Kreuzer GLASGOW und ENTERPRISE gesellten, zu denen später noch ein Teil der Besatzung von *U 617* (Kptlt. Albrecht Brandi) stieß, das sich Mitte September 1943 an der Küste von Spanisch-Marokko bei Melilla auf Strand gesetzt hatte.

LtzS. Hanns Parsch, einer der Wachoffiziere, schrieb, dass eine schreckliche Zeit hinter ihnen lag und dass ihm die Internierung vermutlich das Leben gerettet hatte. Ein paar kleine Probleme stellten sich ein. Für die Besatzung war das Essen nicht immer so reichlich und abwechslungsreich, wie sich das die Männer wünschten. Auch gab es eine kurze Zeitspanne von ein paar Tagen, an denen sie ausschließlich von einer Diät aus Haselnüssen leben mussten. Doch die deutsche Gemeinde am Ort hatte Mitleid mit ihnen und half, die Lage zu verbessern. Es gelang ihr sogar, einen Tennisklub einzurichten und andere Aktivitäten der Freizeitgestaltung zu schaffen. Das Leben hätte kaum besser sein können. Leider gab es bei einer dieser Aktivitäten auch einen Todesfall: Am 2. Februar 1945 traf den Obermaschinenmaat Wilhelm Arndt auf dem Schießstand in Vigo ein Querschläger und verletzte ihn tödlich.

Eines Tages, als LtzS. Hanns Parsch die Aufsicht an Bord von *U 760* führte, wurde ihm auch die Aufsicht über eine etwas heruntergekommene Jacht übertragen, die KYLOE, die neben dem deutschen U-Boot festgemacht hatte. Hein Mück, ihr sonnenverbrannter Skipper, hatte sich als Zivilist ausgegeben, obwohl er in Wirklichkeit der Abwehr angehörte. Er war gerade von einer Fahrt nach Südamerika zurückgekommen, in derem Verlauf er einen Geheimagenten an Land gesetzt hatte. Nachdem er sehr lange auf See gewesen war und mit der Jacht viel erlebt hatte, war er froh, die erstbeste Gelegenheit nutzen zu können, um sie zu verlassen und mit seiner Besatzung zurück nach Deutschland gebracht zu werden. Mit der Jacht verdoppelte sich die Größe der deutschen »Flotte« in Vigo. Waren die Kajüten auch beengt, so waren sie doch luftig, behaglich und für die Unterbringung des Restkommandos um vieles besser als das dunkle Innere des Unterseebootes.

Der Kommandant, Kptlt. Otto-Ulrich Blum, genannt »Ole«, nahm die Gelegenheit wahr, um zu einer Braut zu kommen, und kurz vor dem deutschen Zusammenbruch heiratete er eine Adoptivnichte von Admiral Wilhelm Canaris, der noch am 9. April 1945 im Konzentrationslager Flossenbürg hingerichtet wurde. Im Mai 1945 freute sich die Besatzung von *U 760*, dass die dunklen Tage des Krieges vorüber waren und die Hoffnung wuchs, bald nach Hause zu kommen. Leider gab es unter ihnen auch eine Anzahl Männer, die nichts mehr besaßen, wohin sie hätten zurückkehren können. Ihre Familien waren tot und ihr Zuhause war zerstört. Daher zogen einige von ihnen in Erwägung, in die spanische Marine einzutreten, aber diese Träume ließen sich nicht verwirklichen. Stattdessen brachte das Ende des Krieges für die Besatzung von *U 760* die Gefangennahme durch die Briten, nachdem sie ihr U-Boot nach Großbritannien überführt hatten, das danach im Rahmen der Operation »Deadlight« im Atlantik versenkt wurde.

U 573 (Kptlt. Heinrich Heinsohn) hatte sich in einer ähnlichen Notlage wie *U 760* befunden, wenn auch in weniger turbulenten Zeiten. Nachdem das U-Boot bei einem Luftangriff schwer beschädigt worden war, lief es am 2. Mai 1942 im spanischen Hafen Cartagena an der Mittelmeerküste ein. Die Besatzung wurde interniert. Doch zu dieser Zeit funktionierten die diplomatischen Kanäle noch ausgezeichnet und das U-Boot wurde an Spanien verkauft. Die spanische Marine stellte es mit der Kennung *G 7* in Dienst und erst 1970 erfolgte seine Außerdienststellung. Sobald sich das Aufsehen um das U-Boot gelegt hatte, wurde der Besatzung die Rückkehr nach Deutschland gestattet. Wenn auch oft behauptet worden ist, *U 570* unter Kptlt. Hans Rahmlow wäre das einzige U-Boot gewesen, das sich einem Flugzeug ergeben hätte, so ist dies nicht richtig; denn auch *U 573* ergab sich erheblich beschädigt am 1. Mai dem angreifenden »Hudson«-Bomber der 233. Squadron der RAF auf der Höhe von Kap Ténès westlich von Algier. Da jedoch die Maschine knapp an Treibstoff war und keine Unterstützungskräfte in der Nähe standen, um die Kapitulation entgegenzunehmen, blieb das U-Boot allein inmitten einer leeren See zurück. Kptlt. Heinsohn nutzte die Gunst der Stunde, führte mit Bordmitteln einige Notreparaturen durch und kroch mit seinem Boot nach Cartagena im neutralen Spanien. Fast genau ein Jahr später war seine Lebensuhr trotzdem abgelaufen. Er kehrte nach Deutschland zurück, übernahm *U 438* und fiel am 6. Mai 1943 im Nordatlantik.

Zumindest noch zwei weitere Besatzungen wurden in Spanien interniert, die beide ohne ihre Boote eintrafen. Sowohl *U 566* (Kptlt. Hans Hornkohl) als auch *U 966* (ObltzS. Eckehard Wolf) versenkten sich im Herbst 1943 selbst, nachdem eine Reihe von Angriffen die Boote außer Gefecht gesetzt hatten. Die Männer gelangten mit Dingis an die nordspanische Küste oder wurden dort von Fischern geborgen. Trotz erheblicher Verletzungen fielen von *U 966* nur acht Mann, während die übrige Besatzung interniert wurde. Die Bewachung war jedoch nicht sonderlich streng, so dass möglicherweise neun Mann von *U 966* und die gesamte Besatzung von *U 566* nach Deutschland zurückkehrten.*

---

*Anm. d. Übers.: Die Besatzung von *U 77* (ObltzS. Otto Hartmann) hatte nicht so viel Glück. Von »Hudson«-Bombern der 48. und 233. RAF-Squadron am 28. März 1943 südlich von Kap Nao angegriffen, gelangten alle 47 Mann aus dem sinkenden Boot. Von ihnen wurden nur neun Mann durch spanische Fischer gerettet. 38 Angehörige der Besatzung, darunter auch der Kommandant, fielen der See zum Opfer. Von den bei Alicante angetriebenen Toten wurde der Großteil auf dem Friedhof von Calpe beigesetzt. (Herbert Ritschel: *Kurzfassung Kriegstagebücher deutscher U-Boote*, Bd. 2: U 51 – U 99.)

Links: Überlebende von *U 566* in ihren zusammengebundenen Dingis, um ein Abtreiben zu verhindern – aufgenommen vom spanischen Fischerboot FINA aus.
In der Nacht vom 23./24. Oktober 1943 hatte ein mit Leigh-Light ausgerüsteter »Wellington«-Bomber der 179. RAF-Squadron U 566 schwer beschädigt, so dass sich das U-Boot etwa 50 km (27 sm) westlich von Porto selbst versenken mußte. Die gesamte Besatzung gelangte kurze Zeit später nach Frankreich zurück.

Rechts: *U 566* nach seiner ersten Feindfahrt – so lautet der originale Bildtext zu diesem Foto. Offensichtlich hatte das zu dieser Zeit von KKpt. Günther Borchert geführte VII-C-Boot eine Kollision hinter sich und war davongekommen.

Links: Doch die erste Feindfahrt von *U 566* endete am 19. August 1941 im nordnorwegischen Kirkenes und dort gab es keinen U-Bootbunker – wie ein solcher im Hintergrund zu erkennen ist. Sie waren außerdem zu dieser Zeit auch in Frankreich noch nicht im Bau. *U 566*, nunmehr von Kptlt. Gerhard Remus geführt und zur 1. U-Flottille in Brest gehörend, wurde während eines Unterwasserangriffs auf den Geleitzug SL.119 gerammt und lief am 5. September 1942 in Brest ein. Der U-Bootbunker entspricht durchaus jenem in Brest, so dass dieses Foto vermutlich das Einlaufen nach dieser späteren Feindfahrt zeigt.

8. Die geheimnisvollen Kanarischen Inseln

Gab es dort eine geheime Versorgungsbasis?

Der Großteil des Materials über die Villa Winter und den »geheimen U-Bootstützpunkt« bei Jandia auf der Insel Fuerteventura ist in Veröffentlichungen erschienen, die Leser mit Ehrfurcht erfüllen könnten, weil Letztere weder in der Lage sind, so viel über Unterseeboote zu wissen, noch die Möglichkeit haben, den Wahrheitsgehalt der Darstellungen zu überprüfen. Diese Aufsätze scheinen sich auch an ein Publikum gewendet zu haben, das eher bestrebt war, seine Sensationslust zu stillen als nach nüchterner, sachlicher Information zu suchen. Daher stellt sich die Frage, ob sie einen wahren Kern enthalten?

Für Leser, die mit der Legende nicht vertraut sind, sei einleitend Folgendes festgestellt: General Franco hätte den Deutschen, die der nationalistischen Seite während des Spanischen Bürgerkrieges Unterstützung gewährten, auf der kanarischen Insel Fuerteventura einen beträchtlichen Landstrich überlassen. Damals, kurz vor Ausbruch des Zweiten Weltkrieges, war die Insel von Europa aus noch kaum zu erreichen und außerdem nur spärlich bewohnt, d.h. es gab sehr wenige Leute, die in der Lage waren, das Inselbild mit fremden Gebäuden störend zu beeinträchtigen. Die Mehrheit der ortsansässigen Bewohner mied die im Süden der Insel gelegene Jandia-Halbinsel; denn es war überaus schwierig, sie von den Hauptorten der Insel aus zu erreichen. Sogar heute noch können im Zeitalter des Allradantriebs und einiger anspruchsloser Straßen große Teile des Landes nur zu Fuß aufgesucht werden. Viele Geländeabschnitte sind so schwierig zu bewältigen, dass selbst erfahrene Bergsteiger ihren Respekt bekunden und die trügerischen Abhänge nur mit großer Vorsicht angehen.

Jeder, der in den 30er-Jahren in dieser Einsamkeit auch nur ein kleines Haus zu bauen beabsichtigte, bedurfte einer starken Bindung an die Natur, eines glühenden Verlangens, weg von der Zivilisation zu wollen, und beträchtlicher Geldsummen, um in diese ungastliche Gegend die erforderlichen Baumaterialien zu transportieren. Gustav Winter, ein Deutscher, scheint eine solche Persönlichkeit gewesen zu sein – ein wahrer Exzentriker, entschlossen, sich von der Welt abzuschließen. Einige Zeit vor Ausbruch des Krieges baute er auf der einsamen, nach Norden blickenden Seite der Jandia-Berge eine Villa. Diese Berge bilden den höchsten Punkt der Insel und ihre steilen, mit Felsblöcken übersäten Hänge garantierten, dass den Inhaber der Villa vermutlich nicht viele Besucher aufsuchen würden. Der zunächst gelegene Ort, der kleine Fischerhafen Morro del Jable, lag damals mehrere Wegstunden entfernt und konnte nur über einen schmalen, sich windenden Fußpfad erreicht werden. Sogar heute noch markiert diese kleine Stadt, die sich zu einer Touristenmetropole entwickelt hat, das Ende der befestigten Straße. Die Verbindung zur Villa Winter bestand zum Zeitpunkt ihres Baus nur aus einer staubigen Piste und damals gab es wahrscheinlich nur etwa ein Dutzend Kraftfahrzeuge auf der gesamten Insel. Für seine riesige Villa hätte sich Gustav Winter keine abgelegenere Örtlichkeit wünschen können. Doch das ihre Größe beschreibende Adjektiv bedarf einer weiteren Erläuterung: Das Haus war zur Zeit seiner Erbauung wahrscheinlich das größte Gebäude der Insel.

Diese Aussagen scheinen bis hierher den Tatsachen zu entsprechen. Doch dann teilen uns die Berichte mit, dass dieses Haus über unterirdische Zugänge mit einem gewaltigen Bunker verbunden gewesen wäre, der zur Versorgung und Reparatur deutscher U-Boote gedient hätte. Außerdem wären noch ein paar Flugplätze und jede Art von Unterstützungseinrichtungen Bestandteile des gesamten Komplexes gewesen. Der Bericht von einer geheimen Versorgungsbasis erhielt weitere Nahrung durch ausführliche Darstellungen von Gustav Winters Erscheinen auf den Märkten

Unten: Fuerteventura, Kanarische Inseln: Der Verfasser steht auf dem Hauptweg entlang der Küste an der Abzweigung der Schotterpiste, die über die Berge nach Cofete führt, der nächsten Ansiedlung in der Nähe der Villa Winter. Das auf dem Wegweiser angezeigte Restaurant kann empfohlen werden.

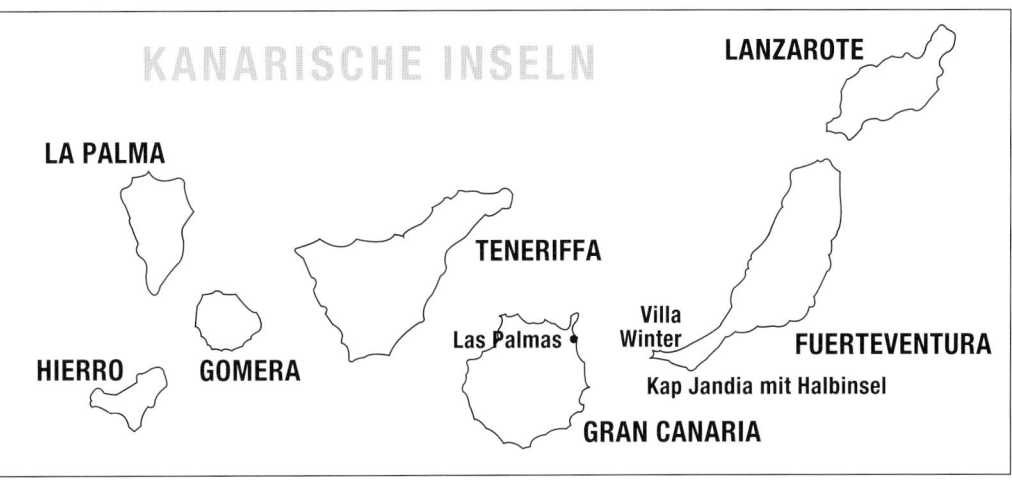

Oben: Die unbefestigte »Straße« nach Cofete, aufgenommen 1999. Weiter oben in den Bergen wird sie schmal und sehr gefährlich, an den Hängen der steilen Hügel mit vielen scharfen Kurven verlaufend, die gerade ausreichend Platz für einen Personenwagen bieten. Während des Zweiten Weltkrieges gab es auf Fuerteventura kaum befestigte Straßen, zumal nur wenige Motorfahrzeuge vorhanden waren.

der Insel Gran Canaria, wie er damals frisches Obst und Gemüse für Hunderte von Leuten gekauft hätte.

Verschiedene Berichte über die Villa Winter, die in der Nachkriegszeit auf Fuerteventura im Umlauf waren, sowie die Geschichte von dem Bunker fanden auch in europäischen Zeitschriften eine begierige Leserschaft, bis es auf der Insel möglich war, Kraftfahrzeuge mit Allradantrieb zu mieten. Mit ihrer Hilfe waren die einsamen Landstriche an der Nordküste der Halbinsel für abenteuerlustigere Touristen über trügerische Schotterpisten zugänglich geworden. Jetzt entdeckten die Besucher, dass es keinerlei Anzeichen für einen derartigen »Stützpunkt« gab. Doch die Hüter dieser Lügengeschichte änderten rasch die Richtung und die Betonbunker verwandelten sich in Höhlen, von der Natur geschaffen, die von See her unter Wasser zugänglich waren. Des Weiteren erklärten sie, die Zugänge und Tunnel von Land her, die sie mit der Villa Winter verbunden hätten, wären nach dem Ende des Krieges gesprengt worden, als die Deutschen für die Anlage keine weitere Verwendung gehabt hätten.

Damit noch nicht genug. Vor nicht allzu langer Zeit, so wurde mitgeteilt, hätten zwei Taucher diese monströse Anlage wieder entdeckt. Mit einer entschlossenen Anstrengung wäre es ihnen möglich gewesen, unter Wasser einen Zugang in die Höhle zu finden. Dort hätte sie die Reichhaltigkeit des Vorgefundenen überwältigt. Nicht nur eines, sondern zwei, dann drei und schließlich sogar vier deutsche U-Boote, so wurde berichtet, lägen immer noch festgemacht längs der Betonmolen. Bedauerlicherweise hat noch niemand den Weg der Taucher aufgespürt und weder ihre Namen noch der geringste Hinweis darauf, wo dieser riesige Höhlenkomplex zu finden ist, sind bekannt. Ein so großes Becken, um vier U-Boote mit zusätzlichem Raum für Wendemanöver unterzubringen, muss in der Ausdehnung mindestens 100 m x 150 m messen. Daher müsste dies tatsächlich eine Ehrfurcht gebietende Höhle von erschreckenden Ausmaßen sein. Der Betrachter fragt sich, ob eine Naturhöhle von dieser Größe selbst an den kaum bewohnten Abhängen der Jandia-Berge ein Geheimnis hätte bleiben können. Sie wäre doch mit Sicherheit ein mächtiger Konkurrent für jede Rekordaufzeichnung und damit eine Werbung für die allgegenwärtige Tourismusbranche gewesen.

Hätte die Anlage eine von Menschen angelegte Höhle sein können? Doch eine Höhlung von dieser Größe, in harten Fels geschlagen, wäre ein derart schwieriges Bauwerk gewesen, um ein solches Unternehmen höchst unwahrscheinlich zu machen. Darüber hinaus gibt es in der Nähe der Villa Winter auch keinerlei Anzeichen für bedeutende Ausschachtungsarbeiten.

In diesem Gebiet gibt es jedoch mehrere Besonderheiten, die diese Behauptungen teilweise stützen könnten. In der Nähe des winzigen Fischerdorfes Ajuy sind neben den Ruinen des alten historischen Hauptortes von Fuerteventura eine Anzahl großer, nach der See zu offener Höhlen zu finden. Keine von ihnen

Oben: Obwohl diese Felsbrocken wie die Trümmer eines Gebäudes aussehen, sind sie natürlichen Ursprungs. Links im Bild ist einer der typischen Karrenwege zu erkennen, wie sie auf Fuerteventura überall zu finden waren, ehe ein modernes Straßenbauprogramm das Gesicht der Insel veränderte und die abseits liegenden Dörfer für Kraftfahrzeuge erreichbar machte.

erstreckt sich tief in den Fels hinein, aber zumindest eine der größeren Höhlen ist mit dem oberen Teil des Kliffs durch in den Fels gebohrte Löcher von etwa einem Meter Durchmesser verbunden. Dies verleiht einigen rutschigen Stufen, die hinunter zur Wasserkante führen, sowie einer Reihe blinder, tunnelartiger Gänge eine unheimliche Dimension. Doch es hat den Anschein, dass es sich hierbei um industrielle Relikte aus der Zeit handelt, als auf den Klippen noch Kalk gebrannt wurde. So sind auch die eisernen Stangen, die aus der Höhle hinaufführen, nichts weiter als Ventilationsrohre.

An der westlichsten Spitze der Jandia-Halbinsel liegt auch ein Behelfsflugplatz, den es mit großer Wahrscheinlichkeit dort schon seit dem Krieg gibt. Er entstand durch Einebnen des harten felsigen Bodens aus gelbem Kalkstein, der mit einer Schicht feinen schwarzen Basaltsandes überzogen wurde. Diese gegensätzlichen Farben führen zum leichten Erkennen des Flugfeldes schon aus größerer Entfernung und die massive Start- und Landebahn hätte bereits während des Krieges durchaus als Behelfsplatz dienen können. Es gibt Anzeichen, dass dort einstmals eine Reihe großer Masten gestanden hatten, aber keine Spuren deuten darauf hin, dass dieses Flugfeld je als Fliegerhorst oder als regulärer Flugplatz benutzt worden ist. Die Möglichkeit, dass alle Beweise bei Kriegsende entfernt wurden, ist nicht wirklich stichhaltig. So sind zum Beispiel genügend Spuren übrig geblieben, um viele der Verteidigungsanlagen entlang der Südküste Englands zu rekonstruieren, die etwa um dieselbe Zeit beseitigt worden sind. Selbst wenn der Annahme Glauben geschenkt wird, dass die Start- und Landebahn benutzt worden ist, sind die Geschichten über das Einfliegen von Versorgungsgütern durch die deutsche Luftwaffe für den U-Bootstützpunkt in der Nähe der Villa Winter noch immer absurd; denn während des Krieges gab es zwischen den beiden Orten keine Verbindung. Selbst ein Heer aus Hunderten flinker Esel hätte mehrere Tage gebraucht, um durch schwierigstes Gelände die Strecke zwischen den beiden Orten zu bewältigen. Darüber hinaus weisen keinerlei Spuren auf die Unterbringung oder andere Einrichtungen für die vielen Leute und Tiere hin, die erforderlich gewesen wären, um diese ganze Arbeit zu bewältigen.

Da ein Beweis für die Existenz einer solchen Versorgungsbasis nie erbracht worden ist, kann die Schlussfolgerung gezogen werden, dass es sie niemals gegeben hat. Doch den Beweis zu erbringen, dass ein derartiger Stützpunkt nie existiert hat, ist nicht einfach, insbesondere wenn es sich um die Abgeschiedenheit der Jandia-Küste handelt.

Kurze Zeit später, nachdem der ehemalige Oberfunkmeister Wolfgang Hirschfeld – ein ausgezeichneter Historiker und Autor zweier Bücher mit seinen Erinnerungen an Krieg und Gefangenschaft (siehe Bibliografie, Seite 184f.) – Mitte der 80er-Jahre zum ersten Mal die Geschichte der Villa Winter gehört hatte, begleitete

Rechts: Die Nordhänge der Berge auf der Jandia-Halbinsel von Fuerteventura. Rechts im Vordergrund ist der durch die Berge führende Fahrweg nach Cofete zu erkennen. Darüber zeigt der Pfeil auf die Villa Winter, die gerade noch als heller Fleck zu sehen ist.

Rechts: Die Villa Winter schmiegt sich in großartiger Einsamkeit sich an die Hänge der Jandia-Berge. Morro del Jable, der zunächst gelegene Ort mit Läden, Hafen und anderen Einrichtungen, liegt auf der anderen Seite der 700 m hohen, schroffen Berge.

er mich im Hamburger Hafen, um die Wracks dreier U-Boote inmitten der Hafenanlagen aufzusuchen. Sie waren damals bei Ebbe sichtbar und rosteten in den Ruinen eines gesprengten ehemaligen U-Bootbunkers seit Kriegsende vor sich hin.* Die Entdeckung hatte sich rein zufällig ergeben, und zwar aus einigen Dokumenten, die aus einem Stapel Papiere im Unterseebootsmuseum der britischen Marine von HMS »Dolphin« in Gosport/

*Anm. d. Übers.: Näheres hierzu siehe in Jak Mallmann Showell: *Kriegsmarine 1939–1945*, Motorbuch Verlag, Stuttgart 2000, S. 225ff.

England stammten. Für die damalige Zeit durchaus eine Sensation. Tatsächlich hatte zunächst niemand an ihre Existenz geglaubt, selbst dann noch nicht, als die von uns aufgenommenen Fotos vorgelegt wurden. Wenn daher drei U-Boote inmitten einer großen Stadt unentdeckt geblieben sind, wäre es auch vorstellbar, dass sich dies an einer abgelegenen Örtlichkeit wie der Einöde der Jandia-Halbinsel auf Fuerteventura ereignen könnte.
Trotz des Vorhandenseins derartiger Überraschungen im überbevölkerten Europa muss nach dem Studium der verfügbaren Informationen und dem Besuch der von der Villa Winter be-

Links: Ein unbefestigter Weg führt hinunter zur Nordküste und weiter nach Cofete und zur Villa Winter, die rechts der Berge im Hintergrund liegen. Entlang der gesamten Länge dieser zerklüfteten Berge scheinen nur zwei Wege von Süden nach Norden zu führen, die Fahrzeuge benützen konnten. In der Nähe von Cofete scheint es keine Hafeneinrichtungen gegeben zu haben. Das Entladen des Nachschubs aus den Schiffen hätte ein erhebliches Risiko bedeutet und ein großes Heer von Arbeitern erfordert.

Oben: Ein unbefestigter Weg entlang der Nordküste in Richtung Cofete und Villa Winter.

Oben: Diese drei Meter hohen Wellen an der Nordküste von Fuerteventura wurden an einem Tage aufgenommen, an dem an der Südküste das Meer ruhig war. Derart unterschiedliche Bedingungen scheint es relativ häufig auf der Insel zu geben, und der Betrachter fragt sich, wie hier an dieser offenen Küste Boote landen sollten.

Rechts: Der Verfasser untersucht Reste eines Bauerngehöfts in den Bergen nahe der Villa Winter. Die hervorragend errichteten Gebäude bestanden aus zwei parallelen Trockenmauern aus losen Steinen mit Sand in den Zwischenräumen. Diese Häuser scheinen behaglich und fest gewesen zu sein. Früher haben nur wenige Leute in diesem Gebiet gewohnt. Es gibt jedoch keine Anzeichen einer Verbindung zwischen ihnen; Versorgungsanlagen, wie etwa für Wasser, fehlen. Zudem lassen die Gebäudereste den Schluss zu, dass hier eher Familien mit Kindern als Soldaten gewohnt haben.

Links: In den Felsen vulkanischen Ursprungs der Jandia-Halbinsel gibt es eine Reihe natürlicher Höhlen, aber die Mehrheit von ihnen ist klein. In ihnen könnte höchstens ein halbes Dutzend Leute Unterschlupf finden. Im Bild der Eingang zur einer solchen Naturhöhle.

Oben: Die geheimnisvollen größeren Höhlen in der Nähe von Ajuy an der Westküste von Fuerteventura. Selbst diese riesigen natürlichen Höhlen sind zu klein, um Boote unterzubringen. Die massiven Felsbänke vor ihren Eingängen und die gegen die Küsten rollenden Wellen machen es zudem sehr gefährlich, sich mit einem Boot zu nähern.

Rechts: Der Verfasser steht auf einer der beiden Start- und Landebahnen eines Behelfsflugplatzes in der Nähe des Leuchtturms Jandia an der Südküste der gleichnamigen Halbinsel. Obwohl der Untergrund wie Sand aussieht, besteht die gelbe Oberfläche aus hartem Kalkstein, geeignet, um das tonnenschwere Gewicht von Flugzeugen zu tragen, die hier starten oder landen könnten. Die Rollbahn ist anscheinend deshalb mit einer dünnen Schicht feinen schwarzen Basaltsandes bedeckt, um sie in dieser öden, einförmigen Landschaft sichtbar zu machen. Der schmale Streifen mit schwarzer Oberfläche im Hintergrund hätte ein aufgegebener Weg sein können, wenn es ihn überhaupt gegeben hat.

herrschten Nordküste der Halbinsel Jandia die Schlussfolgerung gezogen werden, dass dort ein geheimer U-Bootstützpunkt nicht existiert haben konnte. Hinzu kommt, dass ein solcher von der Art, wie ihn die Geschichtenerzähler beschrieben haben, auch keinerlei praktischen Gesichtspunkten entsprochen hätte. Da die Mehrheit der U-Bootkommandanten den Kaiser-Wilhelm-Kanal (heute Nord-Ostsee-Kanal) nicht ohne Lotsen befahren konnte und zudem die U-Bootführung während des Krieges forderte, die U-Boote hätten die Schleusen allein zu passieren, obwohl letztere groß genug sind, um mehrere Schiffe oder ein Dutzend Boote von dieser Größe aufzunehmen, kann angenommen werden, dass ein Befahren eines unterseeischen Zugangs bzw. eines Unterwassertunnels unmöglich war. Die Geschichte von einer geheimen Versorgungsbasis ist ein Thema für Filmemacher oder Romanschreiber, aber kein Ereignis der Wirklichkeit. Schließlich muss auch noch daran erinnert werden, dass die Villa Winter an einer Luvküste mit trügerischen Strömungen und oft sehr eindrucksvollen Wellen liegt.

Eine abschließende und die zugleich überzeugendste Feststellung ist die Tatsache, dass kein Kriegstagebuch oder eine sonstige Aufzeichnung bekundet, dass U-Boote einen Stützpunkt auf der Halbinsel Jandia benutzt hätten. Dem deutschen U-Boot-Archiv in Cuxhaven-Altenbruch liegen keine Unterlagen vor, dass dort je ein U-Boot versorgt worden wäre.

Rechts: Der Gegenstand, entdeckt an der Start- und Landebahn beim Leuchtturm Jandia, sieht wie eine improvisierte Walze aus, hergestellt aus einem mit Beton gefüllten Fass. Die Rollbahn mit ihrem Überzug aus schwarzem Basaltsand kann aus der Ferne deutlich von der Umgebung unterschieden werden. Die Villa Winter liegt von hier aus einen guten Tagesmarsch entfernt auf der anderen Seite der Berge.

Links und unten: Die Start- und Landebahn in der Nähe des Leuchtturms Jandia auf Fuerteventura.

Unten: Überraschenderweise gibt es nur ein paar große Wracks an der Küste von Fuerteventura, vermutlich deswegen, weil die spärlich bewohnte Insel nur selten von Schiffen angelaufen wird. Die dort ansässigen Fischer benutzen kleine Boote, die vom Strand aus ins Wasser geschoben werden können. Keines der Wracks an den Küsten der Insel lässt einen Hinweis auf eine Verbindung zu militärischen Aktivitäten erkennen. Bei ihnen handelt es sich wahrscheinlich um ehemalige Fracht- oder Vergnügungsschiffe.

U-Boote auf den Kanarischen Inseln

Selbst wenn die Geschichte eines Obst- und Gemüsekaufs für eine große Anzahl von Personen durch die Deutschen stimmt, ob es sich hierbei um Gustav Winter handelte oder nicht, kann dieser Vorgang durch die U-Boote erklärt werden, die bekanntermaßen auf den Kanarischen Inseln versorgt worden sind. Außerdem ging die gesamte Besatzung von *U 167* (KKpt. Kurt Sturm) auf Gran Canaria an Land, nachdem sie ihr Boot verloren hatte.

Einrichtungen zur Brennstoffübernahme gewährten mehrere deutsche Frachtschiffe, die zu Beginn des Krieges auf den Kanarischen Inseln wie auch in anderen neutralen Häfen Zuflucht gesucht hatten. So weit sie sich eigneten, stellte sie danach die deutsche Seekriegsleitung als Versorgungsschiffe der Etappe Spanien (Etappen-V-Schiffe) für Hilfskreuzer und U-Boote bereit.*

Viele der späteren heimlichen Versorgungstreffen mit eiligst etwas umgebauten stationären Schiffen fanden – wie bereits beschrieben – in Häfen des spanischen Mutterlandes statt. Doch es gab auch Versorgungen anderer Art, wie die beiden folgenden Beispiele von Treibstoffübernahmen zeigen, die auf den Kanarischen Inseln stattfanden.

Anfang März 1941 wurde auf diese Weise *U 105* unter Kptlt. Schewe versorgt, um seine Seeausdauer für eine Feindfahrt in den Südatlantik zu erweitern. Trotzdem diese Operation vorher vermutlich sorgfältig geplant war, führte sie zu Problemen. Doch die Tatsache, dass Kptlt. Schewe zwei Monate später das Ritterkreuz des Eisernen Kreuzes erhielt, lässt vermuten, dass er für das Durcheinander bei dieser Brennstoffübernahme nicht verantwortlich war.

U 105 gehörte zur Gruppe der 14 U-Boote vom Typ IX B, einer sehr erfolgreichen Variante, die einige Boote zählte, auf deren Konto außergewöhnliche Erfolge kamen. Hierfür war ein Grund, dass diese großen U-Boote für Fernunternehmungen erfahrenere Kommandanten bekamen. Hinzu kam, dass sie auf Grund ihrer beträchtlichen Seeausdauer unerwartet in entfernten Seegebieten auftauchen konnten, in denen sie erhebliche Erfolge erzielten, ehe dort wirksame U-Jagdmaßnahmen ergriffen wurden.

Knapp eine Woche später nach dem Auslaufen aus dem französischen Hafen Lorient, erhielt Kptlt. Schewe, während er mit seinem Boot in Sicht der spanischen Küste nach Süden steuerte, über Funk die Mitteilung, dass er zur Treibstoffergänzung das Versorgungsschiff CHARLOTTE SCHLIEMANN (Deckname »Corrientes«) anlaufen sollte, das in Las Palmas auf den Kanarischen Inseln interniert worden war und zu dieser Zeit als stationäre Versorgungsbasis für U-Boote diente. Kptlt. Schewe näherte sich den Kanarischen Inseln, um planmäßig den Leuchtturm von Ponta Delgada anzusteuern. Es war am 30. April um 04.00 Uhr morgens, als das Leuchtfeuer in Sicht kam. Da reichlich Zeit zur Verfügung stand, hatte er die Absicht, genaue Peilungen zu nehmen, um die Örtlichkeit für die Treibstoffübernahme in der kommenden Nacht zu überprüfen. Danach wartete Kptlt. Schewe in der nächsten Nacht bis zum Monduntergang kurz vor 02.00 Uhr, ehe er mit *U 105* in aller Stille und in voller Sicht der Häuser entlang der Seeseite in den Hafen von Las Palmas kroch. In diesen Tagen war Las Palmas noch eine kleine Stadt und an Land zeigte niemand das geringste Interesse für das Unterseeboot, obwohl durchaus bekannt war, dass britische Informanten die Vorgänge im Hafen aufmerksam beobachteten. Das Erreichen der CHARLOTTE SCHLIEMANN war einfach. Das Problem tauchte erst auf, als Kptlt. Schewe mit einem rätselhaften Angehörigen der Besatzung sprach, der ihm mitteilte, die Treibstoffübernahme wäre erst für die kommende Nacht vorgesehen. Weder Mannschaften noch Ausrüstung stünden hierfür zur Verfügung und *U 105* bliebe nichts anderes übrig, als wieder aus dem Hafen zu schlüpfen und in tiefem Wasser zu warten, bis die Angelegenheit geklärt werden könnte.

Dieses Missverständnis ließ bei Kptlt. Schewe einigen Ärger entstehen. Seine Befehle noch einmal überprüfend, überzeugte er sich, dass seine Anweisungen lauteten, die Treibstoffübernahme hätte am ersten Tag des März zwischen 01.00 Uhr und 05.00 Uhr stattfinden sollen. Im Kriegstagebuch zurückrechnend, um festzustellen, ob er sich versehentlich um einen Tag verrechnet hätte, wies er nach, dass es 02.00 Uhr am 1. März war und dass es auch kein Schaltjahr war. Irgendwo in der Befehlskette gab es jemand, für den die Nacht des 1. März erst am Ende dieses Tages begann und die ersten Stunden des Tages von Mitternacht bis Tagesanbruch nicht zählten. Offensichtlich handelte es sich um einen dieser bösen Geister, von denen es auch in der deutschen Marine einige gab, und Kptlt. Schewe und seine Besatzung konnten nichts weiter tun als mit den Zähnen zu knirschen, mit den Achseln zu zucken und vor Gran Canaria auf Grund liegend zu warten.

In der nächsten Nacht war die Dunkelheit kaum hereingebrochen, als ein weiterer Funkspruch Kptlt. Schewe von einer Änderung der bisherigen Planung unterrichtete. Die Treibstoffübernahmen in Las Palmas waren nunmehr wie folgt vorgesehen: *U 124* (Kptlt. Georg-Wilhelm Schulz) am 3. März, *U 105* am 4. März und *U 106* (Kptlt. Jürgen Oesten) in der folgenden Nacht am 5. März. Die Besatzung der CHARLOTTE SCHLIEMANN sollte viel zu tun bekommen. Gleichzeitig erhielten die wartenden U-Boote den Befehl, das Seegebiet westlich der Kanarischen Inseln zu durchstreifen, da dort Schiffsverkehr angetroffen werden könnte. Doch *U 105* bekam nichts in Sicht und die Zeit verging ohne jede Aktivität.

---

*Anm. d. Übers.: Hinsichtlich der Versorgungsschiffe siehe zur Vertiefung Jak Mallmann Showell: *Kriegsmarine 1939–1945*, Motorbuch Verlag, Stuttgart 2000, S. 139–153 und 277 (Etappensystem).

Der 4. März 1941 war noch keine Stunde alt, als *U 105* an der Seeseite des Versorgungsschiffes festmachte. Der Wind blies einen hohen Seegang direkt in den Hafen hinein und die Lage war ziemlich heikel, weil zur günstigeren Landseite hin in der Nähe ein schwedisches Schiff ankerte. Diesmal verlief jedoch alles zufriedenstellend; allerdings schlug das U-Boot ständig gegen den größeren Schiffskörper, obwohl die gut gepolsterten Fender das Entstehen größerer Schäden verhinderten. Der Schlauch zur Treibölübernahme wurde herabgegeben und Kisten mit frischem Proviant wurden übernommen, während inzwischen einige der U-Bootmänner an Bord der CHARLOTTE SCHLIEMANN duschen konnten. Kurz bevor sich die ersten Anzeichen der kommenden Morgendämmerung am fernen östlichen Horizont zeigten, lief *U 105* wieder in Richtung der offenen See. Es folgte ein kurzes Prüfungstauchen, um den Trimm des Bootes herzustellen. Danach setzte das U-Boot aufgetaucht fahrend seine Feindfahrt nach Süden fort.

Drei Monate später, als *U 69* unter Kptlt. Jost Metzler Ende Juni 1941 aufgefordert wurde, die Kanarischen Inseln anzulaufen, war dies keine im Voraus geplante Operation, sondern das Ergebnis einiger Verzweiflung, weil der Feind einen Großteil des deutschen Etappensystems zur Versorgung von Überwasserschiffen und U-Booten aufgerollt und vernichtet hatte. Auf kaum befahrene Seegebiete verteilt, hatten sich im Mai neun Versorgungsschiffe bzw. Begleittanker in zeitlicher Abstimmung mit dem Durchbruch der aus BISMARCK und PRINZ EUGEN bestehenden Kampfgruppe im Atlantik befunden.

Doch die Anfang Mai erfolgte Kaperung des Wetterschiffes MÜNCHEN und von *U 110* (Kptlt. Fritz-Julius Lemp) führte zum Erbeuten wertvoller Schlüsselmittel und Geheimpapiere. Infolgedessen gewann der britische Marinenachrichtendienst wertvolle Einblicke in den deutschen Marinefunkverkehr einschließlich des Schlüsselbereiches »Heimische Gewässer«, der zu dieser Zeit auch für die U-Boote galt. Auf Grund dieser Kenntnisse war es den hierzu entsandten britischen Kriegsschiffen möglich gewesen, das deutsche Versorgungssystem weitgehend auszuschalten.

U 69 war das erste in Dienst gestellte U-Boot vom Typ VII C gewesen und wäre normalerweise nicht so weit im Süden bis in den Golf von Guinea zum Einsatz gekommen. Doch VAdm. Karl Dönitz war bereits bekannt dafür, jede Gelegenheit auszunutzen, und das Vorhandensein eines gut funktionierenden und ungewöhnlich großen Etappensystems gab den Anstoß, den U-Bootkrieg in weit entfernte Seegebiete zu tragen, in denen reiche Beute zu erwarten war. Kptlt. Jost Metzler gehörte zu den U-Bootkommandanten, die mit den schwierigsten Aufträgen betraut werden konnten, obwohl er als eine unbeschwerte, fast träge Persönlichkeit wirkte, die nichts zu erschüttern schien. Ein Grund hierfür war, dass er beträchtliche Anstrengungen in die Ausbildung seiner Besatzung investiert hatte, und er wusste, dass er sich auf seine Männer verlassen konnte. Sie taten ihre Pflicht und Schuldigkeit, wenn es hart auf hart ging. Sein System funktionierte wie ein gut geöltes Uhrwerk. Deshalb bestand für ihn keine Notwendigkeit, sich aufzuregen oder die Männer in Notlagen herumzukommandieren.

Am 5. Mai 1941 verließ *U 69* seinen westfranzösischen Hafen drei Wochen vor dem Untergang des Schlachtschiffes BISMARCK, um in der Nähe der Kanarischen Inseln aus dem Motortanker EGERLAND, einem U-Bootversorgungsschiff, Brennstoff zu ergänzen, ehe er sich zu den Schiff-Fahrtslinien rund um den St.-Pauls-Felsen im Mittelatlantik nahe dem Äquator vorwagte. Von dort aus unternahm Kptlt. Metzler mit seinem Boot einen Vorstoß in den Golf von Guinea und warf vor der Hafeneinfahrt von Lagos in Nigeria Minen. Eine weitere Minensperre legte er vor Takoradi (heute Sekondi-Takoradi/Ghana), ehe er sich wieder ostwärts wandte und das im Hafen von Accra (heute die Hauptstadt von Ghana) vor Anker liegende britische Motorschiff SANGARA (5445 BRT) torpedierte und versenkte. Diese Operationen fanden sämtlich in Seegebieten von ungewöhnlich geringer Wassertiefe statt; so flach, dass *U 69* einige Zeit nur einen Meter Wasser unter dem Kiel hatte. Sich in einer solchen Lage zu befinden, war ziemlich unbehaglich, da insbesondere Küstenströmungen und Gezeiten leicht zu einem katastrophalen Ausmaß des Unternehmens führen konnten. Daher ging Kptlt. Metzler mit seinem Boot rasch wieder auf Gegenkurs, um größere Wassertiefen aufzusuchen. Inzwischen war die BISMARCK gesunken und die Engländer rollten das System der Versorgungsschiffe auf. Anfang Juni 1941 fielen ihnen die EGERLAND zum Opfer und dann wurde auch noch der zweite in südlicheren Breiten stehende U-Bootversorger, die LOTHRINGEN, durch den Leichten Kreuzer HMS DUNEDIN mit Unterstützung von Trägermaschinen der HMS EAGLE als Prise aufgebracht, wobei wieder wertvolles Schlüsselmaterial erbeutet wurde. Der einzige Trost für Kptlt. Metzler bestand darin, dass er nicht allein in Schwierigkeiten war. Auch *U 103* (KKpt. Viktor Schütze), *U 107* (KKpt. Günter Heßler) und das große *U A* (KKpt. Hans Eckermann) hatten mit der Treibstoff-Frage zu kämpfen. Sie begegneten sich an einem Treffpunkt, um ein paar Ersatzteile und ein wenig Schmieröl auszutauschen, aber keines der Boote konnte Treiböl entbehren. Der Rückmarsch begann sich zu einem Problem zu entwickeln, und es bot sich für *U 69* keine Möglichkeit an, wie das Boot mit dem Treibstoffrest, der sich noch in den Bunkern befand, Frankreich erreichen konnte.

Es war kurz nach Mittag am 22. Juni 1941, als Kptlt. Metzler einen hoch willkommenen Funkspruch des BdU vorgelegt bekam: »Treibstoffübernahme vorgesehen 30. Juni »Culebra« [Deckname für das Versorgungsschiff CHARLOTTE SCHLIEMANN im Hafen von Las Palmas/Kanaren]. Drei Tage vor Eintreffen

Oben: *U 69* (Kptlt. Jost Metzler): Körperpflege im »Open Air«-Waschraum an Oberdeck in tropischen Gewässern südlich der Kanarischen Inseln. Im Vordergrund das 8,8-cm-Decksgeschütz. Am Turm ist oberhalb des Wellen- und Spritzwasserabweisers der kreisrunde Einlass für die Funkantenne zu erkennen. Darüber befindet sich das Emblem des Bootes: Die »Lachende Kuh«, dessen unterer Teil mit der Inschrift »Horridoh«, umrahmt von Signalflaggen, gerade noch zu sehen ist.

melden. Nicht mehr Treiböl übernehmen als für Rückkehr nach Lorient unbedingt erforderlich.«

Trotz der vorhandenen Probleme, mit denen sich Kommandant und Besatzung auf einer Feindfahrt abfinden mussten, die bereits 52 Tage dauerte, hielt *U 69* weiterhin nach geeigneten Zielen Ausschau und griff selbst in dieser Phase noch einen Geleitzug an, aus dem das Boot zwei Schiffe versenkte, obwohl Kptlt. Metzler geglaubt hatte, drei Schiffe torpediert zu haben. Die U-Bootführung bedrängte ihn, das Fühlunghalten am Geleitzug fortzusetzen, bis weitere U-Boote herangeführt werden konnten. Daraufhin antwortete er höflich, dass er an ein solches Verhalten ebenfalls gedacht hätte, aber infolge der bereits gemeldeten, akuten Treibölknappheit dazu nicht in der Lage wäre. Derart provozierend wirkende Befehle der U-Bootführung trugen kaum dazu bei, über eine zunehmend schwieriger werdende Situation hinwegzuhelfen, die von einer vermuteten Blinddarmentzündung an Bord ausgelöst worden war. Einen Kameraden in Agonie zu beobachten, zieht die Moral tief in Mitleidenschaft, insbesondere dann, wenn seine Kameraden erkennen, dass er wahrscheinlich sterben muss; denn niemand kann auch nur die geringsten Erleichterungen verschaffen, die zu Hause selbstverständlich gewesen wären. In völliger Hilflosigkeit dabeizustehen, ist nicht leicht, wenn auch in diesem Fall an Kptlt. Metzler die Weisung der U-Bootführung erging, den Patienten in Las Palmas an das Versorgungsschiff zu übergeben.

Zwei Tage später verzeichnete Kptlt. Metzler im Kriegstagebuch, dass er vor Las Palmas stünde. So dicht unter Land zu stehen, ohne die geringste Möglichkeit zu haben, es nach einer so langen Zeit in See zu betreten, war schon eine bittere Pille, die geschluckt werden musste. Doch es war Krieg und die Männer waren Soldaten und Seeleute; von ihnen wurde erwartet, dass sie das Letzte gaben, und so beklagte sich niemand über das normale Maß hinaus. Insoweit war Kptlt. Metzler froh, wenn seine Männer schimpften; denn so lange sie dies taten, war die Moral in Ordnung. Schimpfen war ein Bestandteil des täglichen Lebens. Es ergäbe sich sofort ein düsteres Bild, sobald ein grimmiges Schweigen eintreten sollte.

Schließlich war es mitten in der Nacht, fast 02.00 Uhr am 30. Juni 1941, als *U 69* längsseits der CHARLOTTE SCHLIEMANN festmachte. Der gesamte Vorgang war so gut vorbereitet worden, dass die Versorgung außergewöhnlich glatt vonstatten ging. Der Kranke wurde auf das Versorgungsschiff gebracht, Frischfleisch, frisches Obst und Gemüse sowie andere Versorgungsgüter kamen an Bord des U-Bootes, während das Treiböl in die Bunker floss. Um 05.30 Uhr befand sich *U 69* kurz vor dem ersten Morgenlicht wieder in See und nahm Kurs auf Lorient.

Die Männer jedoch, die im April 1943 zu einem nicht vorgesehenen Urlaub auf den Kanarischen Inseln an Land gingen, stammten von *U 167* unter KKpt. Kurt Sturm. Er hatte dieses U-Boot übernommen, als Kptlt. Kurt Neubert, sein erster Kommandant, auf der ersten Feindfahrt während eines schweren Sturms im Nordatlantik ernsthaft verletzt worden war. Daraufhin hatte ObltzS. Günter Zahnow, der I. WO, das Kommando übernommen und das Boot sicher nach Lorient zurückgebracht. KKpt. Sturm, der neue Kommandant, führte *U 167* anschließend in die ruhigeren Gewässer des Mittelatlantiks. Dort gehörte das Boot Anfang April 1943 zur U-Bootgruppe »Seeräuber«, die im Seegebiet der Kanarischen Inseln auf der Suche nach einem gut gesicherten Geleitzug einen Aufklärungsstreifen bildete. Die Luftsicherung erwies sich als sehr entschlossen und erfahren. Hierbei wurde *U 167* am 6. April nacheinander von zwei »Hudson«-Bombern der 233. RAF-Squadron angegriffen. Der zweite Angriff kam so rasch, dass die Männer nicht einmal die Zeit hatten, um die Schäden aus dem ersten Angriff zu beheben. Er hinterließ so schwere Beschädigungen, dass die Besatzung hart arbeiten musste, um die lebensbedrohenden Probleme anzugehen: Aus den Lagern geworfene Dieselmotoren, eine verbogene Propellerwelle, ausgefallene Luftverdichter, in die Brüche gegangene Batterien, wobei zu diesen schweren Beschädigungen noch eine lange Liste weiterer katastrophaler Schäden hinzukam. KKpt. Sturm blieb nichts anderes übrig, als über die Aufgabe des Bootes nachzudenken. Der einzige Hoffnungsschimmer bestand darin, dass die Batterien noch genügend elektrischen Strom liefern konnten, um die in der Nähe gelegenen Kanarischen Inseln zu erreichen. Auch eine Anzahl der Männer befand sich in schlimmer Verfassung. Vor allem ObltzS. Günter Zahnow, der I. WO, war sehr schwer verwundet. Trotzdem war KKpt. Sturm nicht der Mann, der so leicht aufgab. Er trieb seine Besatzung an, eine gründliche Schadensfeststellung vorzunehmen, ehe er die endgültige Entscheidung traf, sein Boot selbst zu versenken. Diese Untersuchung ergab jedoch, dass es keine Möglichkeit gab, das U-Boot zurück nach Frankreich zu bringen. Daher blieb als einzige Alternative nur noch die Entscheidung übrig, das U-Boot in nächster Nähe der Kanarischen Inseln aufzugeben.

Es war möglich, Peilungen von einigen Leuchtfeuern zu nehmen; denn *U 167* musste mit langsamster Fahrt so dicht an einen Strand gelangen, damit die Männer sicher an Land schwimmen konnten, ohne von einer Brandung an scharfkantigen Felsen zu Tode zerschmettert zu werden. Ihnen waren nur so viel Rettungsflöße geblieben, um auf ihnen die Verwundeten unterzubringen. Die Wahl, um an Land zu gehen, fiel auf die Bucht von Las Burras, da diese weit genug von den Hauptzentren der Insel Gran Canaria entfernt lag. Zudem gab es dort eine stattliche Anzahl Fischerboote, die helfen konnten, um alle Angehörigen der Besatzung an Land zu bringen. Das Aussteigen aus dem U-Boot lief verhältnismäßig glatt ab. An Bord blieben außer dem Kommandanten lediglich vier Mann zurück: Oblt.(Ing.) Günter Seidel, der Leitende Ingenieur, LtzS. Ernst Semmel, der II. WO, der Obersteuermann Helmut Maerz und der Dieselmaschinenmaat Hans-Joachim Fuchs. Mit dem noch vorhandenen Batteriestrom brachte diese kleine Gruppe das U-Boot weiter in die offene See hinaus, um es auf tieferem Wasser zu versenken. Doch dieses Vorhaben gelang nicht ganz programmgemäß. *U 167* war noch nicht sehr weit gekommen, als KKpt. Sturm den Männern unten zurief, sofort nach oben zu kommen. Sie hatten kaum die Brücke erreicht, als sie auch schon von den Wellen über Bord gewaschen wurden, während das U-Boot unter ihnen wegsank. Offensichtlich war irgendetwas schief gegangen, aber wenigstens war niemand ums Leben gekommen.

In der Zwischenzeit waren die dort ansässigen Fischer alarmiert worden und brachten ihre Boote zu Wasser, um in althergebrachter Tradition den in Not befindlichen Seeleuten zu helfen. Der größte Teil von ihnen wurde aufgenommen und jene, die das Land aus eigener Kraft erreichten, erhielten Hilfe, um durch die gefährliche Brandung zu gelangen. In Anbetracht eines derart ruhigen und abgelegenen Ortes war die Verständigung gut und am folgenden Tag tauchte ein Boot auf, um die gesamte Besatzung nach Las Palmas auf die CHARLOTTE SCHLIEMANN zu bringen. Dies ging in den Stunden der Dunkelheit vor sich, um alliierten Agenten zu entgehen oder unangenehme Behördenvertreter an einer Einmischung zu hindern. Dort angekommen, wurden die U-Bootleute rasch außer Sicht an Bord des Versorgungsschiffes untergebracht.

Nach den Bestimmungen des internationalen Rechtes sollte Militärpersonal, das ein neutrales Land betritt, für die Dauer eines Krieges interniert werden. Zivilpersonen einschließlich der Besatzungen von Handelsschiffen konnte gestattet werden, sich frei zu bewegen. Daher mussten die Angehörigen der U-Bootbesatzung verkleidet werden. Die Leistungsfähigkeit jener Männer, die für den einsatzbereiten Zustand von Schiffen wie der CHARLOTTE SCHLIEMANN verantwortlich waren, kann nur bewundert werden. Ständig den prüfenden Blicken aller möglichen feindlichen Beobachter ausgesetzt zu sein, bedeutete, stets unter Tarnung zu arbeiten, und trotz aller Probleme gelang es den Männern in diesem Falle auch noch, die 53 U-Bootfahrer in sehr kurzer Zeit mit Zivilkleidung auszustatten. Zwei Tage nach den U-Bootleuten traf die Kleidung per Lastwagen mitten in der Nacht ein. In dieser kurzen Zeit hatte ein spanischer Lieferant die gesamte Ausstattung für jeden zusammengetragen: Von der Zahnbürste bis zu einer Vielfalt von Kleidungsstücken. Sogar für einen Handkoffer, um die neuen Besitztümer mitzunehmen, war gesorgt worden. Der Mann, der dies alles arrangiert und den Lieferanten bezahlt hatte, war der deutsche Konsul Harald Flick. Er blieb nach dem Kriege auf den Kanarischen Inseln und gründete eine Firma als Hauptvertragshändler für einen weithin bekannten deutschen Autohersteller. Aus der Besatzung von *U 167* fühlte sich der Maschinenmaat Hans-Joachim Fuchs an Bord des deutschen Versorgungsschiffes schon regelrecht heimisch; denn dies war bereits sein zweiter Besuch. Das erste Mal war er im Sommer 1941 mit *U 103* unter KKpt. Viktor Schütze hier gewesen.

Um den unfreiwilligen Aufenthalt sogar noch ereignisreicher zu gestalten, blieben die Männer von *U 167* nicht lange auf das Innere der CHARLOTTE SCHLIEMANN beschränkt. Nach einer ausführlichen Belehrung wurde den Männern gestattet, an Land zu gehen, um in eine warme und freundliche Welt einzutauchen, von der die Mehrheit der Besatzung nicht einmal geträumt hatte. Es gab hier genügend Deutsche, die der Krieg von allem getrennt hatte und die froh waren, neue Gesichter zu sehen. Sie geleiteten die U-Bootfahrer durch einen zauberhaften sommerlichen Inselurlaub.

Leider dauerte diese willkommene Unterbrechung nicht lange an. Die U-Bootführung war entschlossen, die Besatzung von *U 167* zurückzuholen, ehe sich der Gegner einmischte und ihre Rückkehr verhinderte. In der Dunkelheit der Nachtstunden gingen sie an Bord eines Schleppers, der sie zu einem Treffpunkt auf See brachte. Dort stießen sie auf *U 455* (Kptlt. Hans-Martin Scheibe). Selbst diese schwierige Übernahme gelang ohne Probleme. Die Männer wurden mit Hilfe einer Hosenboje übergesetzt, wurden kaum nass und verloren nicht einen einzigen ihrer Handkoffer. Beim Aussteigen aus ihrem schwer beschädigten Boot hatten sie kaum etwas mitnehmen können, waren aber während ihres erzwungenen Aufenthaltes in den Besitz einer Reihe von Erinnerungsstücken gekommen. Zusammengepfercht in der außerordentlichen Beengtheit eines VII-C-Bootes war dies ein dramatischer Wechsel der Verhältnisse, aber die Mehrheit richtete sich rasch ein. Der Rückmarsch wurde bald erträglicher; denn die Besatzung von *U 167* wurde nach und nach auf weitere U-Boote verteilt. So trugen *U 154* (ObltzS. Oskar-Heinz Kusch), *U 159* (Kptlt. Helmut Witte) und *U 518* (Kptlt. Friedrich-Wilhelm Wissmann) dazu bei, die Situation zu erleichtern.

Wieder in Deutschland angekommen, erhielt die Besatzung einen kurzen Heimaturlaub, ehe die Mehrheit der Männer auf das neu in Dienst zu stellende *U 547* kommandiert wurde und ihre Ausbildungszeit in der Ostsee begann. Zur Übernahme dieses neuen Bootes im Juni 1943 war der nunmehrige FKpt. Kurt Sturm in die Heimat geflogen worden. Oblt. (Ing.) Günter Seidel, der Leitende Ingenieur von *U 167*, profitierte vom Untergang seines Bootes am meisten. Er hatte den Befehl erhalten, auf Gran Canaria zu bleiben, um den Strand und die See nach angetriebenen oder an der Wasseroberfläche aufgetauchten Wracktrümmern bzw. sonstigen geheimen Gegenständen abzusuchen. Außerdem sollte er die Versenkungsstelle im Auge behalten, falls die Gegenseite von dieser Örtlichkeit Wind bekam und Interesse am Wrack zu bekunden begann. Er hatte somit das Glück, weitere 18 Monate auf dieser sommerlichen, idyllischen Insel bleiben zu können, ehe er wieder nach Hause gebracht wurde.

9. Die arktische Ödnis

Eines der ersten U-Boote, das in der Arktis eine Landung durchführte, war *U 377* unter Kptlt. Otto Köhler. Er drang mit *U 377* im Herbst 1942 in den Bereich der vielen Fjorde um Ny-Ålesund ein, um zunächst an Land eine automatische Wetterstation aufzubauen, die der von *U 537* in Kanada (siehe Seite 57ff.) errichteten Station glich, und später eine bemannte Wetterstation am Kap Mitra einzurichten.* Eine Reihe dieser Stationen arbeitete den ganzen Krieg über in der Arktis erfolgreich, aufgebaut in Grönland, auf Spitzbergen und den Inseln weiter ostwärts von Spitzbergen. Die Geschichte der meisten Stationen dieser Art ist immer noch geheimnisumwoben und wartet auf einen leidenschaftlichen Historiker, der das enträtselt, was sich wahrscheinlich als eine faszinierende Kette von Ereignissen darstellen wird. Die Männer, die diese Stationen bemannten, waren von einer besonderen Eigenart; sie fanden Gefallen an der Einsamkeit einer harten Isolation und waren im Stande, das ungastliche Klima und die langen arktischen Nächte durchzustehen. Doch die Arktis war durchaus kein Königreich allein für Männer. Kurze Zeit nach dem Kriege verbrachte eine Frau einen Winter mit ihrem Ehemann und dessen Freund in einer einsamen Hütte auf Spitzbergen. Über diese Erfahrungen schrieb *Christiane Ritter* ein fantastisches Buch, das immer noch einen der besten Einblicke in das harte Leben während der Dunkelheit des bitterkalten Nordens bietet. Während des Krieges hatte ihr Ehemann als Angehöriger eines deutschen Wettertrupps auf Spitzbergen überwintert.

U 212: Landung auf der Bäreninsel

U 212 (Kptlt. Helmut Vogler) war eines jener weniger bekannten VII-C-Boote, die mit 49 Namen auf den bronzenen Ehrentafeln des U-Boot-Ehrenmals in Kiel-Möltenort einen großen Raum einnehmen; denn es fiel am 21. Juli 1944 mit seiner gesamten Besatzung den Geleitzerstörern HMS CURZON (Lt. A. Diggens) und HMS EKINS (Lt. G. Bonner-Davis) im Kanal südlich von Brighton zum Opfer. Am 25. April 1942 in Dienst gestellt, widerstand das Boot lange Monate der großen Übermacht des Gegners

---

*Anm. d. Übers.: Zur Fahrt von *U 377* nach Ny-Ålesund auf Westspitzbergen siehe Jak Mallmann Showell: *Die U-Boot-Waffe. Kommandanten und Besatzungen*, Motorbuch Verlag, Stuttgart 2001, S. 113.

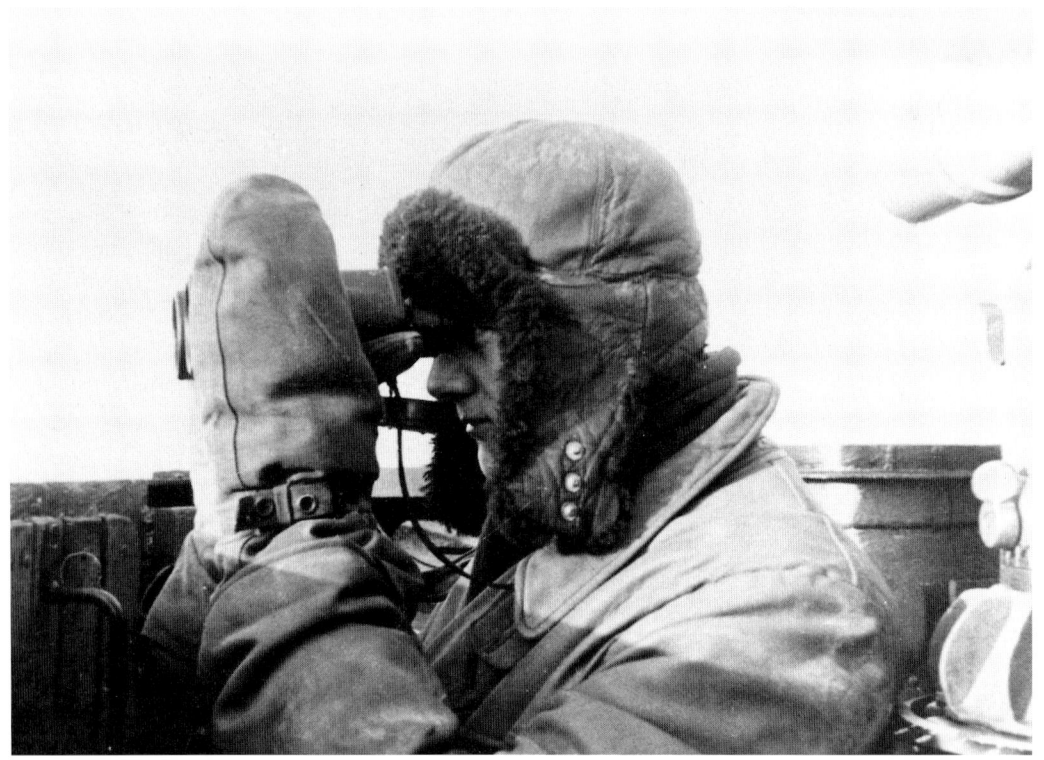

Links: Die Ausstattung mit Winterbekleidung stellte in der deutschen Marine kein besonderes Problem dar, denn die außerordentlich kalten Winter an der östlichen Ostsee sorgten dafür, dass die Bekleidungsämter der Marine einen ausreichenden Vorrat an entsprechenden Bekleidungsstücken bereithielten.

Oben: Ein Vorteil im Europäischen Nordmeer, bedingt durch den Golfstrom, besteht darin, dass die Gewässer bis nach Spitzbergen den größten Teil des Jahres in aller Regel eisfrei bleiben, wenn sich auch die äußerste Treibeisgrenze südlich der Bäreninsel befindet. In dieser Hinsicht ist daher ihr Befahren im Allgemeinen mit verhältnismäßig wenigen Schwierigkeiten verbunden. Häufig herrscht jedoch schlechtes Wetter mit Temperaturen um den Gefrierpunkt. Für die oft durchnässten Ausgucks der Brückenwache bedeuteten unter diesen Umständen vier Stunden Wache alles andere als ein Vergnügen. Die Brückenwache im Bild trägt den Anzug »Großer Seehund«: Lange Gummistiefel, lange Gummihosen bis unter die Brust, um den Hals ein Handtuch, über das Lederjackett ein Gummimantel, Lederhandschuhe mit langen Stulpen und als Kopfbedeckung den Südwester.

Rechts: Die Brückenwache von *U 251* demonstriert die Art Bekleidung, wie sie in den kalten arktischen Gewässern getragen wurde. Die Besatzungen von Schiffen und Booten der Marine, die in diesen Gewässern eingesetzt waren, erhielten im Kriege neben der normalen Winterbekleidung aus der Friedenszeit eine Wintersonderbekleidung, zu der u.a. Pelzmützen, Pelzhandschuhe, Pelzwesten, Pelzjacken, Pelzhosen und Pelzmäntel, Brust- und Rückenwärmer sowie besonderes wollenes Unterzeug gehörten. Im Bild sind vor allem zu erkennen: Pelzmützen, die im Unterschied zur Kopfhaube mit Pelzbesatz der normalen Winterbekleidung (sog. »Baschlik«) vorn einen Aufschlag aufweisen, unter der Rettungsweste Pelzjacken mit Innenpelz sowie Pelzhandschuhe mit langen Stulpen.

Oben: Die Geschützbedienung auf *U 212* bereitet das 8,8-cm-Decksgeschütz zum Übungsschießen vor. Alle Bedienungselemente waren doppelt, d.h. auf jeder Seite des Geschützes vorhanden. Das Richten erfolgte seitlich durch je ein Höhen- und ein Seitenricht-Handrad. Der Kanonier links im Bild (mit Pudelmütze) steht gerade am Höhenricht-Handrad an Backbord. Die abnehmbare Visiereinrichtung (rechts im Bild) konnte beidseitig angebracht werden. Die Geschützbedienung überwachte der Geschützführer, ein Unteroffizier. Das Feuer selbst leitete der als Artillerieoffizier fungierende I. WO oder II. WO. Die Munitionszufuhr erfolgte durch Munitionsmanner. Nach Verbrauch der Bereitschaftsmunition reichten sie in einer Kette die Patronenmunition aus der Munitionskammer unter den Flurplatten neben dem Funkraum durch die Zentrale und über den Turm an das Geschütz weiter. Ab Herbst 1942 waren die Seezielgeschütze der U-Boote auch zur Luftabwehr im Zonenschießverfahren einsetzbar.

und ging in dieser Zeit nicht weniger als 17 mal in See, versenkte aber nicht ein einziges Schiff. Das heißt nicht, dass sein Vorhandensein bedeutungslos war; denn Kptlt. Vogler griff in dieser Zeit mehrere Schiffe an und erfuhr hierbei einige Verfolgungen mit Wasserbomben.

Seinen peinlichsten Augenblick erlebte er am Morgen des 16. Juni 1943. Ein leichter Nordostwind trieb einen heftigen Nieselregen über eine ruhige, aber verlassene arktische See, als *U 212* an den BdU ein FT absetzte: »AB 6364. Zerstörer in 290°, heller Anstrich.« 20 Minuten später ein erneutes FT an den BdU: »AB 6364. Zerstörer Kurs Ost, normale Fahrt.« Der Leser möge sich die roten Gesichter vorstellen, als wenige Minuten später *U 212* ein weiteres FT an den BdU richtete: »Widerrufe vorheriges FT. Zerstörer ist ein Eisberg.« Leider war das Licht zu schwach, um diesen Eisberg zu fotografieren und seine verblüffende Ähnlichkeit mit der Silhouette eines Schiffes zeigen zu können – er schien sogar eine Brücke und zwei Schornsteine zu haben.

Das Planquadrat AB 6364 der deutschen Marine-Quadratkarte befand sich etwa 430 sm (ca. 800 km) nördlich des Polarkreises etwa auf halbem Wege zwischen Spitzbergen und dem Nordkap, der nördlichsten Spitze Norwegens. Oder anders ausgedrückt: Das Planquadrat lag in der Barentssee direkt südlich der Bäreninsel, der einzigen Erhebung in diesem Seegebiet und normalerweise nur ein entfernter Fleck in der ruhelosen Weite des Europäischen Nordmeeres oder des Nördlichen Eismeeres, wie dieser Ozean früher genannt wurde. Doch 1943 geriet diese Insel häufiger in den Blickpunkt alliierter und deutscher Kriegsschiffe, die einerseits Geleitzüge auf dem Wege von und nach Nordrussland sicherten und andererseits diese Geleitzüge angriffen. Seeleute, die diese Gewässer befuhren, mussten gegenüber dem schlechten Wetter mit seiner Kälte und Nässe eine ziemliche Gleichgültigkeit besitzen oder hatten sie sich aneignen müssen. Selbst an trockenen Tagen, wenn es einmal nicht regnete, gab es stets die Möglichkeit, dass überkommendes Spritzwasser einer unruhigen See Feuchtigkeit an Bord hinterließ, vom Kondenswasser, das von kalten Stahlwänden tropfte oder an ihnen herablief, ganz zu schweigen. Trotz dieser Beeinträchtigungen erlebte *U 212* eine relativ ruhige Zeit.

Ständiges Tageslicht, das der Mitternachtssonne zu verdanken war, und verhältnismäßig freundliche Wetterbedingungen bedeuteten ein sehr eintöniges Dasein. Nur die sich wiederholende Arbeit der alltäglichen Bordroutine hielt die Männer bei der Stange.

An einem dieser Tage, der Eisberg-Vorfall lag erst wenige Tage zurück, überreichte der Funker kurz vor dem Abendessen dem Kommandanten einen Funkspruch: »Nehmen an, an der Nordostküste der Bäreninsel gibt es bei der Bergwerkssiedlung von Tunheim eine feindliche Funk- oder Wetterstation. Zielgebiet von der Luftwaffe angegriffen, keine Anzeichen von Leben. Sobald Wetterbesserung und allgemeine Lage es erlauben, außerordentlich vorsichtiges Herangehen an die Siedlung mit anschließendem Aussetzen eines Landungskommandos zur Aufklärung. Feststellen, ob Station vorhanden. Abwesenheit vom Operationsgebiet so knapp wie möglich halten. Verlassen des Operationsgebietes sowie Ausführung des Auftrages melden.«

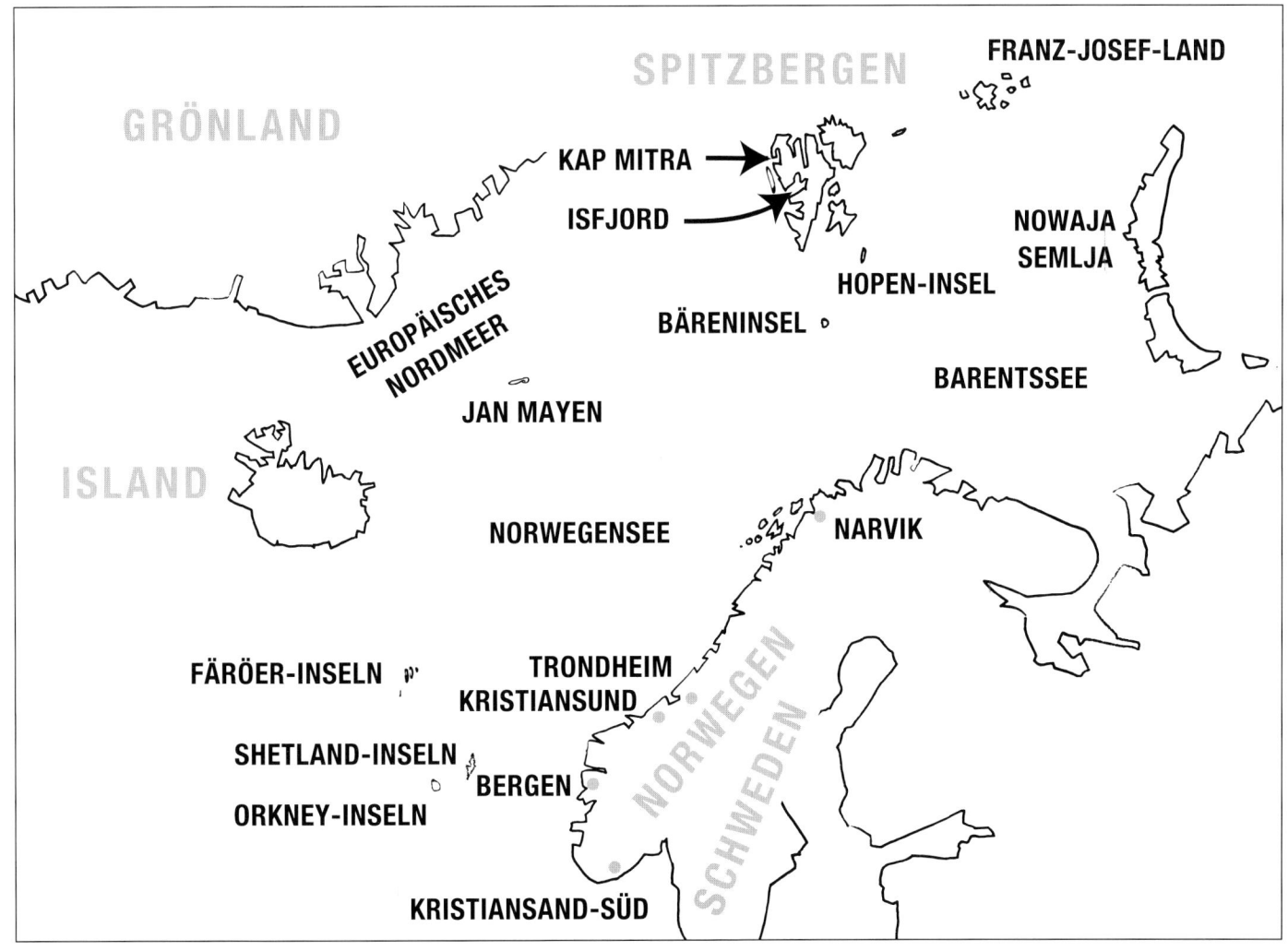

Kptlt. Helmut Vogler konnte den Befehl zunächst kaum glauben. Er las den Text des Funkspruchs wiederholt, ehe er aufsah und an den Kartentisch zur weiteren Prüfung des FT trat. *U 212* hatte noch nie einen derartigen Auftrag ausgeführt. Ein Landungskommando zusammenzustellen, war jedoch nicht allzu schwierig – jeder war scharf darauf, an Land zu kommen. Kptlt. Vogler entschied sich für einen Trupp in Stärke von einem Offizier und sieben Mann. Als nächste Maßnahme musste festgestellt werden, ob sich die Handfeuerwaffen in einsatzbereitem Zustand befanden. Kaum benutzt und in Behältern gut verpackt, wurden sie aus diesen selten herausgenommen. Danach war zu überlegen, welche Waffen und von wem mitgeführt werden sollten. Schließlich setzte sich die Ausrüstung für das Landungskommando wie folgt zusammen:

- Der I. WO als Kommandoführer und ein Portepee-Unteroffizier als Stellvertreter: Pistole mit 50 Schuss Munition, außerdem jeder eine Maschinenpistole mit vier gefüllten Magazinen, dazu eine doppelläufige Signalpistole mit je fünf Signalpatronen rot, grün und weiß, Ferngläser und vier Handgranaten;
- Ein Bootsmannsmaat: Maschinenpistole mit vier gefüllten Magazinen, Pistole mit 50 Schuss Munition, vier Sprengladungen mit Zeitzündern, Fernglas und vier Handgranaten;
- Ein Funkmaat: Pistole mit 50 Schuss Munition, vier Handgranaten, ein Sack mit Spezialwerkzeug einschließlich verschiedener Schraubenzieher und einem Hammer, alles in eine Schwimmweste eingepackt;
- Zwei Mann: Pistole mit 50 Schuss für jeden, vier Handgranaten, 300 Schuss Munition für die Maschinenpistolen, außerdem durch den Matrosengefreiten Bittner als Signalgast Mitführen eines Satzes Signalflaggen einschließlich Fernglas;
- Zwei Mann: Pistole mit 50 Schuss Munition für jeden, vier Handgranaten, drei Wurfanker mit Tau zum Festmachen der Schlauchboote;
- Zusätzlich Schwimmwesten für alle.

Nach mehrmaliger Überprüfung aller Waffen und jedes Stückes der Ausrüstung sowie des Erstellens eines Signalplanes wurden alle Einzelheiten des Vorgehens genau durchgesprochen, während Kptlt. Vogler das Boot langsam zur Küste manövrierte. Nachdem er die Ansiedlung ab und zu eingehend durch das Sehrohr beobachtet hatte, kam er zum Schluss, dass aller Voraussicht nach mit Widerstand nicht zu rechnen war. Doch das Fehlen eines geeigneten Landungssteges bedeutete, dass die Männer in zwei Schlauchbooten an Land paddeln mussten. Aus diesem Grund wurde das Landungskommando in einen Spähtrupp und einen Sicherungstrupp unterteilt, um auf Überraschungen gefasst zu sein. Der Leser stelle sich die Szene vor: Acht bewaffnete Männer mit einem flauen Gefühl in der Magengegend warteten in der Zentrale auf grünes Licht, um mit ihrer schweren Ausrüstung mühsam an Oberdeck zu klettern. Sobald sie draußen waren, wurden die großen Schlauchboote aus ihren Stauräumen im Oberdeck herbeigebracht. Die Handgriffe der Pressluftbehälter wurden gezogen und dann schoss die Luft zischend – aus den Löchern, die bei einem schweren Wetter vergangener Tage entstanden waren. Das kühne Landungskommando stand bereit, hatte aber keine Möglichkeit, an Land zu kommen. Natürlich passiert so etwas nie in Filmen; doch dies war die Wirklichkeit und die Männer mussten sich etwas ausdenken. Ohne Zögern wurden eine größere Anzahl Schwimmwesten und Balken zum Abstützen von Lecks von unten heraufgeholt und zu einem Floß zusammengebunden. Die verrückte Idee funktionierte und das Gefährt brachte in der Folge ObltzS. Friedrich Stege, den I. WO, zusammen mit Bootsmannsmaat Ziegert an Land.

Die an der Nordostküste der Bäreninsel gelegene Ansiedlung Tunheim besaß eine Pier mit einer Schmalspurbahn, die zu einem Kohlenbergwerk weiter oben in den Hügeln führte. Es lag hinter einer kleinen Ansiedlung aus Hütten und Baracken mit Schlafräumen für die Arbeiter. Die Pier wäre ein idealer Landeplatz gewesen, war aber schon vor längerer Zeit aufgegeben worden und sah ziemlich wackelig aus. Sie war auch für ein niedriges Unterseeboot eher zu hoch, um daran festzumachen, zumal keine sicher aussehende Leiter zu sehen war, um auf ihr nach oben zu klettern. Jedenfalls war dies offensichtlich ein Ort für mögliche Verteidiger, um von hier aus Geschütze einzusetzen. Daher entschied sich Kptlt. Vogler für eine sicherere Möglichkeit und entschloss sich, mit dem Behelfsfloß in einer gut geschützten Bucht in der Nähe zu landen.

Plötzlich brachte ein Beben verbunden mit einem knirschenden Geräusch das U-Boot, das sich noch etwa 150 m von der Küste entfernt befand, zu einem unerwarteten Stillstand, gefolgt von der Meldung aus dem Bugraum, dass eines der Torpedorohre zu lecken begann. Gleichzeitig hätte sich auch eine Forderung nach Abstützbalken ergeben können, aber der Großteil dieses Holzes war bereits als Floß unterwegs. Die beiden Männer brauchten 15 Minuten, um das plumpe Gefährt über die relativ kurze Entfernung zur Küste zu paddeln. In der Zwischenzeit kam das U-Boot mit Fahrt über den Achtersteven vom Hindernis frei. Glücklicherweise schien kein größerer Schaden entstanden zu sein.

In das erste Gebäude eindringend, entdeckte der nur noch aus zwei Mann bestehende Landungstrupp einen Stapel Dynamit und vermutete, dass dies der Sprengstoffvorrat für das Bergwerk war. Die Funkmasten sahen sehr baufällig aus, aber einer war noch ziemlich gut erhalten. Da der Ort verlassen war, entschloss sich ObltzS. Stege, den Mast mit Dynamit aus der ersten Hütte zu sprengen. Diese Sprengung verursachte viel Qualm und großen Lärm. Trümmerstücke flogen durch die Luft, aber an der Eisenkonstruktion entstand nur ein sehr geringer Schaden. Eine zweite Sprengung verbog die Konstruktion des Mastes. Mit ihrer

Rechts: U 212 unter Kptlt. Helmut Vogler nähert sich der Bergwerkssiedlung Tunheim an der Nordostküste der Bäreninsel. Die drei Kreuze in der Bildmitte markieren die Position der alten Pier mit der Schmalspurbahn, die zum Kohlenbergwerk führt. Das Kreuz links davon gibt die Lage des Funkmastes und das Kreuz rechts davon die Bucht mit der Landestelle an.

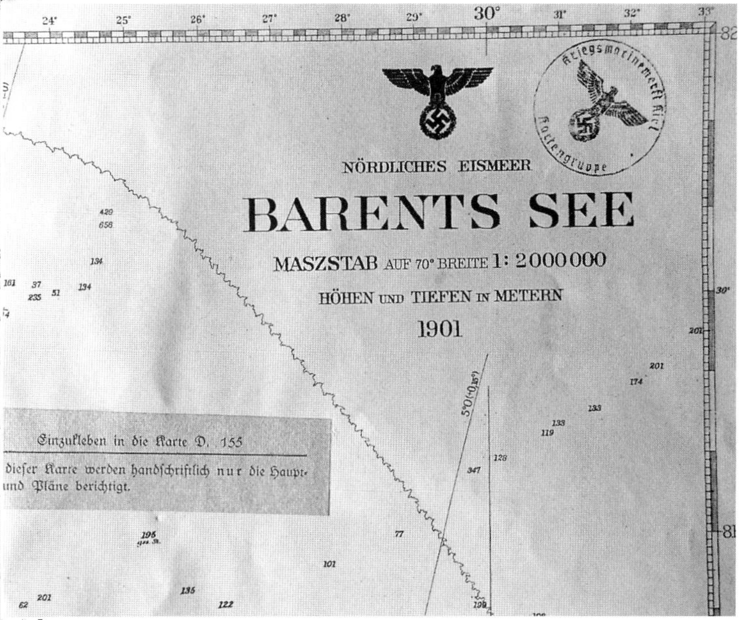

Links und oben: Ausschnitt aus der Seekarte mit der Bäreninsel. Der Einschub oben gibt die von *U 377* für die Fahrt nach Westspitzbergen im Herbst 1942 zur Navigation benutzte Seekarte der Barentssee wieder.

Rechts: *U 202* offensichtlich zu einer dienstfreien Zeit in einem Ostseehafen aufgenommen, wie der Posten der Bordwache vermuten lässt. Rechts im Bild zum »Wintergarten« hin ist gerade noch zur Hälfte das weiße UAK-Zeichen sichtbar: Zwei übereinander angeordnete Dreiecke mit der Spitze zueinander, d.h. ein Boot der Krupp-Germaniawerft, Kiel, vom Typ VII. Das UAK-Zeichen wurde beidseitig am Turm vom Tage der Indienststellung bis zur Abnahme durch das U-Bootabnahmekommando (UAK) gefahren (etwa 2–3 Wochen), wobei sich die Zeichen in Ausführung und Farbe je nach Bauwerft und Typ unterschieden. Zwischen Wind- und Spritzwasserabweiser ist vorne am Turm das Wappen des Kreises Stormarn zu sehen, denn Kptlt. Vogler stammte aus Bad Oldesloe, gleichzeitig Patenstadt des U-Bootes, zwischen Hamburg und Lübeck gelegen. In der Abdeckung vor dem noch im ursprünglichen Bauzustand befindlichen Turm befand sich der Magnetkompass, ein druckfest ausgeführter Lichtbildkompass, der über ein beleuchtetes Periskop vom Rudergänger in der Zentrale abgelesen wurde. Außerdem befanden sich in ihr die Notanschlüsse für Sauerstoff- (Steuerbord) und Druckluftübernahme (Backbord, im Bild) für den Havariefall. Die Oberdecksbeplankung befand sich etwa einen Meter über dem Druckkörper. Der Zwischenraum wurde zur Unterbringung von Ausrüstung verschiedenster Art genutzt, wie z.B. Dingi, Rettungsflöße, 30 Schuss 8,8-cm-Bereitschaftsmunition sowie Reservetorpedos in druckfesten Behältern.

Links: Ein druckfester Wasserbehälter auf dem korrodierten Deck des VII-C-Bootes *U 534*. Das 1988 ursprünglich von den Dänen im Kattegat bei der Insel Anholt gehobene U-Boot wird derzeit durch die *Warship Preservation Trust* in Birkenhead bei Liverpool als Museumsschiff restauriert.

Leistung zufrieden, wandten die beiden Männer ihre Aufmerksamkeit den anderen Gebäuden zu. Die Einrichtung war schon sehr verrostet und brauchte daher nicht weiter zerstört zu werden. Funkeinrichtungen oder andere Gegenstände von Interesse wurden nicht entdeckt. Die vorgefundenen Zeitungen waren alt und die wenigen Gegenstände, die noch brauchbar aussahen, waren zu sehr beschädigt. Die Bomben der Luftwaffe hatten gründliche Arbeit verrichtet.

Von einer Wetterstation konnte keine Spur entdeckt werden. Vor allem nach ihr suchten die beiden Männer gründlich, waren aber nicht in der Lage, irgendeinen Hinweis zu finden. Anzeichen, dass der Ort kürzlich noch bewohnt war, gab es nicht und die beiden U-Bootleute gingen zum Strand zurück. Es gab noch einen spannungsgeladenen Augenblick, als ein Flugzeug langsam über die Insel strich. Doch die Maschine wurde als ein deutsches Flugboot vom Typ Blohm & Voss Bv 138 identifiziert und das sofort mit der Signalpistole geschossene korrekte Erkennungssignal ließ jedermann erleichtert aufatmen. Bald darauf näherte sich *U 212* erneut dem Strand, um den Landungstrupp wieder abzuholen. Einige Zeit später konnte Kptlt. Vogler über Funk die erfolgreiche Durchführung des Auftrags melden und zur Alltagsroutine in sein Operationsgebiet zurückkehren. Die Aufregung war noch nicht ganz vorüber, als zwei Stunden später ein weiteres Flugzeug erschien, vermutlich eine Ju 88, aber Kptlt. Vogler verlor mit dem Identifizieren der zweimotorigen Maschine keine Zeit, sondern tauchte mit seinem Boot einfach weg. Es gab keine Veranlassung, in einer unsicheren Lage abzuwarten; denn U-Boote hatten den Vorteil, die friedliche Ruhe aufzusuchen, die ihnen die Tiefe bot.

U 703: Bergung russischer Überlebender von der Hopen-Insel

In Romanen wird der Leser üblicherweise mit einer längeren Vorbereitungsphase konfrontiert, die zum Höhepunkt der Geschichte führt. Doch die Wirklichkeit unterscheidet sich hiervon häufig sehr. Der Zeitpunkt, als *U 703* den Auftrag erhielt, Hopen-Insel aufzuklären, war ebenso willkürlich gewählt wie der Besuch der Bäreninsel durch *U 212*. Auch diese Aufgabe im Juli 1943 fiel ObltzS. Joachim Brünner von *U 703* ebenso unerwartet zu. Joachim Brünner ist mit seiner gesamten Besatzung seit Ende September 1944 im Nordmeer verschollen. Doch zuvor war sein damaliger II. WO, LtzS. Heinz Schlott, zum Kommandanten-Lehrgang abkommandiert worden, um eines der neuen Boote vom Typ XXI (*U 2329*) zu übernehmen. Nach dem Kriege berichtete dieser von erstaunlichen Geschehnissen, die sich in der tiefsten Arktis ereignet hatten. In den Personalakten der Marine wird Schlotts Vorname mit Heinrich angegeben, aber seine Aufsätze sind von ihm unter dem Vornamen Heinz geschrieben worden, so dass sich insoweit eine Unstimmigkeit ergibt. Der Ablauf der Geschehnisse in diesem Kapitel beruht auf Schlotts Schilderungen, wie er sie erlebt hat. Daher wird angenommen, dass jene Darstellungen unrichtig sind, in denen berichtet wird, dass die am Ende dieses Abschnitts beschriebene Bergung der drei Russen von *U 354* durchgeführt wurde – vermutlich verwechselt mit dem späteren Abholen eines deutschen Wettertrupps von der Hopen-Insel durch *U 354*.

Zu dieser Zeit hatte *U 703* bereits schwere Kämpfe im Einsatz gegen Nordrussland-Geleitzüge unter fürchterlichen Bedingungen hinter sich. Im Juli 1943 stand das U-Boot einmal mehr in seinem eisigen Operationsgebiet, als ein Funkspruch mit einem unerwarteten Befehl vom Admiral Nordmeer aus Narvik einging: »Hütte mit drei Mann auf Hopen-Insel festgestellt. Aufklären, ob es sich um Teil eines Feindunternehmens handelt, ggf. Zerstören der Anlage.« Weisungen dieser Art klingen sehr einfach, aber die südostwärts von Spitzbergen in der Barentssee gelegene Hopen-Insel ist ca. 35 km lang und etwa 4 km breit. In dieser mit Felsen übersäten Einöde eine Hütte zu finden, war nicht unbedingt eine der leichtesten Aufgaben.

Das Auffinden der Insel, um mit der Suche zu beginnen, war nicht allzu schwierig. Es herrschte einigermaßen klares Wetter und die dunklen Berge, die etwa 500 m hoch waren, erhoben sich aus der schimmernden See. Doch die Annäherung an die Küste erwies sich als durchaus schwierig. *U 703* war noch mehr als 1000 m von diesem ungastlichen Felseneiland entfernt, als das Echolot anzeigte, dass das Boot nur noch wenige Meter Wasser unter seinem Kiel hatte. Diese Anzeige machte deutlich, dass ein dichteres Herangehen in einer möglichen Katastrophe enden konnte.

Doch das Absuchen der Küste mit den Ferngläsern erbrachte trotz der beträchtlichen Entfernung rasch ein Ergebnis: Eine Hütte wurde entdeckt. Alle Waffen waren gefechtsbereit besetzt, als ObltzS. Brünner den Befehl erteilte, dichter heranzugehen. Um sich nicht nur auf das Echolot zu verlassen, befanden sich ein paar Mann am Bug, um auf althergebrachte Weise mit dem Handlot die Wassertiefe festzustellen. Nirgendwo rührte sich etwas. Daher befahl ObltzS. Brünner, ein paar Schuss über die Hütte zu feuern, in der Hoffnung, dass die möglicherweise in der Hütte schlafenden Bewohner aufwachen würden. Wieder rührte sich nichts. Nun wurde das Dingi ausgesetzt und LtzS. Schlott und drei Seeleute paddelten an Land. Der schmale Streifen Strand, auf den sie zuhielten, war mit Holz und anderem Treibgut übersät, aber das Landen erwies sich als nicht allzu schwierig, wenn es auch etwas nasse Füße gab. Als sie zur weiter oben gelegenen Hütte kamen, fanden sie diese leer. Eine 20 Jahre alte Zeitung, ein paar vergammelte Kaffeebohnen und anderes Gerümpel ließen zusammen mit dem wertvollen Holz am Strand erkennen, dass der Platz seit geraumer Zeit nicht benutzt worden war. Dies war mit Sicherheit nicht die von einer Ju 88 der Luftwaffe gemeldete Hütte.

Nachdem das Landungskommando an Bord zurück war, setzte *U 703* seine Suche fort, sich wieder in respektvoller Entfernung von der felsigen Küste haltend. Einige Zeit später kam eine größere Hütte in Sicht. Artilleriebeschuss über das Dach ließ einen Mann zum Vorschein kommen, der mit den Armen fuchtelte. Als ihn das Landungskommando erreichte, stand er mit erhobenen Händen vor Schreck erstarrt da. Eine Verständigung war kaum möglich, da es unmöglich war, eine gemeinsame Sprache zu finden, aber nach ein wenig Zeichensprache vermutete LtzS. Schlott, dass es sich um einen Russen handelte. Später in der Wärme, nachdem der Russe gegessen hatte, gelang es dem II. WO herauszufinden, dass es sich bei dem verdreckten Mann um Kapitän Beliajew vom sowjetischen Frachter DEKABRIST handelte. Das 7363 BRT große Schiff war als Einzelfahrer von Reykjavik nach Nordrussland unterwegs gewesen und am 5. November 1942 von einer Ju 88 der I./KG 30 – zweimotoriger Sturzbomber der I. Gruppe des Kampfgeschwaders 30 der Luftwaffe – versenkt worden. Der Kapitän hatte unter unglaublichen Widrigkeiten neun Monate lang in einer der ungastlichsten Regionen der Welt überlebt.

Kapitän Beliajews Schiff war Teil eines alliierten Experimentes gewesen, 13 einzeln fahrende Frachtschiffe nach Murmansk und Archangelsk mit jeweils mehreren Tagen Abstand zwischen ihnen zu entsenden. Dieser Plan war an sich vernünftig gewesen, da die Verlustrate geringfügig besser als bei den zur gleichen Zeit entsandten Geleitzügen war. Bedauerlicherweise ging die DEKABRIST hierbei mit fünf weiteren Schiffen verloren. Eine eingehendere Duchsuchung der Hütte offenbarte, dass es Beliajew möglich gewesen war, die Rettungsboote mit beträchtlichen Vorräten auszustatten – er selbst hatte noch für längere Zeit Proviant –, da sein Schiff zum Glück nur sehr langsam untergegangen war. Er übergab LtzS. Schlott seinen Revolver und ein Gewehr mit Munition und zeigte ihm, dass er einige Eisbären geschossen hatte. Die Felle dieser Tiere waren so gut präpariert, dass LtzS. Schlott eines von ihnen als Vorleger mit nach Hause nahm. Unter

Auf der Brücke von *U 703* (ObltzS. Joachim Brünner) in der Arktis. Links im Hintergrund ist Obersteuermann Willy Grönegres zu erkennen, der später auf *U 1222* fuhr.

Ausguck auf der Brücke von *U 703* bei der Annäherung an die arktischen Inseln von Nowaja Semlja. In der Mitte ist das ausgefahrene Sehrohr zu erkennen. Die Rundantenne eines Funkmessbeobachtungsgerätes (am linken Bildrand), um vor gegnerischer Radarortung zu warnen, weist darauf hin, dass dieses Foto in der zweiten Kriegshälfte aufgenommen wurde.

Benutzung der Zeichensprache, untermalt mit vielen lauten Geräuschen und einigen Brocken Englisch machte ihm der Kapitän klar, dass es in einiger Entfernung drei weitere Leute gab, die in einer anderen Hütte an der Küste hausten. Eine dieser Personen sollte eine Frau sein, eine Ärztin.

Weiter entlang der Küste fahrend, tauchte wieder eine Hütte auf und erneut schoss *U 703* über das Dach. Diesmal kamen drei Gestalten zum Vorschein; eine von ihnen hatte ein Megafon in der Hand und schrie etwas in russischer Sprache. Dann kamen die drei Leute zum Strand herunter, bestiegen ein kleines Boot und ruderten zum U-Boot hinaus. Trotz ihres abgerissenen und verwitterten Aussehens befanden sie sich in einer annehmbaren Verfassung, wenn es auch dem älteren Mann offensichtlich nicht gut ging. Sie waren kaum an Bord, als sie ein heftiges Erbeben des Bootes fast von den Füßen riss. *U 703* hatte Bekanntschaft mit der Hopen-Insel gemacht und der LI und seine Männer machten sich daran, den Schaden festzustellen. In der Zwischenzeit ruderte LtzS. Schlott in dem entliehenen Boot zur Insel hinüber, um die Hütte zu untersuchen. Es bestand durchaus die Möglichkeit, dass diese Leute nicht die Wahrheit sagten und zu einem militärischen Unternehmen gehörten. Doch Beweise hierfür konnten nicht gefunden werden und der Zustand der Hütte entsprach ihren Aussagen.

Sobald LtzS. Schlott zum Unterseeboot zurückgekehrt war, unterrichtete der Kommandant die Besatzung, dass sie den Kapitän nach Norwegen mitnehmen würden, während die anderen drei Leute zurückbleiben sollten. ObltzS. Brünners Argument war, dass die zusätzlichen Leute an Bord die Einsatzbereitschaft des U-Bootes in Gefahr bringen könnten. Den Versuch zu unternehmen, seine Denkweise heute zu verstehen, fast 60 Jahre nach den Ereignissen, ist so gut wie unmöglich. Daher scheint auch der Versuch zwecklos zu sein, eine Erklärung für den offensichtlich herzlosen Entschluss zu finden, ausgenommen der Hinweis auf die Tatsache, dass Krieg herrschte, in dem Leben und Wohlergehen des gemeinen Mannes keine Beachtung fanden. Überall in Europa litt die Zivilbevölkerung und der Tod forderte jede Woche Tausende von Opfern. Obwohl die beiden Männer und die Frau von *U 703* mit Vorräten gut versorgt worden waren, fiel es den Angehörigen der Besatzung des U-Bootes nicht leicht, ihnen zuzusehen, wie sie zu ihrer einsamen Insel zurückruderten.

Einige Monate später befand sich *U 703* erneut auf Feindfahrt in der Arktis. Am 2. Oktober 1943 ging ein Funkspruch des Admirals Nordmeer ein, der das U-Boot zum Abbruch der Feindfahrt aufforderte, aber sehr zur Freude aller die Weisung enthielt, auch die drei Leute von der Hopen-Insel mitzubringen. Ihr Abholen von der Insel war unglaublich schwierig, denn diesmal musste eine gefährliche Brandung überwunden werden. Vor allem aber lag der jüngere der beiden Männer ernstlich erkrankt seit einiger Zeit in der Hütte und hatte sich bereits damit abgefunden, dass er in dieser öden Wüstenei sterben würde. Die U-Bootleute mühten sich erheblich ab, ihn in ihr Boot zu bekommen, aber leider starb er, noch ehe sie Norwegen erreichten. Die beiden anderen kamen in Gefangenschaft.

Wie schon erwähnt, war der Besatzung von *U 703* kein solches Glück beschieden; denn sie ist mit ihrem Boot verschollen. Es wird angenommen, dass *U 703* um den 25. September 1944 beim Aussetzen einer Wetterboje in schwerer See ostwärts von Island verloren ging.

Es ist nicht bekannt, wer diese drei Russen waren, woher sie kamen, warum sie mit einem Schiff unterwegs nach Russland waren und was später aus ihnen geworden ist. Hätte es nicht das kurze Zusammentreffen mit *U 703* gegeben, wäre nicht ein kleiner Teil ihres Lebens im Kriegstagebuch des U-Bootes aufgezeichnet worden und hätte nicht der damalige LtzS. Schlott diese wenigen Fakten herausgefunden, so wären die vier Personen – der Kapitän des Frachters, die Ärztin und die beiden Männer – wahrscheinlich ohne jede Spur verschollen geblieben.

U 355: Aufklärungsfahrt in der Arktis

Kptlt. Günter La Baume verließ seinen aufreibenden Schreibtischposten im OKM wenige Tage vor seinem 30. Geburtstag, um sich den Unbequemlichkeiten der U-Bootgrundausbildung zu unterziehen. Fünf Monate später absolvierte er Anfang September 1941 den Kommandanten-Lehrgang. Danach erhielt er mit *U 355* sein erstes Kommando, wurde zur Baubelehrung abkommandiert und stellte das VII-C-Boot am 29. Oktober 1941 in Dienst. Die Bauwerft seines Bootes befand sich in Flensburg, nicht weit von der Marineschule Mürwik entfernt, an der er mit der Crew 29 seine Ausbildung zum Marineoffizier erhalten hatte. Seit seinem ersten Aufenthalt als 18-jähriger Fähnrich zur See aus der damaligen Freien Stadt Danzig hatte sich vieles verändert. Die alten Lieblingsplätze rund um den Flensburger Hafen und an der Förde waren noch dieselben und der rote Backsteinbau der »Burg« für die »Seelords von Mürwik« am Ufer über der Förde beherrschte immer noch das Bild. Nur wehten jetzt überall die Hakenkreuzfahnen und die Stadt war vom Krieg geprägt.

Kptlt. La Baume war glücklich. Zur 11. U-Flottille in Bergen gehörend, führte ihn seine erste Feindfahrt im Sommer 1942 nach Norden ins Europäische Nordmeer. Dort nahm er an den Angriffen gegen den Geleitzug PQ 17 in der Barentssee teil und am 7. Juli gelang es ihm sogar, in der Nähe der einsamen Inseln von Nowaja Semlja den 5082 BRT großen britischen Frachter SS HARTLEBURY zu versenken. Eine solche Feuertaufe verführte manchen zu einer falschen Auffassung hinsichtlich dessen, was folgen sollte. Statt reichlich Ziele fand Kptlt. La Baume eine andere Art von Gegner. Nördlich des Polarkreises bleibend, lernte er, mit den Elementen fertig zu werden, die sich stets zu einem

Zeitpunkt unerwartet darboten, wenn dies am wenigsten erwünscht war. Doch die harten Lehren des Polarmeeres trugen dazu bei, dass die Männer am Leben blieben. Ein Jahr später kommandierte Kptlt. La Baume immer noch sein altes Boot, aber mit einer großen Anzahl neuer Gesichter. Viele Besatzungsangehörige, die bei der Indienststellung von *U 355* an Bord an gewesen waren, hatten inzwischen ihre Abkommandierung erhalten, waren befördert worden oder an anderer Stelle gar gefallen.

Die auf *U 355* verbliebenen Angehörigen der ursprünglichen Besatzung waren froh darüber, während des »Schwarzen Mai« 1943 nicht in See gewesen zu sein, als über 40 U-Boote versenkt wurden. In dieser verhängnisvollen Zeit lag *U 355* im norwegischen Trondheim zur Durchführung beträchtlicher Umbauten in der Werft. Das große 8,8-cm-Deckgeschütz wurde zur Gewichtseinsparung von Bord gegeben; stattdessen erfuhr die Brücke mit der Geschützplattform des »Wintergartens« eine Vergrößerung, um zwei 2-cm-Zwillingsflaks unterzubringen. Ein weiterer etwas tiefer gelegener Flakstand wurde angefügt, um ein 3,7-cm-Fla-Geschütz oder eine 2-cm-Vierlingsflak aufzunehmen (Brückenumbau IV). Auch ein neues Funkmessbeobachtungsgerät zur Warnung vor gegnerischer Radarortung kam an Bord. Die Werftliegezeit erwies sich auch als eine willkommene Gelegenheit, um auf Heimaturlaub zu gehen, eine Gelegenheit, die sich U-Bootfahrern nicht sehr häufig bot.

Das U-Boot war gerade erst zu seiner nächsten Feindfahrt ausgelaufen, als die Besatzung von einer plötzlichen Kursänderung überrascht wurde. Kptlt. La Baume gehörte nicht zu jenen, die ihre Männer im Unklaren ließen, und so dauerte es nicht lange, da erwachte die Bordsprechanlage zum Leben. Der Kommandant teilte mit, dass ein Kampfverband aus einem Flugzeugträger, drei Kreuzern und neun Zerstörern gemeldet worden war. Jedes in dem Gebiet sich aufhaltende U-Boot erhielt den Befehl, zur Bildung eines Aufklärungsstreifens heranzuschließen. Die Tatsache, dass *U 355* nunmehr volle Fahrt lief, wurde von der Mehrheit der Besatzung nicht begrüßt. Bereits mehrmals mussten Treibminen abgeschossen werden und mit Höchstfahrt war es sogar noch schwieriger, diesen möglichen Hindernissen auszuweichen. An Bord von *U 355* wurde die Vermutung geäußert, dass sich die Minen von ihren Verankerungen in britischen Gewässern losgerissen hätten und jetzt nordostwärts in Richtung Norwegen trieben. Das düstere Gespräch kreiste noch um die Minengefahr, die hohe Fahrt und den Kampfverband der britischen Marine, als klar wurde, dass die Maschinenanlage nicht gewillt war, den Befehlen der U-Bootführung zu gehorchen.

Das Maschinenpersonal lief einige Zeit umher und war sich über die Ursache der ständigen Motorenstörungen überhaupt nicht im Klaren. Mit stotternden und nur stoßweise laufenden Motoren zu leben, war nicht sehr angenehm, besonders dann nicht, wenn sie in der Vergangenheit stets einwandfrei gelaufen waren und das Problem sich noch nie zuvor ergeben hatte. Ein paar Tage später entdeckte das Maschinenpersonal den Übeltäter in den Treibstoff-Filtern: Bronzefarbe. Bei der kürzlichen Werftüberholung waren die Innenseiten der Treibstoffbunker gestrichen worden, aber mit der falschen Farbe. Das Treiböl hatte sie abgewaschen und in einen schimmernden Bronzeschlamm verwandelt, der sich in den dünnen Einspritzdüsen für den Kraftstoff sammelte. Waren diese erst einmal verstopft, dann bestand natürlich keine Hoffnung mehr, dass die Motoren weiterhin liefen. Da war nichts mehr zu machen. Kptlt. La Baume ließ ein Kurzsignal absetzen und nahm Kurs auf Norwegen, um die Treibstoffbunker auspumpen zu lassen. Die Besatzung freute sich über die Ablenkung und hegte bereits die Hoffnung auf Urlaub. Doch diesmal wurden die Männer enttäuscht; sie erhielten nicht einmal Gelegenheit, einen Fuß an Land zu setzen. Das entsandte Hilfstross-Schiff KÄRNTEN stieß zu *U 355* in einem abgelegenen Fjord, der Schaden wurde behoben und nach erneuter Treibstoffübernahme setzte das U-Boot seine Feindfahrt fort.

Nordwärts fahrend, unterrichtete Kptlt. La Baume seine Besatzung darüber, dass sich *U 355* nunmehr auf dem Marsch nach Spitzbergen zu einer allgemeinen Aufklärung befände. Offensichtlich hatten die Aufklärungsflüge der Luftwaffe regelmäßig eine Reihe von gegnerischen Schiffen in diesen Gewässern gemeldet, die im Oberkommando der Wehrmacht den Verdacht weckten, dass es auf dieser öden Inselgruppe gegnerische Unternehmungen in irgendeiner Form geben müsse. Vor dem Kriege war Spitzbergen hauptsächlich das einsame Revier von Jägern und Walfängern gewesen sowie der Arbeitsplatz von Bergarbeitern, die in den Kohlegruben schürften. Doch kurze Zeit nach Kriegsausbruch hatten britische und kanadische Truppen die letzten, noch auf der Inselgruppe lebenden Menschen zwangsweise evakuiert. Im Verlaufe dieser Räumung hatten die Engländer auch die Kohlegruben zerstört, um zu verhindern, dass in den Gruben geförderte Kohle über Norwegen den deutschen Kriegsanstrengungen zugute kam. Gleichzeitig setzten sie auch die Kohle auf den Halden in Brand, die dort lagerte, um exportiert zu werden. Jetzt im Juli 1943 hätte der erste Anblick von Spitzbergen aus einem Bilderbuch stammen können. Hohe und mit Schnee bedeckte Berge, die sich bis zu den niedrigen Wolken erhoben, waren hinter einem weißen Dunstschleier versteckt, der tief über dem Wasser hing. Dieser tief herabhängende Seenebel war viel versprechend; denn er ermöglichte *U 355*, sich ungesehen zu nähern, und da keine Eisbildung zu sehen war, schien es auch unwahrscheinlich zu sein, dass es zu einem Zusammenstoß mit Eis kam. Ursprünglich hatte der Plan vorgesehen, vor der Küste bis in die Abendstunden in Wartestellung zu bleiben. Dies bedeutete nicht, auf den Einbruch der Dunkelheit zu warten, da in diesen hohen Breiten während des Sommers die Sonne kaum unterging. Doch die an Land lebenden Menschen hielten sich

Links: *U 703* auf Feindfahrt in arktischen Gewässern im Sommer 1944.

Oben: Der Turm von *U 703*. Im Bild das im Entstehen begriffene Emblem des Bootes. Das Emblem wurde später mit mehr Details versehen, insbesondere mit einem schwarzen Kreuz auf dem Focksegel, und in farbiger Ausmalung an Backbord und Steuerbord angebracht, während die Turmvorderseite das Eismeerwappen mit dem Eisbär zeigte. Über dem Emblem sind der Windabweiser und darunter der sog. Spritzwasserabweiser zu erkennen. Rechts im Bild hängt an der Turmaußenwand ein Rettungsring.

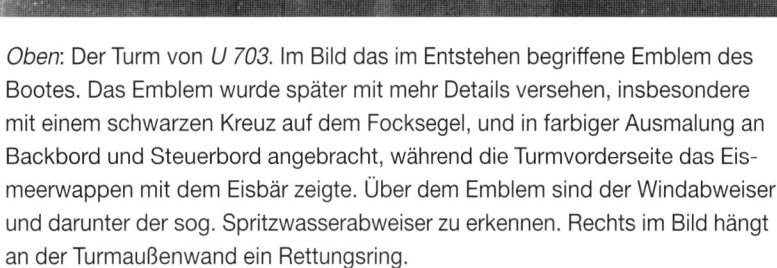

Links: Ein Portepee-Unteroffizier und ein Mannschaftsdienstgrad mit umgehängtem Karabiner 98 k von *U 703* auf einer der Inseln der sowjetischen Inselgruppe von Nowaja Semlja.

Links: Ein Leutnant z. S. (Mitte) und zwei Mannschaftsdienstgrade von *U 703* am Strand einer der Inseln von Nowaja Semlja. Über ihrer Kleidung tragen sie die standardmäßigen Schwimmwesten.

Unten: *U 703* bei der Erkundung der Hopen-Insel. Da mit dem Angriff von einem möglicherweise auf der Insel vorhandenen alliierten Stützpunkt gerechnet wurde, sind auf dem Turm leichte Maschinengewehre zu sehen. Im Bild deutlich erkennbar sind drei MG 34 und links davor befindet sich in der Verkleidung eine teilweise ausgefahrene Stabantenne.

Unten links: Obersteuermann Willy Grönegres von *U 703*. Er trägt eine Spezial-Sonnenbrille; diese lag fest am Gesicht an, um das Fernglas problemlos ansetzen zu können. Sie war vorteilhafter als Ferngläser mit eingesetzten Filtern, da sich der Lichteinfall nicht veränderte, sobald der Ausguck das Fernglas absetzte.

bekanntermaßen an die mitteleuropäische Zeitfolge, um während der »Nachtstunden« zu schlafen. Daher wollte Kptlt. La Baume den Vorteil wahrnehmen und auf einen möglichen Gegner zu einem Zeitpunkt treffen, wenn an Land vermutlich weniger Aufmerksamkeit herrschte. Jetzt bot dieser Nebel die Möglichkeit, getaucht in den Fjord einzulaufen, um zu einer schnellen Überprüfung der größeren Ansiedlungen durch das Sehrohr dicht heranzugehen. Bei Unterwasseroperationen bestand die Schwierigkeit darin, dass es für ein vorbeifliegendes Flugzeug in dem kristallklaren Wasser sehr leicht war, ein getauchtes Unterseeboot zu entdecken. Doch der Nebel konnte ein Entdecken verhindern, wenn das Boot unter Wasser blieb, und nach Auffassung des Kommandanten war es wahrscheinlicher, jetzt eine Aktivität festzustellen, wie etwa aufsteigenden Rauch, als später, wenn die Bewohner der Ansiedlungen schliefen und Ruhe eingekehrt war. Es war erst Mittag, als Kptlt. La Baume den Versuch unternahm, sich unter Wasser anzunähern. Jedermann befand sich auf seiner Gefechtsstation, während das U-Boot auf den über 20 km breiten Eingang des Isfjords an der Westküste von Westspitzbergen zuhielt. Das Boot kam gut voran und alles schien außergewöhnlich zufriedenstellend bis zu dem Augenblick zu verlaufen, da Kptlt. La Baume im Inneren des Fjords das Sehrohr ausfuhr. Überrascht stellte er fest, dass über den landumschlossenen, geschützten Gewässern keinerlei Seenebel mehr zu sehen war, obwohl noch vor wenigen Minuten geradezu ein Paradebeispiel dafür zu beobachten war. Zurückblickend konnte er in der Ferne den herabhängenden weißen Vorhang erkennen, aber vor sich und zu beiden Seiten ragten kristallklar die Felsen hoch in den Himmel.

U 355 tauchte auf und lief mit langsamer Fahrt auf Barentsburg zu, der am Südufer des Isfjords gelegenen größten Ansiedlung auf Spitzbergen. Es gab nirgendwo Anzeichen von Leben. Die aus Beton errichtete Pier und die Häuser lagen verlassen da. Nur eine schaurige Rauchspirale stieg von den Kohlehalden auf und verwehte. Sie brannten jetzt bereits länger als drei Jahre, langsam unter einer dicken Ascheschicht vor sich hin schwelend. Kptlt. La Baume war nicht übermäßig beunruhigt; denn er kannte dieses Phänomen von *U 377* (Kptlt. Otto Köhler), das es fast ein Jahr zuvor entdeckt hatte, als das Boot Ny-Ålesund am Kongsfjord angelaufen hatte. Dann wurde die Aufmerksamkeit der Brückenbesatzung durch etwas gefesselt, das die Männer zunächst für einen Mann hielten, der eine Sturmlaterne trug. Doch bei näherer Prüfung stellten sie fest, dass der Wind manchmal die Asche wegblies, so dass sehr kleine Flammen aufflackerten, die fast so unheimlich wirkten wie Irrlichter im Moor. Langsam fuhr *U 355* am Fjordufer entlang, während sich die Ferngläser eingehend auf jeden Winkel richteten, aber zweifellos gab es nirgendwo ein Anzeichen von Leben. Ein paar von Jägern verlassene Hütten, einige seltsame Wrackstücke, aber keine Andeutung, dass die Alliierten den Ort zu militärischen Zwecken benutzt hätten.

Um 16.36 Uhr ertönte plötzlich ein unheimliches pfeifendes Geräusch, dem ein Aufplatschen im Wasser vor ihnen folgte. Auf ein derart charakteristisches Geräusch hin hätten die Männer normalerweise viel schneller reagiert, aber in dieser öden Wildnis konnte sich irgendwie niemand vorstellen, dass dies der Einschlag einer Artilleriegranate gewesen war. Einige Zeit später folgte das Geräusch des hohl dröhnenden Abschusses eines Geschützes, während im Wasser der Aufschlag einer zweiten Granate erfolgte. Niemand hatte das Geschütz ausgemacht und selbst jetzt, nachdem es sein Vorhandensein preisgegeben hatte, konnten die Männer seine Position nicht feststellen. Kptlt. La Baume wartete nicht ab, bis die Geschützbedienung sich eingeschossen hatte, sondern *U 355* verschwand in der Tiefe, während zu hören war, wie noch weitere Granaten ins Wasser schlugen. Wer immer sich dort auch aufhielt, schien sehr eifrig zu sein.

Unten: Vermutlich handelt es sich bei dem auf dem Foto kaum sichtbaren U-Boot um U 1163 unter ObltzS. Ernst-Ludwig Balduhn. Das Boot scheint sich außerordentlich dicht unter Land zu befinden. Sein Auftrag war es gewesen, eine Wetterstation in Nordnorwegen und eine weitere auf der Bäreninsel einzurichten.

Oben: Besatzungsangehörige von *U 1163* halten sich hier entweder am Strand Nordnorwegens oder der Bäreninsel auf.

Oben: Ein Landungstrupp von *U 1163* rudert zur Küste.

Bis jetzt hatte sich die Aufklärungsfahrt in einer gemächlichen, fast an ein Kreuzfahrtschiff erinnernden Art der Atmosphäre abgespielt. Jetzt begannen die Herzen wieder schneller zu schlagen, während Kptlt. La Baume das Fjordufer absuchte. Die stark vergrößernde Optik des Angriffssehrohres war defekt, so dass er in der Zentrale stand und durch das Navigationssehrohr beobachtete. Doch die Position des Geschützes konnte er immer noch nicht feststellen. Es wurden Überlegungen zum Geschütz angestellt, wonach es ein Kaliber hätte, das nur ein wenig größer als das Kaliber wäre, das die von den Robbenjägern benutzten Gewehre hätten. Doch der Kommandant unternahm keinerlei Anstrengungen, um es anzugreifen. Seine Befehle wiesen ihn an, eine Aufklärungsfahrt durchzuführen, und nicht, sich in ein Artillerieduell einzulassen. Das konnte er zum Glück anderen überlassen.

24 Stunden später war das Geschütz schon fast in Vergessenheit geraten, aber die Vorsicht, die es angemahnt hatte, war geblieben, als sich *U 355* in einem anderen Fjord einer Funkstation näherte. Sie war ohne jedes Anzeichen von Leben und sah verlassen aus, wohingegen der Antennenmast herausfordernd aus der Anhäufung verfallender Hütten ragte. Etwa 30 m hoch, war er schon aus beträchtlicher Ferne erkennbar. Er sah nicht sehr vernachlässigt aus, so dass sich Kptlt. La Baume entschloss, ein bewaffnetes Landungskommando auszusetzen. Eine solche Möglichkeit war bereits vorher eingehend besprochen worden und der Trupp konnte daher überaus rasch losgeschickt werden. Doch die Vorsicht blieb vorherrschend. Kptlt. La Baume hatte keine Eile und entschloss sich, die frühen Morgenstunden abzuwarten, während die Bewohner wahrscheinlich noch schliefen. Um 06.00 Uhr paddelte ein aus vier Mann bestehender Landungstrupp ans Ufer, ging an Land, untersuchte die leeren Hütten, brachte Sprengladungen am Funkmast an, sprengte ihn und kehrten zwei Stunden später wieder an Bord zurück.

Es war am achten Tag dieser Aufklärungsfahrt, als wieder ein Alarm durch das U-Boot gellte. Der Ausguck hatte Mastspitzen gesichtet. Dies klang viel versprechend und bot Gelegenheit, im Bugraum durch das Verschießen einiger Torpedos etwas Platz zu schaffen. Der Kommandant nahm an, dass es sich durchaus um ein Unterstützungsschiff mit Nachschub für die Männer handeln könnte, die auf das U-Boot geschossen hatten, und dies dürfte eine gute Gelegenheit sein, auch mit ihnen fertig zu werden. Bereits vor einiger Zeit hatte die Luftwaffe ein Schiff auf Nordkurs gemeldet. Die Lage schien sich daher günstig zu entwickeln. Der Haken daran war, dass der Blick durch das Sehrohr den Verdacht ergab, dass sich die Mastspitzen nicht zu bewegen schienen. Ihre erneute Prüfung einige Minuten später ließ erkennen, dass sie sich noch in genau derselben Position wie zuvor befanden. Wieder auftauchend, lachte die Brückenwache über sich selbst. Sie hatte sich von ein paar sehr dünnen Felsnadeln narren lassen, die am weit entfernten Fjordufer emporragten.

Oben: Ny-Ålesund am Kongsfjord auf Westspitzbergen, aufgenommen vor der Evakuierung der kleinen Bergwerkssiedlung durch anglo-kanadische Truppen kurz nach Kriegsausbruch. Die Hauptmerkmale zur Orientierung sind: Links am Bildrand die Kohlenpier für die Verladung, rechts davon die Häuser von Ny-Ålesund. Weiter rechts das massive Gerüst dicht am Strand ist alles, was vom Luftschiff-Hangar übrig blieb, und ganz rechts ist der Eingang zur Kohlengrube zu erkennen.

Rechts: Die Kohlenpier von Ny-Ålesund – ähnlich wie auf der Bäreninsel – zur Verladung der Kohle. Sie war so hoch errichtet, damit Kipploren, geschoben von einer Lokomotive, über die gesamte Länge rollen und ihren Inhalt in die wartenden Schiffe kippen konnten. Durch ihre Höhe war eine Pier dieser Art ungeeignet, um von U-Booten aus an Land zu gelangen.

Oben: Ny-Ålesund: Die Schmalspurbahn, die von der Pier zur Kohlengrube verläuft. Im Hintergrund sind Abraumhalden des Bergwerks und der alte Luftschiff-Hangar zu sehen. Dieser diente vor dem Kriege den abenteuerlichen Luftschiff-Expeditionen der Norweger und Italiener zum Nordpol als Ausgangsbasis.

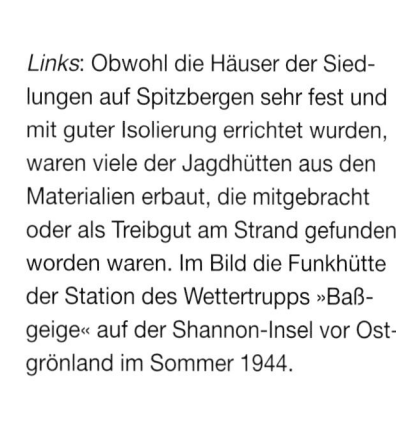

Links: Obwohl die Häuser der Siedlungen auf Spitzbergen sehr fest und mit guter Isolierung errichtet wurden, waren viele der Jagdhütten aus den Materialien erbaut, die mitgebracht oder als Treibgut am Strand gefunden worden waren. Im Bild die Funkhütte der Station des Wettertrupps »Baßgeige« auf der Shannon-Insel vor Ostgrönland im Sommer 1944.

Linke Seite, kleine Abbildung: Der nach Nordosten ins Europäische Nordmeer strömende warme Golfstrom führt beträchtliche Mengen von Treibholz und anderem Treibgut an die Strände von Spitzbergen sowie anderer arktischer Inseln. Während des Krieges und danach befand sich darunter auch ein höchst unwillkommenes Treibgut: Minen, die durch Stürme von ihren Verankerungen in den Minensperren losgerissen wurden. Eine beträchtliche Anzahl dieser Treibminen wurde im Nordmeer durch deutsche U-Boote entdeckt und durch Abschießen unschädlich gemacht. Die im Wasser treibenden und mit ihren Herzhörnern nach oben gerichteten Kontaktminen detonierten nicht in jedem Fall, wenn sie an einen Strand gespült wurden. Die hier abgebildete Treibmine stammt mit hoher Wahrscheinlichkeit aus dem Ersten Weltkrieg, erst in den 30er-Jahren an der deutschen Nordseeküste entdeckt. Die im Zweiten Weltkrieg von den U-Booten in der Arktis angetroffenen Treibminen glichen der hier abgebildeten.

Doch kaum hatte die Anspannung nachgelassen, als erneut der Alarm schrillte. Diesmal näherte sich ein großes Flugzeug. Keiner nahm sich die Zeit, die Maschine zu identifizieren. Es hätte eine deutsche Fw 200 »Condor« oder eine alliierte B-24 »Liberator« sein können, aber Kptlt. La Baume war nicht scharf darauf, dies herauszufinden.

Die Erkundung der arktischen Fjorde war fast zu einer alltäglichen Routine geworden und alle Besatzungsangehörigen erhielten die Gelegenheit, etwas von den Naturwundern der Arktis zu sehen, als *U 355* seine Nase in eine weitere dieser tief ins Land reichenden Felsbuchten steckte. An Bord waren die Männer noch im Begriff, die Gefahren von unterseeischen Felsen zu erörtern, als das U-Boot etwa 2000 m vom Land entfernt Grundberührung hatte. Glücklicherweise war Kptlt. La Baume gut vorbereitet. Das Boot war etwas vorlastig getrimmt gewesen und daher bestand die Abhilfe einfach darin, das Boot achterlastig zu trimmen, um hierdurch den Bug etwas zu heben, und mit den Maschinen achteraus zu gehen, um freizukommen. Eine deutlich wahrnehmbare, ruckartige Bewegung zeigte an, dass dies gelungen war, und der Marsch wurde mit einem Dieselmotor fortgesetzt, während der andere gebraucht wurde, um die Batterien wieder aufzuladen. Plötzlich verlief jedoch der Kurs unregelmäßig und das Boot schwankte umher wie ein betrunkener Seemann. Selbst einige Befehle an den Rudergänger für schnelle Kursänderungen lösten das Problem nicht. Irgendetwas war nicht in Ordnung und nach einigen Erörterungen entschloss sich der Leitende Ingenieur, Oblt.(Ing.) Rufer, außenbords zu tauchen. Dieses Vorhaben musste sorgfältig geplant werden. Die Wassertemperatur betrug nur 4° C über dem Gefrierpunkt und dies machte deutlich, dass der LI nur eine sehr kurze Zeit unten bleiben konnte. Es gab ein warmes Getränk und außerdem wurde heißes Wasser zum Aufwärmen vorbereitet, ehe er die Taucherausrüstung für den Notfall anlegte. Dann schlang er sich ein Tau um die Hüfte und glitt am Heck ins Wasser. Die an Oberdeck stehenden Männer beobachteten die im kristallklaren Wasser aufsteigenden Wasserblasen. Nach ein paar Minuten kam er zurück, wurde wieder an Deck geholt und war vor Kälte zitternd nur imstande zu sagen, dass die Propeller zwar in Ordnung waren, aber eines der beiden Ruder abgerissen worden war. Jeder seufzte erleichtert auf. In dieser feindseligen Einsamkeit ohne jede Möglichkeit festzusitzen, um zum Stützpunkt zurückzukommen, war keine ermutigende Aussicht. Das Problem wurde gelöst, indem nur die Welle mit dem funktionierenden Ruder bei nur einem laufenden Motor benutzt wurde. Dieser Schaden war nicht ernsthaft genug, um das U-Boot an einer Rückkehr zum Stützpunkt zu hindern.

Dann bewegte sich das U-Boot sehr langsam in den Kongsfjord – den Königsfjord – hinein und auf Ny-Ålesund zu, das in der Einöde des Nordwestens von Spitzbergen lag, als im Wasser vor ihnen ein schwimmender Gegenstand auftauchte. Dieser erwies sich als eine weitere der gefürchteten Treibminen. Sie so weit im Norden treibend zu finden, war nicht gerade ermutigend. Ein Maschinengewehr wurde heraufgebracht, um sie abzuschießen. Die Fla-Geschütze mit dem größeren Kaliber konnten nicht benutzt werden, da ihre Schussrichtung nach achtern zeigte. Daher wäre es erforderlich gewesen, mit dem Boot zu drehen, um in die Richtung der Mine feuern zu können. In der kleinen Bergwerkssiedlung angelangt, fand *U 355* alles in ähnlicher Verfassung vor, wie dies Kptlt. Otto Köhler beschrieben hatte, der mit seinem *U 377* im Herbst zuvor an dieser Stelle gewesen war. Überzeugt, dass keine Gefahr durch Störungen bestünde, erlaubte Kptlt. La Baume seinen Männern, an Land zu gehen, angeblich zu einer kurzen Aufklärung, aber auch um etwas Brauchbares aufzulesen. Das Hotel »Nordpol« war noch in genau demselben Zustand, wie es *U 377* vorgefunden hatte. Das auf den Tischen stehende Essen war noch nicht verrottet, denn es war tiefgefroren, da seit der alliierten Evakuierung Anfang 1940 das Hotel nicht mehr geheizt worden war. Auch war die Bar immer noch reichlich mit Vorräten versehen. Alle Dinge hatten etwas Geisterhaftes an sich.

In seinem Schlussbericht vermerkte Kptlt. Günter La Baume, dass *U 355* und seine Besatzung außergewöhnliches Glück gehabt hatten, das arktische Wetter von seiner besten Seite zu erleben. Vorgeherrscht hatte lediglich ein leichter bis mäßiger Wind mit einem gelegentlichen starken Nieselregen. Schneestürme waren nicht aufgetreten und auch die Eisverhältnisse hatten sich nicht als schwierig erwiesen. Zudem waren die Sendebedingungen für den Funkverkehr besser als im Bereich der Bäreninsel gewesen, wobei sich sogar in den Fjorden mit den umgebenden hohen Bergen hervorragende Empfangsbedingungen ergeben hatten.

Kptlt. La Baume hatte kaum seine Schlussmeldung erstattet, als ihm mitgeteilt wurde, dass sein nächster Auftrag in der Unterstützung für das Einrichten einer bemannten Wetterstation auf Spitzbergen bestünde.

Links: U 355 unter Kptlt. Günter La Baume in nordnorwegischen Gewässern. Während einer Werftliegezeit in Trondheim hatte dieses Boot im Sommer 1943 den Brückenumbau IV erhalten. Zugunsten einer stärkeren Flakbewaffnung war aus Gründen der Gewichtseinsparung auch das 8,8-cm-Decksgeschütz entfernt worden. U 355 mit dem Hufeisen und innen der Glückszahl 13 (3+5+5=13) am Turm sank am 1. April 1944 mit seiner gesamten Besatzung in der Barentssee südwestlich der Bäreninsel. Nachdem Raketenbeschuss einer »Avenger« der 846. Squadron des *Fleet Air Arm* vom britischen Geleitträger TRACKER das U-Boot beschädigt hatte, fiel es anschließend den Wasserbomben des britischen Zerstörers BEAGLE zum Opfer.

10. Wetterstationen in der Arktis

U 365: Marsch nach Spitzbergen

Obwohl eine ansehnliche Anzahl bemannter und unbemannter Wetterstationen überall in der Arktis aufgebaut bzw. eingerichtet wurde, sind nur sehr wenige Berichte aus erster Hand vorhanden. Die Mehrheit dieser Fälle ist sogar kaum in den Kriegstagebüchern der U-Boote verzeichnet worden. Oft gibt es nur einen kurzen Eintrag mit dem Wortlaut »Sonderauftrag ausgeführt«, um anzudeuten, dass etwas Außergewöhnliches stattgefunden hatte. Doch von dieser Praxis gibt es ein paar Ausnahmen. Kptlt. Heimar Wedemeyer, der erste Kommandant von *U 365*, hat ein maschinegeschriebenes Manuskript hinterlassen, das sich im U-Boot-Archiv in Cuxhaven-Altenbruch befindet und seinen persönlichen Bericht über eine derartige Episode enthält. Dieses Manuskript überstand den Krieg nur, weil ihn im November 1944 eine Laune des Schicksals zum Stab der 14. U-Flottille abkommandierte, wenige Tage vor der Übernahme von *U 365* durch ObltzS. Diether Todenhagen zu seiner letzten Feindfahrt, von der kein Angehöriger der Besatzung mehr wiederkehrte.

Vor seinem arktischen Abenteuer hatte Kptlt. Wedemeyer zufällig einige Erfahrung über das An-Land-Setzen von Personen an einer abgelegenen Küste sammeln können. Als er das erste Mal an einem solchen Unternehmen teilnahm, geschah dies allerdings am Rande der Sahara und somit in einem wesentlich freundlicherem Klima. Kptlt. Wedemeyer war damals der I. WO auf *U 66* während der im 6. Kapitel ab Seite 65 beschriebenen Ereignisse.

Die Einbeziehung von *U 365* zeigt deutlich, wie wenig Überlegungen diesen schwierigen Unternehmungen gewidmet wurden. Die U-Bootführung betrachtete diese Einsätze lediglich als einen nebensächlichen Vorgang, verglichen mit den umfassenden Geleitzugschlachten in der Handelskriegsführung. *U 365* hatte eine längere Werftliegezeit hinter sich. Eine unglückselige Kollision mit einem deutschen Minensuchboot hatte einige Tauchzellen aufgerissen und die Propeller des U-Bootes beschädigt. Nach dem Abschluss der Erprobungsfahrten nach Nordnorwegen zurückkehrend, stieß *U 365* auf eine große Schar Enten. Kptlt. Wedemeyer

Linke Seite, unten: Das Heck des als Museumsschiff vorgesehenen *U 534* in Birkenhead bei Liverpool (siehe auch Seite 124 unten) lässt erkennen, wie verwundbar die empfindlichen Ruder waren. Nach unten hängend, konnten sie bei einer Kollision leicht abgerissen werden, wie dies bei *U 355* während einer Aufklärungsfahrt an der Küste von Spitzbergen geschah.

Unten: Es wäre verlockend, als Erklärung »U-Boot in arktischer See« unter dieses Bild zu setzen. Doch bei näherer Prüfung zeigt sich, dass es ein U-Boot vom Typ II D darstellt. Nach dem Originaltext zu diesem Foto soll es sich um *U 137* (ObltzS. Hans-Joachim Dierks) handeln, während das im Hintergrund zu erkennende U-Boot die Annahme nahe legt, dass es in der Ostsee aufgenommen wurde. Da ObltzS. Dierks *U 137* erst am 7. März 1945 übernahm, d. h. zwei Monate vor Kriegsende, und es fraglich ist, ob um diese Zeit in der Ostsee einschl. deren östlichen Teil noch derartig schlechte Wetterbedingungen herrschten, scheint hier etwas nicht zu stimmen. Wie dem auch sei, das Foto vermittelt jedenfalls einen guten Eindruck davon, wie U-Boote auf Feindfahrt in der Kälte des Nordens häufig aussahen.

Links: Dieses Bild zeigt deutlich, wie schwierig es war, in der Kälte der Arktis die Flakwaffen zur Abwehr gegnerischer Flugzeuge einsatzbereit zu halten. Außerdem konnte eine zu große, durch das zusätzliche Gewicht des Eises verursachte Topplastigkeit für das U-Boot zur Instabilität führen.

Unten: U 600 (Kptlt. Bernhard Zurmühlen) vom Typ VII C unter harten winterlichen Bedingungen. Den Großteil seiner Feindfahrten unternahm das Boot im Nord- und Mittelatlantik und drang kaum in arktische Gewässer vor. Dort waren die Bedingungen noch weit schlechter als auf diesen Fotos zu sehen ist. Das Standsehrohr zur Navigation mit seiner großen Optik im Kopf ist teilweise ausgefahren.

fluchte, dass sie keine Schrotflinte zur Hand hatten, übergab die Schiffsführung an LtzS. Günter Heinrich, seinem I. WO, und holte von unten ein Gewehr herauf. Mit einem glücklichen Schuss erlegte er sogar einen der Vögel. Als der I. WO die Ente ins Wasser fallen sah, befahl er zu fluten, bis sich das Oberdeck unter der Wasseroberfläche befand, manövrierte das Boot unter den Tierkörper und während er ausblasen ließ, sprang ein Seemann aufs Oberdeck und packte die tote Ente, ehe sie wieder über Bord gewaschen wurde. Von dem Vogel war nicht mehr viel übrig. Doch das Boot machte kurze Zeit später planmäßig an einer Pier fest, die der in Tromsö stationierten Seefliegerstaffel der Luftwaffe gehörte, und so würde zumindest etwas Interessantes auf der Speisekarte stehen, wenn der Staffelführer die U-Bootoffiziere zum Essen einlud.

Am 12. Oktober 1944 sollte *U 365* von der Pier in Tromsö wieder ablegen. Doch bis dahin blieb noch viel zu tun. Zwar war das U-Boot für eine weitere normale Feindfahrt in die Jagdgründe der arktischen See bereits voll ausgerüstet, d.h. es war brechend voll mit Torpedos und Proviant beladen, aber nur der Kommandant wusste, dass *U 365* einen Sonderauftrag durchzuführen hatte: Absetzen eines aus zwei Mann bestehenden Wettertrupps auf Spitzbergen. Das praktische Problem dieses Unternehmens wurde ihm erst so richtig bewusst, als er schließlich die Unmengen von Sonderausrüstung auf der Pier erblickte, die darauf warteten, in das bereits volle U-Boot verladen zu werden. Zunächst unterrichtete Kptlt. Wedemeyer seine Besatzung über den bevorstehenden Auftrag und überließ es dann ihr, das Problem zu lösen, wo die Sonderausrüstung verstaut werden sollte. Zuweilen war es ein Vorteil, Kommandant zu sein, um das Fluchen und das Behandeln wichtiger sozialer Angelegenheiten, wie das Aufbauen guter Beziehungen zu Gästen, anderen zu überlassen.

Die beiden Meteorologen sollten überwintern und brauchten daher eine beträchtlich größere Ausrüstung als normalerweise erforderlich. Sie umfasste in der Hauptsache Proviant für zwei Jahre (falls sie nicht rechtzeitig abgeholt wurden), ihre Hütte, wissenschaftliche Geräte, Treibstoff für den Betrieb der Generatoren, Kohle zum Heizen, Gewehre zur Jagd, Kleidung, eine Notausrüstung, um ggf. zu entkommen, und vieles mehr – die Liste ist beinahe endlos. Alles musste mitgenommen werden, was sie wahrscheinlich in den mindestens sechs Wintermonaten der dunklen und kalten arktischen Nacht brauchen würden. In wenigen Wochen schon dürfte die See zufrieren und jede Art Unterstützung vereiteln. Dies alles in dem bereits beengtem Inneren eines Unterseebootes unterzubringen, war unglaublich schwierig und als die Aufgabe schließlich bewältigt war, gab es keinen Platz zum Umherlaufen mehr. Es war nur noch möglich, sich kriechend durch das Boot zu bewegen. Lediglich die Zentrale blieb einigermaßen frei, da es lebenswichtig war, an alle Hebel, Ventile und Instrumente heranzukommen. Die Offiziersmesse und sogar die »Kammer« des Kommandanten waren mit Kistenstapeln und Holzstücken angefüllt. Selbst die Notfahrstände im Bug- und Heckraum, um die Tiefenruder von Hand zu bewegen, waren unzugänglich.

Und dann, als die Besatzung schon geglaubt hatte, die Aufgabe wäre vollbracht, traf noch ein Lastwagen ein und auf der Pier stapelten sich weitere Lasten. Unempfindliche Teile der Ausrüstung sowie die Kisten mit Kohle und die Schlauchboote wurden außerhalb im Raum zwischen Druckkörper und Oberdeck untergebracht. Während dieses Vorgangs traten die ersten Anzeichen von Unannehmlichkeiten auf. Die Schlauchboote waren nicht ordnungsgemäß verpackt worden. Die holprige Fahrt über schlechte Straßen hatte dazu geführt, dass sich der Gummi eines der Boote stellenweise durchgerieben hatte, so dass mehrere Löcher entstanden waren. Diese waren jedoch zu groß, um sie mit den üblichen Flicken zu reparieren, und so blieb nichts anderes übrig, als das Boot zurückzulassen. In der Kürze der Zeit einen Ersatz zu finden, war nicht möglich, und so mussten die Männer ohne das Boot zurechtkommen.

In den Nachmittagsstunden am Donnerstag, des 12. Oktober 1944, war endlich alles verstaut. Kptlt. Wedemeyer wollte noch vor Mitternacht aus Tromsö auslaufen; denn für eine Einheit der deutschen Marine kam es überhaupt nicht in Frage, an einem Freitag in See zu gehen, wenn sich dies vermeiden ließ. Auch *U 365* hatte nicht die Absicht, die seit langer Zeit bestehende Tradition zu brechen und sich einem unglücklichen Verlauf der Fahrt auszusetzen. Wie sich herausstellte, war dies auch kein großes Problem, da die Abschiedsfeier am letzten Abend ohnehin ausfallen musste. Die in Tromsö stationierte Seefliegerstaffel war in schwere Luftkämpfe verwickelt gewesen. Mehrere Maschinen waren nicht mehr zurückgekommen und die wieder gelandeten Flugzeuge hatten Verluste unter ihren Besatzungen zu beklagen. Daher legte *U 365* gegen Abend in einer etwas gedrückten Stimmung von der Pier ab. Der gefahrvolle erste Teil der Fahrt, um die offene See zu erreichen, verlief ohne Zwischenfall. Ein Geleit sicherte das U-Boot und in den Fjorden lauerten keine Überraschungen. Das schwer beladene Boot beim Prüfungstauchen richtig zu trimmen, war keine leichte Aufgabe, aber schließlich wurde der Gleichgewichtszustand (Null-Lastigkeit) hergestellt und das Boot war ausgetrimmt. Mit außergewöhnlichem Unbehagen richtete *U 365* seine Nase nordwärts. Die beiden »Wetterfrösche« und ihr Ausbilder vom Heer konnten kaum ihre Beine ausstrecken, dennoch waren sie vergnügt und wurden rasch »ehrenhalber« in die Besatzung aufgenommen. Auf der Brücke des U-Bootes herrschte Zufriedenheit, dass die typischen Sommernebel verschwunden waren, und das Boot glitt bei ruhiger See, klarer Sicht und nur mäßigen bis leichten Winden durch die langen Stunden der Dunkelheit.

Je weiter das U-Boot nach Norden kam, desto untypischer wurde das Wetter und langsam kehrten die dichten Sommernebel zurück.

Hieraus ergab sich das Problem, wie *U 365* Spitzbergen finden sollte, ohne zuerst gegen die Klippen zu stoßen. Doch dann löste die Natur das Problem. Langsam schienen sich riesige Berge aus dem Nichts zu erheben und als schwarze Masse hoch über der wirbelnden Weiße aufzutauchen. Nachdem Spitzbergen gesichtet wurde, bestand das nächste Problem darin, eine geschützte Bucht zu finden, in der sich das Boot unter dem Gewirr von Eis und Felsen verbergen konnte. Gleichzeitig hatte Kptlt. Wedemeyer die Absicht, so dicht wie möglich an die Küste heranzugehen, um die Zeitdauer der Fahrten zu verkürzen, welche die Schlauchboote brauchten, um alles an Land zu schaffen. In seinem Manuskript schrieb er, dass die Berge rund um sie herum zu wachsen schienen, bis die überwältigenden Felsen das U-Boot klein erscheinen ließen. Als dieses noch etwa 150 m vom Strand entfernt war, rasselte die Ankerkette aus ihren Kettenkasten.

Als Kptlt. Wedemeyer den Schauplatz überblickte, überraschte ihn die Stärke der Brandung. Die kaum eine Welle kräuselnde Wasseroberfläche war glatt, um sich dicht unter Land plötzlich in schäumende, geräuschvolle Wogen zu verwandeln. Sie erinnerten ihn an die Zeit an Bord von *U 66*, als eine plötzlich einsetzende starke Dünung zwei Angehörige der Besatzung an den Strand schleuderte. Diesmal besaß er ein ausreichend langes Tau, um die Lücke zwischen dem U-Boot und dem Land zu überspannen, so dass die Dingis mit einem Minimum an Anstrengung sicher hin und her gepaddelt werden konnten. Ein Schlauchboot zu manövrieren, ist selbst bei günstigstem Wetter eine schwierige Angelegenheit; dies wird faktisch unmöglich, sobald Wind und Strömung eine andere Richtung nehmen. Obwohl eine Zeit lang niemand besondere Strapazen hinter sich hatte, war mittlerweile jeder so ermüdet, dass Kptlt. Wedemeyer entschied, eine gute Mahlzeit, gefolgt von einer Nacht Schlaf, sollte für den Rest des Tages der einzige Befehl bleiben.

Am folgenden Morgen paddelten drei Mann eines der Schlauchboote an Land, um die beste Landungsstelle ausfindig zu machen. Von der Brückenwache des Bootes und einem kleinen Polarfuchs an der Küste beobachtet, begann die Besatzung an Bord die übrigen Schlauchboote vorzubereiten. Sie hatten einen kleinen Außenbordmotor mitgebracht, der aber mehr Störungen hatte, als er wert war, und so wurde rasch offensichtlich, dass eine solche Erfindung noch zu sehr in den Kinderschuhen steckte, um von irgendeinem praktischen Nutzen zu sein. Am liebsten hätte ihn Kptlt. Wedemeyer über Bord werfen lassen, aber das Eigentum der Marine war heilig und daher musste der Motor zurück ins Depot gebracht werden, selbst dann, wenn er nicht funktionierte. Dieses Mal bestand das Problem nicht in der atlantischen Dünung mit ihrer starken Brandung, wie das mit *U 66* der Fall gewesen war, sondern in den Gezeiten. Der Wind frischte auf und der Ebbstrom lief so rasch aus dem Fjord, dass sie das gesamte Unternehmen zu gefährden drohten. Es wäre besser gewesen, sich etwas weiter landeinwärts zu begeben, aber Kptlt. Wedemeyer hatte die Idee aufgegeben, als er weiter innen am Fjordufer einen mächtigen Gletscher bemerkte. Beim Gedanken daran, dass an seinem Ende große Eisbrocken abbrechen und Flutwellen erzeugen könnnten, mit denen schwierig fertig zu werden war, so dass das Boot möglicherweise auf unterseeische Felsen geworfen werden konnte, hatte er sich lieber dafür entschieden, weiter außen zu bleiben. Die Enge, hinter der *U 365* jetzt ankerte, hielt Kptlt. Wedemeyer für vorteilhaft, denn die umgebenden Felsen boten dem Boot einige Tarnung, falls ein gegnerisches Flugzeug über ihm erschien. Kommandant und Besatzung war klar, dass sie zu einer leichten Beute wurden, wenn ein Angriff erfolgen sollte.

Die überaus anstrengende Arbeit verlief ungestört, trotz zahlreicher Probleme, für deren Lösung die Männer im Grunde nicht ausgerüstet waren. So standen sie zum Beispiel jedes Mal bis zu den Knien im eiskalten Wasser, wenn ein Dingi entladen werden musste. Wasserdichte Wanderstiefel hätten sehr nützlich sein können, aber die Männer mussten sich mit der Standardausrüstung begnügen, die bei rauem Wetter auf der Brücke des U-Bootes getragen wurde. Diese war ideal, um an einer Stelle stehen zu bleiben, machte sie aber ziemlich unbeholfen, wenn sie sich mit schweren Lasten bewegen mussten, und einige der Kisten waren sehr schwer. Trotz der Kälte schwitzten die Männer stark und der scharfe Wind war ein ärgerliches Hindernis, um voranzukommen. Um allem die Krone aufzusetzen, wurden auch noch die Taue feucht und es dauerte nicht lange, da war die Mehrheit der Männer entweder schon vom Schweiß nass oder spätestens durch die sie umgebende Feuchtigkeit.

Diese unangenehme Schufterei dauerte den ganzen Tag und die folgende Nacht an, da Tonnen von Ausrüstung entlang der überaus gefährlichen Route transportiert werden mussten. Als das U-Boot schließlich leer geräumt war, entschloss sich Kptlt. Wedemeyer, einige seiner Männer an Land zu belassen, um die Meteorologen bei der Errichtung ihrer Hütte sowie beim Aufbau der Funkanlage und der Herstellung ihrer Betriebsbereitschaft zu unterstützen. Dann brachte er sein Boot hinaus in tieferes Wasser, tauchte und der Rest der Besatzung machte sich daran, das Innere des Bootes aufzuräumen und wieder in einen gefechtsbereiten Zustand zu versetzen. Die Arbeiten gingen flott voran und zu vorher festgelegten Zeiten fuhr der Kommandant das Sehrohr aus, um das von Land her geblinkte Erkennungssignal zu beobachten. Sobald sich dies zeigte, näherte sich Kptlt. Wedemeyer mit seinem Boot wieder der Küste, nahm seine Männer und den Heeresleutnant an Bord, der die beiden Meteorologen ausgebildet hatte, winkte den »Wetterfröschen« noch ein letztes Mal zu und wendete, um Kurs hinaus auf die offene See zu nehmen. Die Wetterstation arbeitete sehr gut und der Wettertrupp blieb bis zum Sommer 1945 dort. Mehrere Monate nach Kriegsende wurden die beiden Meteorologen schließlich abgeholt und nach Norwegen gebracht.

Die Küste von Spitzbergen und ihre tief eingeschnittenen Fjorde – während des Zweiten Weltkrieges von deutschen U-Booten aus aufgenommen.

U 354: Landung auf der Hopen-Insel

Etwa ein Jahr zuvor, ehe *U 365* wie vorher beschrieben die bemannte Wetterstation auf Spitzbergen einrichtete, hatte *U 354* (Kptlt. Karl-Heinz Herbschleb) einen Wettertrupp auf der Hopen-Insel an Land gesetzt. Doch dieses Unternehmen verlief weit weniger glatt.

Am 27. Oktober 1943, eine Woche nach Kptlt. Herbschlebs 33. Geburtstag, sichtete der Ausguck seines Bootes um 06.00 Uhr die ersten Anzeichen von Land, das sich aus einem schimmernden Seenebel erhob. Das Seegebiet der Hopen-Insel war schon während früherer Feindfahrten durch schlechte Sicht in Erscheinung getreten, doch Kommandant und Besatzung von *U 354* hatten sich daran gewöhnt. An die auf keiner Seekarte verzeichneten felsigen Untiefen vor der Insel unter solchen Bedingungen dicht heranzugehen, war keine einfache Übung. Zudem pfiff über den Turm des U-Bootes ein derart kalter Wind hinweg, dass sogar die aufspritzende salzige Gischt gefror, wodurch die U-Bootmänner noch weiteren Gefahren ausgesetzt wurden. Das Hauptproblem ergab sich daraus, dass die Eisbildung in die Ventile eindrang und ihr Schließen beim Tauchen verhinderte. Das Wasser der See selbst war etwas wärmer als die umgebende Luft, so dass die einzige Lösung im Tauchen bestand, um abzuwarten, bis das Eis schmolz – in der Hoffnung, dass die Hauptlenzpumpe in der Zwischenzeit imstande war, das eindringende Wasser hinauszubefördern. Dieser Vorgang verlief nicht allzu schwierig und das U-Boot tauchte problemlos gerade lange genug, um die Aufbauten von ihrem gefährlichen Überzug zu befreien, der sich zuvor innerhalb weniger Stunden gebildet hatte.

Nachdem *U 354* wieder aufgetaucht war, wurden die Geschütze besetzt und Munition heraufgebracht, während Kptlt. Herbschleb das Boot langsam in Richtung Land manövrierte. Er besaß im Befahren der arktischen Gewässer große Erfahrung und kannte sich mit unzuverlässigen Seekarten aus, die Inseln am falschen Platz und unrichtige Wassertiefen angaben. Daher hütete er sich, ein Risiko einzugehen. Mit eingeschaltetem Echolot und am Bug stehenden Seeleuten, die mit dem Handlot die genauen Wassertiefen feststellten, näherte er sich der Insel, bis das flache Wasser ein Weiterkommen verhinderte. Auf der Insel hatte er eine einsame Hütte ins Auge gefasst, gut unter einigen Felsen auf einem steilen Kliff versteckt. Sie würde für den Wettertrupp einen idealen Stützpunkt abgeben. Doch zunächst musste festgestellt werden, ob sie unbesetzt war. Daher befahl Kptlt. Herbschleb der Bedienung des 8,8-cm-Deckgeschützes, eine Granate dicht über das Dach heulen zu lassen. Ihre Detonation brachte keine Reaktion hervor und er kam zu der Auffassung, dass die Hütte unbewohnt war.

Nach dem Ankern wurde ein Schlauchboot aus seinem Stauraum herausgeholt, aber dann wurde festgestellt, dass es an mehreren Stellen Löcher aufwies. Der Zustand des zweiten Dingis war nicht wesentlich besser. Doch schließlich gelangen ein paar Fahrten zur Insel, wobei sich der elastische Gummiboden für die schwere Fracht als zu schwach erwies und stellenweise zerriss. Das Dingi ging zwar nicht unter, füllte sich aber mit Wasser, so dass es nur zum Transport solcher Ausrüstung benutzt werden konnte, bei der es auf ein Nass-Werden nicht ankam. In der Zwischenzeit hatten die Seeleute jedoch entdeckt, dass die einsame Hütte ein eigenes Transportmittel in Form eines Rettungsbootes von beachtlicher Größe besaß. Bedauerlicherweise war es seit längerer Zeit nicht mehr benutzt worden und hatte zudem schon bessere Tage gesehen. Doch zur Ausbesserung von ein paar Löchern genügte die Geschicklichkeit der Männer und so wurde es bald in Betrieb genommen. Leider reichten weder die Werkzeuge noch das Material aus, um mit den Härten der Arktis fertig zu werden, und die Fahrten wurden zu einem ständigen Wagnis. Das Problem bestand darin, dass das Holz an den Kanten der Löcher ebenfalls morsch war, d. h. die Ausbesserungen hielten nicht lange. Dennoch war es möglich, den Kutter zu einer Reihe wesentlicher Fahrten in halb beladenem Zustand zu benutzen, und auch das dritte Schlauchboot trug seinen Teil dazu bei.

Der kalte Wind blies weiterhin in ausreichender Stärke, um die Oberfläche der See an der Insel zufrieren zu lassen, wodurch der gesamte Transportvorgang noch schwieriger wurde. Die Männer paddelten mit den Schlauchbooten nicht mehr über die Wellen, sondern kämpften gegen eine harte, knirschende Barriere an. Das Eis blieb zwar verhältnismäßig dünn, drohte aber den Gummistoff der Boote in Fetzen zu reißen. Ein Jahr zuvor hatte *U 377* (Kptlt. Otto Köhler) diese Probleme bewältigt, indem sich die Besatzung eine Nacht lang zur Ruhe begeben und abgewartet hatte, bis die Oberfläche so weit zugefroren war, dass die Männer über das Eis laufen und die Fracht mit Schlitten an Land bringen konnten. Diesmal lag die Schwierigkeit darin, dass niemand wusste, wie sich das Wetter entwickelte. Doch es sah nicht danach aus, als ob die See zufrieren und das U-Boot fest einschließen würde. Die Wettervorhersage um Mitternacht lautete überhaupt nicht viel versprechend; sie ging von einer Verschlechterung aus. Etwa zur gleichen Zeit kam von der Küste ein Blinkspruch mit der Mitteilung, dass die Brandung nicht mehr durchfahren werden konnte, ohne ein Kentern der Dingis zu riskieren. Kptlt. Herbschleb fluchte und stellte im Kriegstagebuch die Frage, warum die U-Bootwaffe für Entladevorgänge keine geeigneten Boote beschaffen konnte. Hierzu bemerkte er, dass sich ein starres Metallboot viel besser als die leicht gebauten Schlauchboote eignen würde. Doch Fluchen half nicht weiter; auch die U-Bootführung nicht, von der ein Funkspruch einging, wonach sich Kptlt. Herbschleb beeilen sollte. Dieser Funkspruch war dem Kommandanten gerade vorgelegt worden, als ein Ausguck meldete, dass der Kutter in Strandnähe mit der gesamten Ladung gesunken wäre. Angestrengt

Rechts: Die Backbordseite des Turms und das Achterschiff eines U-Bootes mit den beiden Netzabweisern in der Kälte der arktischen See.

durch sein Fernglas starrend, konnte Kptlt. Herbschleb im gefrierenden Wasser Männer erkennen, die sich mit einer Anzahl wasserdichter Packstücke abmühten und sie zum Strand brachten. Er atmete erleichtert auf, als er die sicher an Land gekommenen Männer und Packen durchzählte. Diejenigen, die in Land gegangen waren, um die Hütte für den kommenden Winter bewohnbar zu machen, sahen wie schmutzige Bauarbeiter auf einer Baustelle aus. Doch dem konnte nicht abgeholfen werden. Der Kutter wurde aus dem Wasser geholt, ein weiteres Mal ausgebessert und wieder zur Arbeit eingesetzt. Kptlt. Herbschleb fluchte erneut, als der wachhabende Offizier meldete, dass das Unterseeboot vor Anker trieb. Da blieb nichts anderes übrig, als den Platz zu wechseln und einen besseren Ankergrund zu suchen, obwohl dies bedeutete, das Boot noch weiter hinaus in die Bucht zu verlegen. Zumindest wurde niemand durch die Verlegung belästigt. Die Brandung hatte stark zugenommen und für die kleinen Boote war ein Durchkommen unmöglich geworden, so dass der Transport der Fracht ein weiteres Mal zum Stillstand kam.

Doch trotz aller Probleme erfüllte die Besatzung schließlich ihre Aufgabe. Am 31. Oktober 1943 klatschten alle Mann Beifall, als die Brückenwache kurze Zeit nach dem Mittagessen meldete, dass die Hopen-Insel außer Sicht wäre.

Links: U 377 (Kptlt. Otto Köhler) liegt in einer Bucht im nördlichen Westspitzbergen vor Anker. Hier hatte das U-Boot den Auftrag, auf Kap Mitra den Aufbau einer bemannten Wetterstation zu unterstützen (siehe auch Fotos auf Seite 175f.).

Unten: Ausguck auf der Brücke eines U-Bootes in arktischen Gewässern.

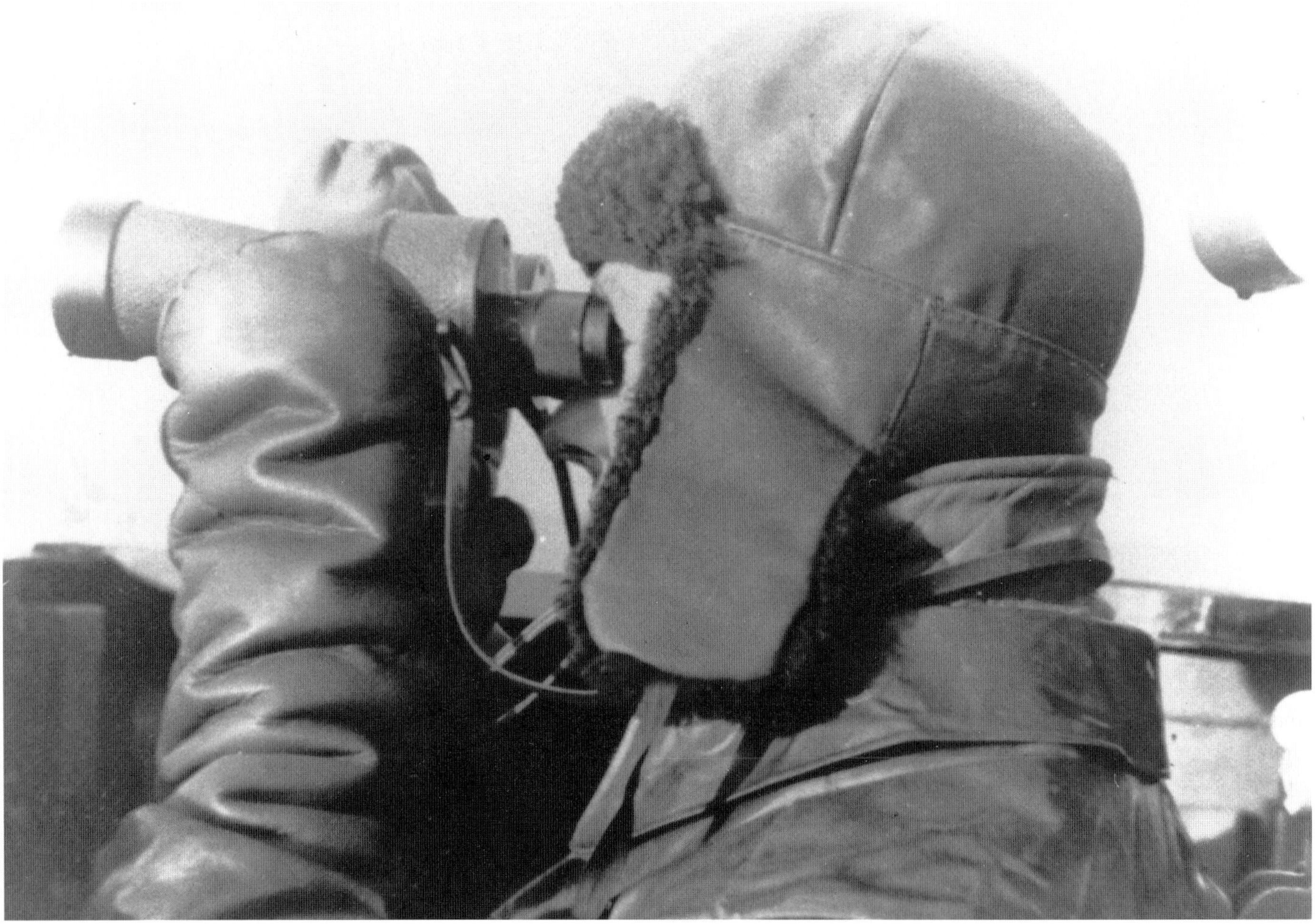

11. U 722: Versorgung der Besatzung von St. Nazaire

Nach der Landung der Alliierten am 6. Juni 1944 (*D-Day*) an der Küste der Normandie brachen die alliierten Armeen im August 1944 aus dem Landekopf aus und stießen auf breiter Front in Frankreich vor. Ein Vorstoß nach Südwesten schnitt auch die deutschen U-Bootstützpunkte an der französischen Atlantikküste ab, die aber nicht erobert wurden. Es bestand keine Veranlassung, durch ein Angreifen dieser »Festungen« Menschenleben aufs Spiel zu setzen, denn das Abschneiden der Nachschubrouten über Land verurteilte sie weitgehend zur Bedeutungslosigkeit. Versuche, aus den verbliebenen französischen Stützpunkten heraus die Operationen fortzusetzen, kamen rasch infolge des fehlenden Nachschubs zum Stillstand und ließen den deutschen U-Booten nur noch die Möglichkeit, ihre Unternehmungen von Norwegen aus durchzuführen. Nach dem Verlegen der restlichen U-Boote wurde schnell deutlich, dass es sich hierbei nicht um einen zeitweiligen Rückzug handelte. Die sich für die deutsche Seite verschlechternde Lage in Frankreich machte klar, dass es keine Hoffnung mehr gab, in die Biskayahäfen zurückzukehren. Nicht nur ihre Absperrung durch die Alliierten zur See wurde zunehmend wirksamer, sondern ihre vorrückenden Armeen drängten auch geschlagene Reste der deutschen Landstreitkräfte von der Landseite her in die U-Bootstützpunkte hinein. Infolgedessen befand sich in ihnen eine große Anzahl deutscher Truppen in einem sich laufend verschlechternden Belagerungszustand, wobei eine allgemeine Verknappung an allem herrschte.

Seltsamerweise bezog sich der Mangel nicht auf jeden Bereich und beachtliche Mengen wertvoller Ausrüstungen, wie zum Beispiel Funkmessgeräte und Schnorchelanlagen, standen in den Depots der französischen Stützpunkte zur Verfügung. Einiges von diesem Material wurde zusammen mit einem Kern an Fachkräften auf U-Boote verladen, die unter derart gefährlichen Bedingungen ihren Verlegungsmarsch antraten, dass die Mehrheit dieser Boote ihren Bestimmungsort nie erreichte. Ein U-Boot – *U 256*, zeitweise zur »U-Flak 2« umgebaut – sank, wurde wieder gehoben und anschließend als »Ersatzteillager« verwendet, ehe KKpt. Heinrich Lehmann-Willenbrock im Frühherbst 1944 das wracke Boot nach einer Fahrt von 45 Tagen von Brest nach Bergen brachte. Nachdem er den Bericht über diese Anstrengung in meinem Buch *U-Boote gegen England** gelesen hatte, bemerkte er, dass das Boot gar nicht in so schlechtem Zustand gewesen wäre, wie ich behauptet hätte. *U 256* wäre noch teilweise funktionsfähig gewesen und hätte jedenfalls seinen Bestimmungsort erreicht. Obwohl seine Besatzung aus Freiwilligen bestand, teilten viele von ihnen seine Einschätzung nicht. Sie waren der Auffassung, die Fahrt wäre ein Höllenritt gewesen, bei dem sie nicht gedacht hätten, je wieder Land zu sehen.

Unternehmungen in die entgegengesetzte Richtung, d.h. von Norwegen nach Frankreich, wurden gegen Ende des Krieges bedeutsamer, als mehrere U-Boote ausgerüstet wurden, um die Besatzungen in den belagerten französischen Stützpunkten mit Nachschub zu versorgen. Ein U-Boot, das eine solche Feindfahrt durchführte, war *U 722* unter ObltzS. Hans-Heinrich Reimers, der das VII-C-Boot am 23. Dezember 1943 in Dienst gestellt hatte. Nach dem Abschluss der Ausbildungszeit in der Ostsee kam das U-Boot an einem dieser ruhigen Septembertage des Jahres 1944 zur 5. U-Flottille nach Kiel zur Endausrüstung. Die Bevölkerung Kiels genoss den Altweibersommer, der den irrtümlichen Eindruck vermittelte, als ob der Krieg meilenweit entfernt wäre. Für die Besatzung war die Anziehungskraft der Lokale am Ort und der Bekanntschaft mit freundlichen Mädchen groß und sehr anstrengend, d.h. die Männer fielen erst in den frühen Morgenstunden erschöpft in ihre Betten. Eines Nachts waren sie kaum eingeschlafen, als die Luftschutzsirenen ihre unwillkommene Ankündigung eines bevorstehenden Luftangriffes mit ihren an- und abschwellenden Tönen zu heulen begannen. Zum Hafen rennend, fanden die Männer ihr Boot bereits mit laufenden Dieseln vor. Dann legte das U-Boot ab, ohne dass der Kommandant einen Vollzähligkeitsappell abwartete. Rasch erreichte *U 722* das freie Wasser der Kieler Innenförde jenseits der Hafenmole.

Das deutsche Luftwarnsystem war offensichtlich sehr leistungsfähig; denn *U 722* hatte fast das Marine-Ehrenmal bei Laboe erreicht, als das Dröhnen der ersten Detonationen zu hören war und jedermann erkannte, dass es kein Fehlalarm war. Weiterhin mit Höchstfahrt in die Gewässer der Außenförde laufend, beo-

---

*Anm. d. Übers.: Jak Mallmann Showell: *U-Boote gegen England. Kampf und Untergang der deutschen U-Boot-Waffe 1939–1945*, Motorbuch Verlag, Stuttgart 1974, S. 160, 161f. Dieses ausgezeichnete Buch ist in neuerer Auflage noch lieferbar. Bei dieser Höllenfahrt durch den Kanal führte *U 256* ein besonderes Emblem am Turm: Über der Hafenausfahrt von Brest ist eine offen stehende Mausefalle zu erkennen, aus der gerade eine Maus entkommt. (Georg Högel: *Embleme, Wappen, Malings deutscher U-Boote 1939–1945*, S. 82.)

bachtete ObltzS. Reimers, wie Tonnen von Bomben dicht an der Stelle niedergingen, die sein Boot gerade freigemacht hatte. Gleichzeitig bildeten das Flakfeuer und eine Vielzahl von Scheinwerfern, die den Himmel absuchten, für diesen Luftangriff eine glitzernde Kulisse. Eine der Brandbomben fiel tatsächlich auch auf *U 722* und zeigte an, dass die Zielgenauigkeit der Flugzeuge nicht sehr groß war. Ein Treffer auf einem U-Boot, das sich so weit vom Zielgebiet entfernt befand, konnte nur der Bevölkerung von Kiel nutzen, zumal Brandbomben kaum in der Lage waren, ein Unterseeboot ernstlich in Schwierigkeiten zu bringen. Ein Mann der Brückenwache sprang auf das Oberdeck herunter und stieß die Brandbombe mit dem Fuß ins Wasser, ehe ein bedeutsamer Schaden entstehen konnte.

U 722 hatte gerade die offene Ostsee erreicht, als der Donnersturm des Luftangriffs langsam erstarb und in eine unheimliche Stille überging, eine beträchtliche Anzahl von Bränden, die in der Dunkelheit hell in den Himmel loderten, als beißende Überbleibsel des Angriffs zurücklassend. Wieder in den Hafen eingelaufen, vollzog sich das Geschehen am Morgen darauf wie an den vorangegangenen Tagen. Doch diesmal entsprach der Befehl der Wirklichkeit: »Klarmachen zum Auslaufen!« Ein Lastwagen nach dem anderen erschien mit Kisten und Ballen – und alles musste im beengten Inneren des Bootes verstaut werden. Obwohl die Besatzung nach Anhaltspunkten suchte, konnten die Männer keinerlei Hinweise entdecken, wohin die Fahrt gehen sollte. Erst als eine Anzahl Kisten mit der warnenden Aufschrift »Landminen – Hochexplosiv!« eintraf, ließ dies auf einen Bestimmungsort an Land und nicht auf einen Einsatz in See schließen. Die Tatsache, dass diese Minen dann in den Torpedorohren verstaut wurden, brachte die Gewissheit, dass das U-Boot keine Geleitzüge anzugreifen hatte.

Schließlich legte *U 722* ohne viel Wirbel und ohne jede große Zeremonie von der Pier ab, richtete seine Nase nordwärts und marschierte durch die Ostsee in Richtung Norwegen. Es hatte den Anschein, als ob keine große Dringlichkeit bestünde, irgendwo eintreffen zu müssen. Statt hinaus in die offene See zu halten, begab sich ObltzS. Reimers in den Schutz der norwegischen Fjorde, um Schnorchelübungen durchzuführen. Nicht nur einmal, sondern immer wieder, bis sich der gesamte Vorgang ohne Nachdenken vollzog. Doch selbst als dies erreicht war, deutete noch kein Anzeichen darauf hin, hinaus auf See zu gehen. Stattdessen marschierte *U 722* weiterhin nordwärts nach Bergen.

Die Heiterkeit der verblüffenden Gebirgslandschaft ringsum überschattete nur einmal ein Flugzeug, das aus der hell glänzenden Sonne herabschoss. Die Geschützbedienungen waren in Bereitschaft und das Abwehrfeuer der 3,7-cm-Flak hielt den Störenfried auf Distanz. Als die Maschine abdrehte, atmete alles erleichtert auf; denn an Bord befand sich genügend hochbrisanter Sprengstoff, um eine solche Störung als sehr unwillkommen zu empfinden.

In Bergen eingetroffen, übernahm *U 722* Treibstoff und die Besatzung erhielt die Erlaubnis, an Land zu gehen, obwohl bis jetzt keinem der Männer der Bestimmungsort bekannt war. Dies geschah erst einige Zeit später, als ObltzS. Reimers das U-Boot auf einer Sandbank im Atlantik auf Grund legte und seinen Männern verkündete, dass sie den Auftrag hatten, die 30.000 Mann starke Besatzung von St. Nazaire mit Nachschub zu versorgen. Augenblicklich war den Männern der Zusammenhang mit den Landminen und den versiegelten Säcken klar, deren Inhalt sich wie Papier anfühlte: Sie enthielten Post für die eingeschlossene Festungsbesatzung.

Jedermann an Bord kannte die Lage in Frankreich und konnte sich vorstellen, dass die Fahrt zu einem der Biskayahäfen eine harte Nuss war. Der Plan sah vor, überhaupt nicht aufzutauchen, sondern bei Tageslicht nur mit den geräuschärmeren E-Motoren und einer Geschwindigkeit von 2–4 kn zu fahren. Jede Nacht sollten für ein paar Stunden die Dieselmotoren angeworfen und mit dem Schnorchel gefahren werden, um die Batterien wieder aufzuladen. Der Tauchprozess unter Benutzung der Dieselmotoren ließ sich nicht schneller durchführen. Hierbei bestand der größte Nachteil darin, dass der Grundentwurf der damaligen U-Boote auf die Zeit kurz nach dem Ersten Weltkrieg zurückging, als sie in ihrer Eigenschaft als Tauchboote in der Regel nur während der Tageslichtstunden tauchten und dann üblicherweise auch nur für sehr kurze Zeiträume unter Wasser gingen, um einem Gegner auszuweichen. Diese Boote besaßen keine Einrichtungen, um für längere Zeiträume unter Wasser zu bleiben, d. h. die Besatzungen mussten sich mit mehr als den üblichen Unannehmlichkeiten abfinden. Das sollte sich erst mit den neuen Booten vom Typ XXI ändern, die erstmals richtiggehende Unterseeboote im Sinne dieses Wortes darstellten.

Das Klosett zum Beispiel war bei Tage außer Betrieb, denn das U-Boot fuhr in zu großer Tiefe, um den Inhalt außenbords zu pumpen. Dies bedeutete wiederum des Nachts lange Schlangen, wenn fast 50 Mann das Bedürfnis verspürten, die einzige Einrichtung zu benutzen. Diejenigen, die nicht warten konnten, benutzten Kübel und mussten den übel riechenden Inhalt aufbewahren, bis es die Nachtzeit erlaubte, ihn wegzuspülen. Der Proviant begann zu verrotten, Männer waren seekrank – dies alles fügte einen unbeschreiblichen Gestank dem üblichen widerlichen Geruch von Dieselöl, Auspuffdämpfen, Schweiß und Kölnischwasser hinzu – bezeichnet als der »U-Bootmief«. Doch es gab auch ein paar Pluspunkte. Der Smutje war ein Freiwilliger, der als Lehrling in einer Hotelküche gearbeitet hatte und die seltene Fähigkeit besaß, schmackhafte Mahlzeiten zu zaubern. Viele aus der Besatzung hatten ein derart gut schmeckendes Essen seit langer Zeit nicht mehr gehabt. Das Essen war mit Sicherheit um vieles besser als der allgemeine Standard in den Kantinen an Land.

Das künftige Museumsboot *U 534* in Birkenhead bei Liverpool (siehe auch Seite 124 und 136 unten. Im Bild ein automatisches 3,7-cm-Fla-Geschütz M 42 U in Zwillingslafette. Diese Zwillingsflak führten nur wenige U-Boote, denn sie kam erst im Herbst 1944 an die Front, erstmalig auf *U 870*. Der 3,7-cm-Automat M 42 U mit seiner hohen Schussfolge löste im Winter 1943/44 bereits in Einzellafette LM 43 U den 2-cm-Vierling ab. Doch auch die sehr leistungsfähige 3,7-cm-Zwillingsflak konnte Angriffe von großen, schnell fliegenden und gepanzerten Flugzeugen nicht verhindern.

Die größten Behinderungen ergaben sich durch das Wetter. In den ruhigen norwegischen Fjorden war das Schnorcheln recht gut verlaufen, aber jetzt sorgte eine lebhafte See dafür, dass die Wellen häufig über das Kopfventil wuschen, d. h. jedes Mal verringerte sich plötzlich der Luftdruck im Inneren des Bootes erheblich, weil die Diesel die Luft aus dem Boot saugten. Dies bedeutete mehr als nur eine Unbequemlichkeit. Jedes Mal wenn sich das Ventil über der Luftansaugöffnung im Schnorchelkopf schloss, erlitt die Besatzung schreckliche Qualen. Dies war etwas, wofür sie nicht ausgebildet war und worüber auch niemand gesprochen hatte, und den Männern gefiel es auch nicht sehr, sich für längere Zeit damit abzufinden. Dennoch gab es nichts, was sie hätten unternehmen können. Jeder freute sich, wenn die Batterien aufgeladen waren und der verdammte Mast wieder umgeklappt werden konnte. Menschliche Ohren waren für derart plötzliche Veränderungen des Luftdrucks nicht geschaffen.

Der Gedanke nach der ersten Nacht war schrecklich, dass diese Tortur für eine scheußlich lange Zeit jede Nacht erduldet werden müsste. Diejenigen aus der Besatzung, die in der Zentrale in die Seekarte auf dem Pult blicken konnten, erkannten klar, dass diese Tortur nicht so schnell vorübergehen würde. Die mit dem Bleistift gezogene Linie erstreckte sich erst bis auf die Höhe der Shetland-Inseln. Der einzige Trost bestand in der Hoffnung, dass es in den weiter südlich gelegenen Gewässern ruhiger zugehen würde. Doch die Aussichten waren nicht gut; denn es war bereits Mitte Oktober 1944 und die Winterstürme führten wahrscheinlich schon das Regiment. Hinzu kam, dass weit entfernte Detonationen von Wasserbomben anzeigten, dass sich U 722 einem stark verteidigten Seegebiet näherte.

Die Fracht im Inneren des Bootes lag über einen Meter hoch gestapelt überall auf den Flurplatten und ließ es nicht zu, von dem einen zum anderen Ende des Bootes zu gehen, ohne sich zu beugen. Noch schlimmer war die Tatsache, dass es für die Männer nirgends einen Platz gab, um sich auszustrecken. Selbst zu den Mahlzeiten saßen sie auf der Back gekrümmt da, wodurch sich die Leiden, die sich aus der Unbehaglichkeit des scheußlichen Schnorchelns ergaben, fast ins Unerträgliche steigerten. Nur der Gedanke an die vielen Kameraden, die ohne jede Nachricht von zu Hause abgeschnitten waren, hielt sie aufrecht. Insgeheim erinnerten sie sich, dass sie zu Weihnachten den in St. Nazaire Eingeschlossenen vielleicht mit einer guten Nachricht von daheim ein wenig Freude bringen konnten.

Die rege Betriebsamkeit, die während der Ausbildungszeit ständig geherrscht hatte, war einer völlig anderen Verhaltensweise gewichen, in derem Mittelpunkt nunmehr die Langeweile stand. Die Mehrheit der Besatzungsangehörigen war zum Aufenthalt auf einen winzigen Platz beschränkt, an dem der Einzelne stets dieselben Gesichter sah. Daher kamen die Gespräche allmählich zum Erliegen und selbst Späße waren nicht mehr gefragt. Die Geschichten über aufregende Landgänge und der Austausch von Neuigkeiten über beachtliche Lokale machten ebenfalls keinen Eindruck mehr. Sogar das Lesen war quälend; denn die meisten Lampen waren ausgeschaltet, um Strom zu sparen, und zu versuchen, sich auf eine kleine Schrift bei schwachem Licht zu konzentrieren, war faktisch unmöglich. Einige versuchten, Karten zu spielen, aber selbst dies hatte seine Grenzen. Das Problem lag darin, dass es praktisch nichts zu tun gab: Die Mehrheit der Besatzungsangehörigen hatte kaum Pflichten zu erfüllen. Es gab weder Wachegehen auf der Brücke noch sonstige Ablenkungen während der langen Tage voller Langeweile. Nur die Schnorchelfahrt brachte die Besatzung mit unbeschreiblichen Qualen und Schmerzen auf die Beine.

Eines Tages, als U 722 westlich von Irland stand, bemerkte die Besatzung, während sie sich auf eine weitere Schnorchelfahrt vorbereitete, dass ein außergewöhnlich rauer Seegang herrschte. Selbst noch unten auf Sehrohrtiefe fahrend, zeigte das Schwanken des Bootes an, dass die nächsten paar Stunden schwierig werden sollten. Nachdem der Kommandant lange durch das Sehrohr gestarrt hatte, befahl er unerwartet: »Klarmachen zum Auftauchen!« Die Männer, die sich seit Tagen schließlich kaum mehr bewegt hatten, eilten auf ihre Stationen. In die Schlechtwetterkleidung zu kommen, ohne imstande zu sein, aufrecht stehen zu können, war für die Brückenwache eine Tortur für sich. Doch bald danach taumelte das U-Boot in der Wildheit eines atlantischen Sturms, wie ihn sich die Besatzung in der Tiefe nicht vorgestellt hatte. Seewasser ergoss sich durchs Turmluk, als die Brecher über die Brücke wuschen, aber ObltzS. Reimers befahl, allen Abfall heraufzubringen, um ihn zu beseitigen. Eimer um Eimer wurde über Bord geschüttet, um den Mief im Bootsinneren etwas erträglicher zu machen. ObltzS. Reimers war nicht wegen der Bequemlichkeit der Besatzung aufgetaucht, sondern hauptsächlich um den Vorteil der klaren Nacht wahrzunehmen. Er wollte »die Sterne schießen«, um ein genaues Besteck zur Berechnung der exakten Position des U-Bootes zu erhalten. Bisher hatten sie nämlich ihren Kurs und damit die Position nur gekoppelt, eine Berechnung des Schiffsortes, die nicht ausreiche, um einen derart kleinen Zielpunkt wie eine Hafeneinfahrt zu finden.

ObltzS. Reimers hatte Befehl, jede Feindberührung zu vermeiden und unter allen Umständen unentdeckt zu bleiben. Daher ließ er das U-Boot wieder tauchen, sobald der Sturm durch seinen Schutz für ein astronomisches Besteck mit dem Sextanten gesorgt hatte, um die Schnorchelfahrt zum Aufladen der Batterien fortzusetzen. Diesmal blieb es nicht bei der üblichen Leidenszeit, sondern der Eintritt eines unerwarteten Zwischenfalls tötete fast die gesamte Besatzung. Das Kopfventil schien in geschlossenem Zustand plötzlich zu klemmen und verursachte ein immer tieferes Absinken des Innendrucks, bis die Dieselmotoren abstarben. Das

Blut schoss aus den Nasen, die Ohren schmerzten qualvoll, in den Köpfen drehte sich alles und die Männer führten die unglaublichsten Körperverrenkungen aus, um die Schmerzen loszuwerden. Befehle wurden geschrien, aber die Männer konnten nichts mehr hören. Es war ein merkwürdiger Anblick, sie sprechen zu sehen, aber keinen Laut zu hören, ausgenommen ein widerwärtiges Klingeln im Kopf. Alle üblichen Geräusche schienen verschwunden zu sein. Langsam wieder zu sich kommend, stellte die Besatzung fest, dass nicht das Kopfventil der Schuldige war, sondern ein menschliches Versagen. Das Lufteinlassventil war versehentlich geschlossen worden und hätte beinahe den Tod der gesamten Besatzung verursacht. Dieser Vorfall betonte nachdrücklich, wie wachsam jedermann bleiben musste und wie notwendig es war, dass jeder nicht nur seine eigene Aufgabe erfüllte, sondern auch ein Auge auf den Kameraden hatte, ob dieser der seinen nachkam.

Zum Glück für *U 722* besserte sich das Wetter, je weiter südlich das Boot kam. Doch der Golf von Biskaya machte nunmehr seinem tückischen Ruf alle Ehre. Statt tobender Stürme sah sich das U-Boot einer ruhigen See gegenüber. Sie erleichterte die Schnorchelfahrt, vergrößerte aber das Risiko, von alliierten Flugzeugen geortet zu werden. Der einzige Trost bestand darin, dass es von und zu den französischen Stützpunkten faktisch keinen Schiffsverkehr mehr gab. Daher hatten die Alliierten hoffnungsvoll einen großen Teil ihrer Flugzeuge abgezogen, um die deutschen U-Boote an anderer Stelle zu jagen oder um Luftangriffe gegen das deutsche Reichsgebiet zu fliegen.

Die Gefahr in Kauf nehmend, entschloss sich ObltzS. Reimers, noch einmal aufzutauchen, um die genaue Position festzustellen. Es hatte keinen Sinn, das Ansteuern der französischen Küste dem Zufall zu überlassen, ohne eine genaue Kenntnis des eigenen Schiffsortes zu haben. Vor der Küste befanden sich zahlreiche deutsche Minensperren und *U 722* musste damit rechnen, dort in den eigentlichen Hafenzufahrten auch alliierte Minen anzutreffen, und von beiden musste sich das U-Boot fern halten. Die Aussichten, auf so viele mögliche Gefahren zu stoßen, setzte unter der Besatzung erneut eine beträchtliche Diskussion in Gang. Diese ließ zwar die Zeit schneller vergehen, führte aber auch zu Reizbarkeit und Fluchen, ganz gleich, welche Entscheidungen letztlich auch getroffen wurden.

Trotz des Vorhandenseins vieler Überwassereinheiten des Gegners erzeugte die Hauptbedrohung für das eigene Leben die Besatzung des Bootes selbst; denn wieder geriet sie in Lebensgefahr. Dies geschah während einer dieser unglaublich ruhigen Nächte, in denen es sehr schwierig war, sich vorzustellen, dass das U-Boot knapp unter der Wasseroberfläche dahinlief. Der Schnorchelmast war aufgerichtet, aber der bereit stehende Mann, um das Abgasventil zu öffnen, drehte schon das Handrad, noch ehe die Dieselmotoren anliefen. Da noch kein Druck im Inneren des Abluftrohres vorhanden war, um einströmendes Wasser auszublasen, hatte dies zur Folge, dass es in Kaskaden in einen der Motoren schoss und mehrere Zylinder füllte. Zum Glück drang es in den anderen Motor nicht ein, der betriebsbereit blieb und ordnungsgemäß anlief. Doch die Panne bedeutete, dass es wesentlich länger dauerte, um die Batterien aufzuladen, und dass es außerdem beträchtlicher Mühen bedurfte, um den Schaden wieder zu beheben.

In der Vergangenheit hatten die U-Boote ihr Eintreffen angekündigt, sobald sie dicht vor der Küste standen, um von einem Minengeleit aus Räumbooten und ggf. einem Sperrbrecher das letzte Stück Weges in den Hafen gebracht zu werden. Diesmal waren die Bedingungen viel schwieriger. *U 722* konnte nicht mit einem Minengeleit rechnen und zudem konnte seine Besatzung nur hoffen, dass die deutschen Küstenbatterien sie nicht unter Beschuss nahmen. ObltzS. Reimers versuchte, das Echolot zur Unterstützung seiner Navigation einzusetzen. Doch jedes Mal, wenn es eingeschaltet wurde, hörte der Horchgast am Horchpeilgerät eine derartige Fülle von anderen Geräuschen, dass es kaum klug war, die Geräuschanzeige längere Zeit eingeschaltet zu lassen – ein tatsächlich sehr fragwürdiges Vorgehen.

Die Nachricht, dass die französische Küste durch das Sehrohr gesichtet worden war, wurde mit lautem Beifall begrüßt. *U 722* stand so dicht vor St. Nazaire, dass es den Hafen über Wasser in ein paar Stunden hätte erreichen können, aber ObltzS. Reimers wagte nicht aufzutauchen. Stattdessen kroch er weiterhin mit 2 kn Unterwasserfahrt dahin und kam kaum gegen die Strömung voran. Dann meldete das Echolot nur noch 50 m Wasser unter dem Kiel, d.h. die Lage konnte heikel werden, wenn das U-Boot entdeckt wurde. Das Wasser war so klar, dass ein Flugzeug ein auf Sehrohrtiefe fahrendes Boot erkennen konnte. Daher blieb nichts anderes übrig, als das U-Boot auf Grund zu legen und die Dunkelheit abzuwarten.

Die Dunkelheit war kaum angebrochen, als der Bordlautsprecher alle Mann auf Gefechtsstation befahl. Die Lage war nicht einfach. Sobald sich das Boot vom Grund löste, war exaktes Tiefensteuern erforderlich, um ein Durchbrechen der Wasseroberfläche zu verhindern. Nach Erreichen des Schwebezustandes trimmte der Leitende Ingenieur das Boot sorgfältig aus, ehe er die Propeller anlaufen ließ, um es langsam in Richtung auf seinen Bestimmungsort zu manövrieren. Ringsum war alles ruhig. Nirgendwo schien es gegnerische Aktivitäten zu geben und das Wetter blieb für das U-Boot günstig. Dennoch war es ein länger dauerndes Vorhaben und unter der Besatzung verbreitete sich rasch die Nachricht, dass das Boot erst in der Morgendämmerung die verhältnismäßig kurze Strecke bis zur Küste zurücklegen und in den Hafen einlaufen konnte. Das Schweigen im Boot war fast noch beunruhigender als die Geräusche der Gefahr. Jeder an Bord fühlte sich auf die Folter gespannt, ob sie alle das Glück haben würden,

Oben: Die 3,7-cm-Zwillingsflak auf dem Wintergarten von *U 534*.

an Land zu gehen, oder ob das Boot in diesen letzten verwundbaren Minuten wie so viele Boote zuvor ausgelöscht werden sollte. Kurz vor Anbruch der Morgendämmerung befahl ObltzS. Reimers, das U-Boot auf Sehrohrtiefe einzusteuern und stieß vor Erstaunen einen Freudenruf aus. Die Navigation hätte nicht besser gewesen sein können. *U 722* lag direkt vor der Hafeneinfahrt. Es bestand durchaus immer noch die Möglichkeit, von einem Flugzeug angegriffen zu werden, und trotzdem das Ziel so nahe war, ging ObltzS. Reimers nicht das Risiko des Auftauchens ein. Während das U-Boot immer weiter in die Richtung der aufgehenden Sonne schlich, warteten die Männer angespannt auf den Befehl zum Auftauchen, der alsbald kam. Beim Auftauchen erwachten die Dieselmotoren zum Leben und kurze Zeit später befahl der Kommandant alle Mann an Oberdeck. Nach oben kletternd, wurden die Männer von der Intensität des Sonnenlichtes geblendet; denn die meisten von ihnen hatten seit fünf Wochen den Himmel nicht mehr gesehen. Sie waren die ganze Zeit über an einen winzigen dunklen Platz gebunden gewesen, an dem sie sich kaum bewegen konnten. Unversehens flutete eine Welle der Erleichterung durch ihre von Entbehrung gezeichneten Körper, als *U 722* seinen Bug in den massiven U-Bootbunker schob. Die Besatzung war für die wohlverdiente Ruhe dankbar – und der Verfasser bedankt sich bei *Rudi Waiser,* der die Ereignisse dieser bedeutsamen Feindfahrt für das U-Boot-Archiv aufgezeichnet hat.

Dieses Mal hatte *U 722* das Glück auf seiner Seite gehabt. Am 7. Dezember 1944 lief das U-Boot mit einer aus verschiedenen Metall-Legierungen bestehenden Fracht wieder aus und traf im Januar 1945 in Bergen ein. Doch sein Glück hielt nicht an. Auf seiner nächsten Feindfahrt ging *U 722* am 27. März 1945 nahe der Insel Lewis, einer Insel der Äußeren Hebriden, vor dem Nordminch mit der gesamten Besatzung verloren, versenkt durch Wasserbombenangriffe der Geleitzerstörer HMS FITZROY (Lt.-Cdr. A. J. Miller), HMS REDMILL (Lt. G. Pitt) und HMS BYRON (Lt. J. B. Burfield) von der 21. Geleitsicherungsgruppe.

12. Der letzte Widerstand

Als sich die Alliierten im Frühjahr 1945 von Süden her der deutschen Nord- und Ostseeküste näherten, traf die Marine in ihren Stützpunkten Vorbereitungen, um ihre Waffen zu zerstören und die Reste ihrer Flotte selbst zu versenken. Doch dann forderten die alliierten Kapitulationsbedingungen, dass ihre Übergabe in völlig intaktem Zustand erfolgen müsse. Dies entsprach zunächst nicht den Vorstellungen von Großadmiral Dönitz und der Seekriegsleitung (Skl). Noch am 3. Mai bestätigte die Skl den Befehl, dass mit dem Stichwort »Regenbogen« die noch vorhandenen deutschen Schiffe und Boote selbst zu versenken bzw. zu vernichten sind. Doch da es zur Forderung der Alliierten keine Alternative gab, erteilte GAdm. Dönitz am 4. Mai der Skl die Weisung, das Stichwort »Regenbogen« nicht in Kraft zu setzen. Der genaue Ablauf der Geschehnisse in diesen turbulenten Tagen ist noch immer nicht lückenlos klar. Eine größere Anzahl von U-Bootkommandanten entschloss sich zur Ausführung eines letzten Aktes des Widerstandes gegen die vordringenden alliierten Truppen, indem sie ihre Boote selbst versenkten, ehe sie als Prisen genommen werden konnten. Viele sahen keinen Grund für eine Zusammenarbeit und vertraten die Auffassung, der Krieg hätte zu einem viel früheren Zeitpunkt beendet werden können, hätten die Alliierten nicht auf einer bedingungslosen Kapitulation bestanden.

Als KKpt. Heinrich Bleichrodt (genannt »Ajax«), zuletzt Chef der 22. U-Flottille in Wilhelmshaven, aufgefordert wurde, sein Handeln zu rechtfertigen, und gefragt wurde, wer den Befehl zur Selbstversenkung gegeben hätte, erwiderte er dem britischen Admiral, dass er keinen Befehl brauche, um den Feind daran zu hindern, seine Boote zu entern. Später schrie ihn ein aggressiver Vernehmungsoffizier fast an, dass die unter seiner Verantwortung

Oben: U 3503 (ObltzS. Hugo Deiring), eines der neuen »Elektroboote« vom Typ XXI, wurde in seinem kurzen Werdegang im Kieler Hafen beschädigt, wieder ausgebessert und in Dienst gestellt. Hier liegt das Boot beschädigt im Trockendock wie ein gestrandeter Wal. Am 5. Mai 1945 beschädigte eine »Liberator« der 206. Squadron des Küstenkommandos der RAF das U-Boot im Kattegat auf dem Marsch nach Norwegen und am 8. Mai versenkte es sich schließlich selbst westlich von Göteborg.

Oben: Der Strand von Habernis an der Westküste der Geltinger Bucht. Hier versenkten sich bei Kriegsende viele U-Boote und mehrere Schiffe selbst. Einige Räum- und Schnellboote waren »organisiert« worden, um alles Wertvolle aus den U-Booten an Land zu bringen. Im Bild ein aufgelaufenes S-Boot, das den Krieg als Strandgut beendete.

Rechts und die nächste Seite: Niemand auf deutscher Seite wusste, wie lange der Vorgang vom Gegner unbehelligt bleiben würde. Daher mussten das Ausbooten und die Selbstversenkungen in großer Eile durchgeführt werden. Außerdem war keine Zeit vorhanden gewesen, um den Plan im Einzelnen festzulegen. Obwohl die Unterstützungsschiffe halfen, lautete daher die Parole: Improvisieren, wobei jeder anpackt und sein Bestes gibt. Sobald der gesamte Vorgang der Versenkungen begonnen hatte, lief er überaus zügig ab. Die ausgeladenen Ausrüstungsgegenstände wurden mit Fuhrwerken, die auf den nahen Bauernhöfen ausgeliehen waren, vom Strand weggebracht.

stehenden Boote intakt hätten übergeben werden müssen, woraufhin KKpt. Bleichrodt ruhig antwortete, dass er den Bedingungen der inzwischen eingetretenen Kapitulation beim Einlaufen der in See gestandenen Boote nachgekommen wäre. Doch die Selbstversenkung der jetzt auf Grund liegenden Boote hätte vor dem Inkrafttreten der Kapitulation stattgefunden.
Auf den ersten Blick schien die »Regenbogen«-Aktion eine einfache Angelegenheit der Selbstversenkung von Unterseebooten gewesen zu sein. Doch bei näherer Prüfung scheint es sich bei ihr um einen sehr komplizierten Vorgang gehandelt zu haben, da die Kommandanten vieler U-Boote ihre Besatzungen unter schwierigen Umständen an flachen, abgelegenen Stränden an Land setzten. Sie ließen Vorräte an Land bringen, kümmerten sich um das Wohlergehen ihrer Männer und hielten die Disziplin aufrecht, um mögliche Meutereien zu verhindern, die der bitteren Niederlage nur eine weitere Komplikation hinzufügen konnten.

Linke Seite, unten: Niemand auf den abgelegenen Bauernhöfen an der Geltinger Bucht nahe der Flensburger Förde wusste, dass dieser Platz zum Versenken der U-Boote ausgewählt worden war. Nur ein paar Jungen beobachteten die an Land gehenden U-Bootmänner und ihre Unterstützungsfahrzeuge auf See.

Die Nordseeküste war so flach, dass eine beträchtliche Ortskenntnis erforderlich war, um die Boote an den richtigen Stellen zu versenken, von wo aus die Besatzungen festes Land erreichen konnten. Tiefe Kanäle, die diese flachen, bei Ebbe weitgehend trocken fallenden Küstengewässer durchziehen, sind selten. 1945 dienten viele von ihnen noch als lebenswichtige Verkehrsadern für die kleinen Küstenorte. Daher konnte ihr Blockieren durch versenkte Schiffe oder Boote mehr Probleme ergeben als sie lösen. Hinzu kam noch, dass starke Gezeitenströme entlang der Küste kleine Boote hinaus auf See schwemmen oder dass sie Brecher auf den Untiefen zerschmettern konnten. Schließlich wurde entschieden, auf diese Weise das Leben der Männer nicht zu gefährden. Stattdessen versenkten sich die wenigen U-Boote in Wilhelmshaven in einer der vier großen Seeschleusen, welche die Hafeneinfahrten bilden. Anschließend wurden die technischen Einrichtungen der wieder mit Seewasser gefüllten Schleusen unbrauchbar gemacht.
Die Bevölkerung in Wilhelmshaven wurde aufgefordert, aus dem Stützpunkt alles mitzunehmen, was für sie brauchbar war – einschließlich der aus den Fenstern der Depots geworfenen Sachen, um aufgelesen zu werden. Auf diese Weise wurde die blauweiß karierte Bettwäsche die Grundlage der ersten Nachkriegsmode. In Frauenkleider umgewandelt, wurde das Ergebnis als »Dönitz-

154

Rechts: Es gab kaum Landungsstege und so blieb für die Mehrheit der U-Bootmänner nichts anderes übrig, als sich nasse Füße zu holen. Nicht jeder hatte das Glück, die letzten paar Meter getragen zu werden. In einiger Entfernung ist links oben im Hintergrund das aufgelaufene *U 1168* zu erkennen. Da der Offizier getragen wird und eine weiße Mütze trägt, handelt es sich bei dem Oberleutnant z. S. offensichtlich um den Kommandanten eines U-Bootes.

Kleidung« bekannt. Gleichzeitig erhielten Gruppen vertrauenswürdiger Seeleute die Weisung, sich zu bewaffnen und sämtliche Alkoholvorräte einschließlich der Vorräte in den Bars der Stadt zu vernichten. Der Grund war, dass die Marineführung das Auslösen einer möglichen Katastrophe befürchtete, wenn Betrunkene die einmarschierenden alliierten Truppen zu unnötigen Vergeltungsmaßnahmen provozieren würden. Wie es sich herausstellte, blieb alles ruhig, und so wurden die Tore der Kriegsmarinewerft geschlossen und das Eintreffen der Alliierten abgewartet.

In Kiel lagen die Verhältnisse anders. Dieser Stützpunkt lag nicht nur weiter von den vordringenden alliierten Truppen entfernt, sondern er bot auch weitaus mehr Möglichkeiten, um U-Boote außerhalb der Marinewerft auf Grund zu schicken und zu verbergen. Restbesatzungen brachten sie gewöhnlich in geschützte Tiefwasserbuchten, wo sie versenkt wurden, statt als Ziele für Bomber über Wasser festgemacht dazuliegen. Wie die Ereignisse in den letzten paar Kriegstagen genau abliefen, ist kaum aktenkundig geworden, aber die Resultate waren verheerend und beeindruckend. Faktisch jedes noch schwimmende Schiff oder Boot wurde an eine hierfür geeignete Stelle verbracht und versenkt. Da einige U-Boote technisch in defektem Zustand waren oder ihnen der Treibstoff fehlte, mussten sie an Ort und Stelle versenkt werden. Allein in der Flensburger Förde hatte sich ein Konglomerat von weit über 50 Booten verschiedenster Art versammelt. Der größte Teil von ihnen wurde in den Küstengewässern der Geltinger Bucht versenkt. Sie stellte eine gute Örtlichkeit dar, denn einerseits war sie tief genug, um die Boote zu verbergen, und andererseits lag sie weit außerhalb der Schiff-Fahrtswege und konnte den Zugang zum Hafen nicht behindern.

Der gesamte Versenkungsvorgang lief verhältnismäßig reibungslos ab. Lediglich *U 1168* (Kptlt. Hans-Hugo Umlauf) lief auf Grund, ehe es seinen Bestimmungsort erreichte, und musste freigeschleppt werden. Dann stieß dasselbe Boot erneut auf eine flache Stelle bei der Annäherung an die Bucht. Diesmal wurde beschlossen, das Boot an Ort und Stelle zu sprengen. Danach ragte das Wrack in den nächsten Jahren als markantes Denkmal aus dem Wasser. Andere hatten weit weniger Glück. So fielen zum Beispiel ObltzS. Friedrich-Georg Herrle und Bootsmannsmaat Schneider von *U 393* einen Tag vor dem Inkrafttreten der Kapitulation bei einem Luftangriff und Obermaschinist Wilhelm Hegenbart von *U 349* (ObltzS. Udo-Wolfgang Dähne) setzte seinem Leben an Bord ein Ende. Das U-Boot war in den letzten Monaten sein einziges Zuhause gewesen, denn bei einem Bombenangriff waren seine Familie umgekommen und sein Haus zerstört worden. Da er niemand mehr hatte und nirgendwohin gehen konnte, hüllte er sich in die Kriegsflagge und sprengte sich bei der Versenkung seines Bootes in die Luft.

Sowohl *U 1168* als auch *U 393* waren U-Boote vom Typ VII C gewesen, die bereits seit geraumer Zeit trotz späterer Modifizierungen veraltet waren, d. h. es gab keinen Anlass, einen Versuch zu ihrer Erhaltung zu unternehmen. Viele der anderen ebenfalls in der Geltinger Bucht versammelten U-Boote waren »Elektroboote« vom revolutionären Typ XXI und XXIII sowie auch einige U-Boote noch modernerer Typs. Bei diesen Booten war der Versenkungsvorgang etwas komplizierter, da die Auffassung bestand, dass sie in nicht allzu ferner Zukunft wieder gebraucht werden könnten. Es kursierten Gerüchte über ein Zusammengehen mit den Westalliierten, um die Russen aus Mitteleuropa zu vertreiben, aber diese Wunschträume verwirklichten sich nie. Die Sorgfalt, mit der bei der Selbstversenkung dieser modernen Boote vorgegangen wurde, kann durch die Tatsache veranschaulicht werden, dass einige von ihnen später gehoben und in sehr kurzer Zeit für eine Verwendung bei der neuen deutschen Bundesmarine fahrbereit gemacht werden konnten.

Kptlt. Peter-Ottmar Grau hatte als Dienstältester Offizier und U-Bootkommandant am 5. Mai 1945 am Versenkungsort in der Geltinger Bucht das Kommando. 15 Monate zuvor hatte er *U 872* in Dienst gestellt, ein U-Boot für Fernunternehmungen vom Typ IX D_2, und für eine Feindfahrt in den Fernen Osten vorbereitet. Doch während der Vornahme von Restarbeiten bei der Deschimag in Bremen beschädigte ein alliierter Luftangriff am 29. Juli 1944 das U-Boot schwer. Glücklicherweise gab es nur einen Toten, als das Boot an der Pier sank. Im Anschluss daran erhielt Kptlt. Grau, den ein großer Teil seiner Besatzung begleitete, das Kommando über eines der ersten neuen Boote vom Typ XXI und am 17. Dezember 1944 stellte er *U 3015* in Dienst. Das Versenken des Bootes knapp fünf Monate später war eine feierliche, aber auch rasche Angelegenheit. Kptlt. Grau versammelte seine Männer und teilte ihnen den Grund mit, warum sie die abgelegene Bucht im nördlichsten Zipfel Deutschlands anliefen. Gleichzeitig machte er ihnen klar, dass sie in Zukunft auf sich selbst angewiesen wären, aber ihr Proviant sollte dazu dienen, die Knappheit an Land zu mildern, so lange die Vorräte reichten. Er wies darauf hin, dass die geringe örtliche Bevölkerung dramatisch an Zahl zugenommen hätte. Ursache hierfür wäre der Zustrom von Flüchtlingen aus den Ostprovinzen, die durch diese entsetzliche Flucht praktisch alles verloren hatten.

Kaum einer von der Besatzung kannte die Örtlichkeit, an der die Männer an Land gingen. Heute ist die Geltinger Bucht eine ziemlich überlaufene Ferienlandschaft, aber bei Kriegsende hätte sie genauso gut am Ende der Welt liegen können. Die Straße nach Flensburg, der nächsten größeren Stadt, war ohne Beschilderung; sie wies teilweise Kopfsteinpflaster auf und zum Teil war sie unbefestigt. Die einzige schnelle Verbindung mit der Außenwelt war ein einziges öffentliches Telefon in einem Bauernhaus. Es gab ansonsten nur noch einen Posten des Flugmeldedienstes mit einem Beobachtungsturm. Seine Bedeutungslosigkeit und Abgelegenheit war schon fast eine Garantie dafür, dass die U-Bootmänner beim Transport ihres Hab und Guts vom Gegner unbehelligt bleiben würden. Im Übrigen ein weitgehend unkomplizierter

Unten: Wahrscheinlich ist dieses Foto aufgenommen worden, kurz bevor die Schnellboote nach Kriegsende die U-Bootmänner von der Küste an der Geltinger Bucht nach Flensburg in die Gefangenschaft brachten. Pferdefuhrwerke der nahe gelegenen Bauernhöfe transportierten ihre Habseligkeiten zum Strand. Die hölzernen Pferdefuhrwerke waren noch viele Jahre nach dem Kriege das Haupttransportmittel in der Landwirtschaft. Die moderne Mechanisierung setzte erst ab Mitte der 50er-Jahre voll ein.

Vorgang: Beladen der Schlauchboote, die dann an die Küste gepaddelt und am Strand entladen wurden, während andere die Ausrüstung und die Vorräte mit einem Pferdefuhrwerk zu nahe gelegenen Bauernhöfen transportierten.

Ein Hauptvorteil dieser ländlichen Abgelegenheit lag in der Tatsache, dass die dortige Bevölkerung den Belastungen des Krieges nicht so stark ausgesetzt war wie die Bewohner der Städte, und oft wurden auch die Nachrichten alliierter Rundfunkstationen genauso wie die der deutschen Sender gehört. Infolgedessen konnte Kptlt. Grau von Ortsansässigen über die erreichten Positionen der vorrückenden alliierten Truppen informiert werden. Daraus wurde ersichtlich, dass es zumindest noch einen oder zwei Tage dauern würde, ehe sich die U-Bootmänner über deren Auftauchen Sorgen machen mussten.

Nach dem Entladen der Vorräte und dem Versenken der U-Boote war der nächste Schritt das Einsammeln der Waffen. Sogar die Einheimischen hatten ihre Jagdgewehre abgegeben, als sie hörten, dass die Briten ganze Bauernhöfe niedergebrannt hatten, weil auf ihnen Schrotflinten gefunden worden waren. Niemand wollte den alliierten Truppen einen Vorwand liefern, ihre Höfe zu zerstören. Obwohl den Besatzungstruppen daran gelegen war, die deutschen Truppen zu entwaffnen, hatten sie in Wilhelmshaven vorgeschlagen, Offiziere sollten wieder Waffen tragen, um Unruhen zu verhindern. Doch diese hatten den Vorschlag mit dem Argument zurückgewiesen, die Alliierten sollten sich selbst darum kümmern. Die deutschen Soldaten wollten nach Hause gehen und sahen keinen Grund, noch länger Waffen zu tragen.

Die Kapitulation der deutschen Streitkräfte in Holland, Nordwestdeutschland und Dänemark trat am 5. Mai 1945 um 08.00 Uhr in Kraft. Dieser erste Friedenstag im Nordwesten verlief ereignislos, aber das Entladen der U-Boote war eine harte körperliche Arbeit gewesen und die Besatzungen waren froh, sich umsehen zu können, welche Möglichkeiten der Unterbringung ihnen die wenigen Bauernhöfe bieten konnten. Die Mehrheit von ihnen wollte sich nur noch auf einem Heuboden einkuscheln und schlafen, aber zumindest wussten sie nun, dass sie den Boden des Abgrundes erreicht hatten und dass von jetzt an alles nur besser werden konnte. Das erwartete Auftauchen der alliierten Truppen ereignete sich nicht und die U-Bootsoldaten an der Küste der Geltinger Bucht stellten fest, dass in ihrer friedvollen Abgeschiedenheit keine Störung eintrat. Ihnen war bekannt, dass die Briten die in der Nähe gelegenen Städte besetzt hatten, aber in den ländlichen Gemeinden rührte sich nichts. Ein beträchtlicher Teil der Männer hatte das Gefühl, dass sie allein eine bessere Chance hätten, nach Hause zu kommen, statt in einer großen Gruppe zusammenzubleiben. Folglich sagten sie einander mit Tränen in den Augen Lebewohl und trennten sich, um über die Felder der welligen Landschaft Schleswig-Holsteins davonzugehen. Einige Wochen später erschien eine Flottille von Schnellbooten, um den Rest der Besatzungen nach Flensburg zu bringen, von wo aus sie in Gefangenenlager gebracht wurden.

Die Wartezeit wurde gut genutzt, um für die Verteilung der Vorräte zu sorgen und Behältnisse anzufertigen, die dem Befördern des persönlichen Gepäcks nach Hause dienen sollten. Einige der Männer hatten sich eine alte, aber gut erhaltene Nähmaschine ausgeliehen und beschäftigten sich zu diesem Zweck mit der Herstellung von Tragetaschen. Walter Schöppe, ein Kriegsberichterstatter, verliebte sich in eine der Töchter des Bauern und blieb dort, um sie zu heiraten und auf dem Bauernhof zu arbeiten.

Die Einheimischen nutzten das Vorhandensein der in der Bucht versenkten Schiffe und Unterseeboote weidlich aus. Eine Anzahl dieser Fahrzeuge war in derart flachem Wasser gesunken, dass ganze Teile von ihnen aus dem Wasser ragten und den Ortsansässigen willkommene Gelegenheiten boten, alles zu bergen, was entfernt werden konnte. Die Verknappungen im Kriege und die unerträglichen Härten der kommenden Nachkriegszeit ließen für die Einheimischen die geborgenen Gegenstände zu einer erwünschten Aufbesserung ihrer Verhältnisse werden. Für die größeren Kinder und Jugendlichen, die mit kleinen Ruderbooten umgehen konnten, boten die Wracks einen faszinierenden, aber gefährlichen Spielplatz.

Obwohl sich viele deutsche U-Boote überall an der Ostseeküste abseits der großen Werften und der Marinestützpunkte selbst versenkten, gab es nur zwei U-Boote, die in den gefährlichen Untiefen der Nordseeküste Zuflucht suchten. Zudem erfolgte die Selbstversenkung der beiden Boote erst geraume Zeit nach Ende des Krieges. *U 287* (ObltzS. Heinrich Meyer), eines dieser beiden VII-C-Boote, lief eine Woche vor Kriegsende zur Feindfahrt in den Nordatlantik aus. Den Befehl, nach Kapitulation aufzutauchen, eine schwarze Flagge zu setzen und den nächsten alliierten Hafen anzulaufen, befolgte der Kommandant im Einverständnis mit der Besatzung nicht. Stattdessen kehrte das Boot heimlich nach Norwegen zurück, um im Stützpunkt die Habseligkeiten der Besatzung zu holen. Dies gelang jedoch nicht und *U 287* marschierte anschließend unentdeckt nach Deutschland zurück. In der Nacht vom 15./16. Mai 1945 lief das U-Boot elf Tage nach dem Inkrafttreten der Kapitulation in die Elbmündung ein. An zwei Stellen der Nordküste ging die Besatzung an Land, während der Kommandant, der Leitende Ingenieur und der II. Wachoffizier an Bord blieben. Sie brachten *U 287* an die Südküste der Elbmündung und versenkten es vor Altenbruch – heute ein Stadtteil von Cuxhaven, in dem sich das U-Boot-Archiv befindet. Kommandant und Besatzung wollten mit diesem komplizierten Ablauf jedem eine bessere Möglichkeit verschaffen, nach Hause zu kommen, ohne erst einige Zeit in einem Gefangenenlager zuzubringen. Sie hegten die Hoffnung, dass ihr Boot einstweilen unentdeckt bleiben würde, damit ein großer Teil der Besatzung schon weit weg wäre, bis die Suche nach ihnen ver-

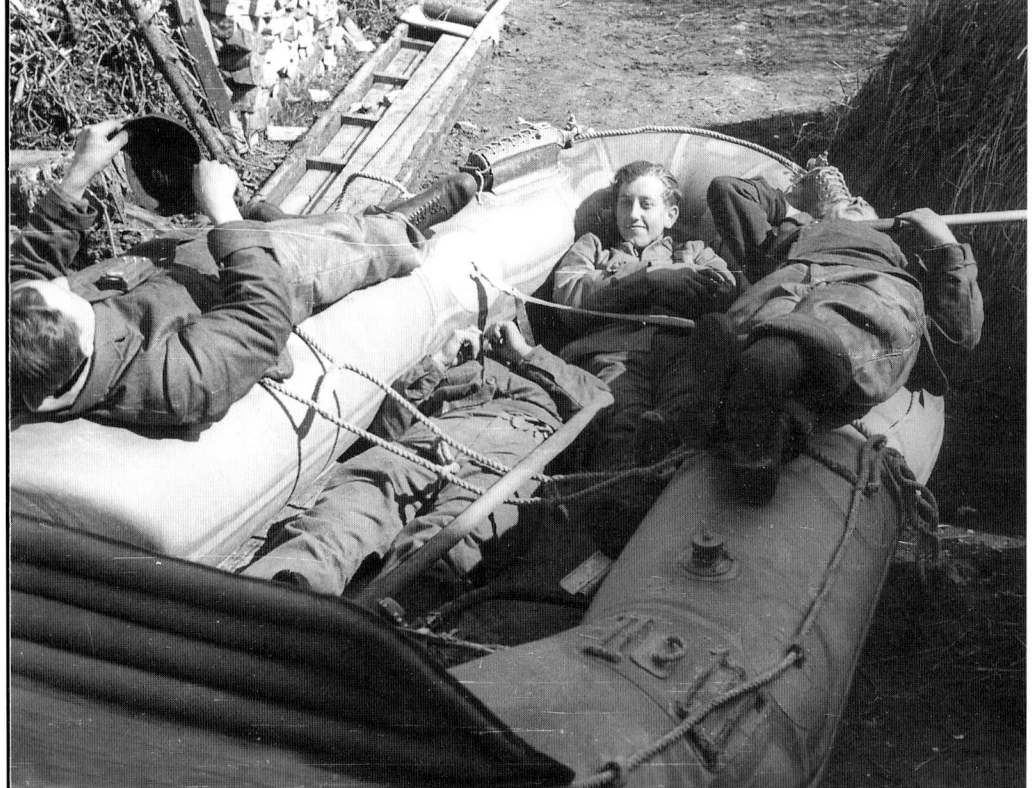

Oben: Handfeuerwaffen, Munition und Sprengstoff, die zusammengetragen wurden, um sie den alliierten Truppen bei ihrem Eintreffen zu übergeben. Ein kleiner Ausschnitt des beträchtlichen Arsenals an der Küste der Geltinger Bucht, darunter Panzerfäuste, Maschinengewehre MG 15 und Infanteriegewehre, die meisten davon Beutewaffen.

Links: Ausrüstung und Vorräte an Land zu bringen, sie wegzuschaffen und zu stapeln oder zu verteilen sowie die Schiffe und U-Boote zu versenken, war harte Arbeit gewesen. Nachdem sie beendet war, fielen die Männer vor Erschöpfung um, wo sie gerade standen. Hier erholten sie sich bei einem gesunden Schlaf auf und in einem der als Dingi dienenden Schlauchboote.

mutlich einsetzte. Allerdings ging die Rechnung nicht auf und die Briten nahmen den größten Teil der Besatzung schließlich doch gefangen.

U 979 (Kptlt. Johannes Meermeier) stand sogar noch weiter draußen im Nordatlantik, nämlich vor Island, als der Befehl zur Kapitulation einging. Auch auf diesem U-Boot fand niemand Gefallen an der Vorstellung, in einem Kriegsgefangenenlager zu schmachten. Daher beschlossen Kommandant und Besatzung, die Alliierten zu überlisten und insgeheim nach Deutschland zurückzukehren.

Jedem an Bord war klar, dass die großen Städte und die Marinestützpunkte besetzt sein würden und dass sie eine bessere Chance hätten, in Freiheit zu bleiben, wenn sie eine abgelegene Gemeinde an der Küste anlaufen würden. Von dort aus könnte sich die Besatzung in aller Ruhe auflösen und heimlich nach Hause zurückkehren. Leider machten diesen Plan die turbulenten Gezeitenströmungen vor der Nordseeinsel Amrum zunichte. In einiger Entfernung von der Insel lief das U-Boot am 24. Mai 1945 bei Niedrigwasser auf eine Sandbank. Nachdem die Besatzung alles wertvolle Material einschließlich ihrer Habseligkeiten geborgen hatte, brachten sie alles über das Watt an Land. Da sich im Boot noch sehr viel Munition befand, wurde es anschließend gesprengt – fast drei Wochen nach Kriegsende, ein Akt des Widerstands gegen die Kapitulation. Das draußen vor Wittdün, einer Gemeinde auf der Insel Amrum, liegende Wrack war noch Mitte der 90er-Jahre bei Niedrigwasser sichtbar.

Rechts und oben: Nachdem sich die U-Bootfahrer mit der Tatsache abgefunden hatten, dass der Krieg vorüber war, gab es für sie nur sehr wenig zu tun. Ihnen blieb nichts anderes übrig als abzuwarten, aber mit Langeweile umzugehen, hatten die Männer auf den U-Booten gelernt.

Rechts: Der im blauen Pullover und mit Schirmmütze am Tisch sitzende U-Bootoffizier ist Kapitänleutnant Peter-Ottmar Grau, zuletzt Kommandant von *U 3015*, einem der revolutionären U-Boote des Typs XXI. Kptlt. Grau war 1934 in die Marine eingetreten und leitete als Dienstältester Offizier die Versenkungsaktion am 5. Mai 1945 in der Geltinger Bucht.

Die Bildfolge auf den vorangegangenen und den noch folgenden Seiten über die Ereignisse an der Geltinger Bucht stammt vom damaligen Kriegsberichterstatter Walter Schöppe, der später die Tochter eines ansässigen Bauern heiratete.

Unten: Nachdem die U-Bootmänner festgestellt hatten, dass das erwartete Eintreffen der Besatzungstruppen nicht erfolgte, um sie den Schrecken der Gefangenenlager zuzuführen, begannen sie, die Zeit mit nutzbringenden Tätigkeiten auszufüllen. Hier hatten sie sich eine Nähmaschine ausgeliehen, um Tragetaschen anzufertigen. Die Beutel sollten zum Mitführen ihrer wenigen persönlichen Habseligkeiten dienen.

Rechte Seite: Walter Schöppe hat die Rückseite des Fotos wie folgt beschriftet: »Dann kam der Tag des Abschieds vom Dorf. Zum Abschiedsfoto hatten sich versammelt: Kptlt. Peter-Ottmar Grau, Kptlt. Jürgen Klasing, Kptlt. (Ing.) Hilbig, Oberstabsarzt Dr. Klaus Täger, Bauer Nikolaus Lassen, Frau Jensen, Lenchen Lassen, Larga Lassen, Gerhard Enders, Friedrich Thormann, Frau Thormann, Elisabeth Lassen, Günther Pleitz, Christel Thormann, Peter Jensen und Gaby Jensen.«

Links: Der Befehl lautete: »Fertigmachen zum Abmarsch!« Schusters Rappen werden geschnürt.

Rechte Seite, oben: Letzte Musterung auf einer Wiese vor einem Bauernhaus in Habernis, einem kleinen Ort an der der Westseite der Geltinger Bucht. Kptlt. Peter-Ottmar Grau spricht zu den Männern, beobachtet von einer neugierigen Kinderschar.

Rechte Seite, unten: Mit in Mode gekommenen Knotenstöcken, vorbei an blühenden Kirschbäumen und begleitet von den Dorfkindern marschieren die U-Bootmänner aus dem kleinen Bauerndorf singend in die Gefangenschaft, um danach ihren Beitrag zum Aufbau eines hoffentlich friedvolleren Europas zu leisten.

Anhang I
U-Boote, die an feindlicher Küste landeten oder sich ihr direkt näherten

Diese Liste von deutschen U-Booten, die an feindlicher Küste landeten oder die sich in ihrer unmittelbaren Nähe aufhielten, ist nicht vollständig. Weggelassen wurden jene U-Boote, die
- im Frühjahr 1940 dicht unter der Küste Norwegens operierten,
- unmittelbar vor Hafeneinfahrten Minen legten,
- im Fernen Osten in japanischen Häfen des Mutterlandes oder der besetzten Gebiete anlegten oder die
- bei Kriegsende in Gewässern der Vereinigten Staaten die Waffen streckten.

Hinter der Kenn-Nummer der U-Boote (in numerischer Reihenfolge) steht in Klammer der Name seines Kommandanten einschl. des Dienstgrades sowie der U-Boottyp, gefolgt vom Ereignis (nicht chronologisch).

U 25 (KKpt. Viktor Schütze) I A
Das erste U-Boot während des Krieges, das in spanischen Gewässern Treibstoff ergänzte: Cádiz am 30. Januar 1940 aus der THALIA.

U 29 (Kptlt. Otto Schuhart) VII A
Treibstoffergänzung in Vigo (Spanien) aus der BESSEL am 21. Juni 1940.

U 30 (Kptlt. Fritz-Julius Lemp) VII A
Abgabe eines verwundeten Besatzungsangehörigen in Reykjavik (Island) am 19. September 1939.
Treibstoffergänzung in El Ferrol (Spanien) aus der MAX ALBRECHT am 25. Juni 1940.
Einlaufen als erstes U-Boot in einen französischen Atlantikhafen zur Treibstoffergänzung: Lorient am 7. Juli 1940.

U 35 (Kptlt. Werner Lott) VII A
An-Land-Setzen von 28 Seeleuten des griechischen Dampfers SS DIAMANTIS in der Ventrybai (Ventry Harbour) an der Dinglebai (Irland) am 4. Oktober 1939. Das Ablaufen des U-Bootes um 16.30 Uhr wurde von einer großen Anzahl Einheimischer an der Küste beobachtet, die zum Abschied winkten. *U 35* versenkte die 4990 BRT große DIAMANTIS am 3. Oktober 1939 etwa 75 km westlich der Skelligs.

Links: Vermutlich *U 30* mit dem charakteristisch schlanken Vorschiff des Bootes vom Typ VII. Die großen Gebilde im Netzabweiser, einem Stahltau, das vom Bug zur Oberkante des Turms verläuft, sind Isolatoren, um ein Erden seines Mittelteils mit dem Boot zu verhindern, das gleichzeitig als Funkantenne diente. Im Bild rechts der Mittschiffslinie ist das Oberteil der elektrischen Winsch zu erkennen. In ihn konnten Spaken eingeschoben werden, um das Spill von Hand zu drehen, wenn der Strom ausfiel.

U 37 (KKpt. Werner Hartmann) IX A
Absetzen eines Agenten an der Donegalbai (Irland) am 8. Februar 1940 (am 9./10. Februar 1940 nach anderer Quelle).
Mögliche Durchführung eines weiteren Sonderauftrages unter Kptlt. Nicolai Clausen an der Küste von Französisch-Westafrika im Dezember 1940.

U 38 (Kptlt. Heinrich Liebe) IX A
Absetzen von zwei Agenten an der Brandonbai (Irland) in der Nacht vom 12./13. Juni 1940.
Aufklärung im Vestfjord vor Narvik (Norwegen) und vor Murmansk (Sowjetunion) im November und Dezember 1939.

U 43 (Kptlt. Wilhelm Ambrosius) IX A
Treibstoffergänzung in Vigo aus der BESSEL am 18. Juni 1940. Das U-Boot hat vermutlich einen Agenten abgesetzt, aber verlässliche Aufzeichnungen über die Durchführung eines solchen Sonderauftrages konnten nicht gefunden werden.

U 52 (Kptlt. Otto Salmann) VII B
Treibstoffergänzung in Vigo aus der BESSEL am 1. Juli 1940.

U 65 (KKpt. Hans-Gerrit v. Stockhausen) IX B
15. August 1940: Sonderaufgabe – Absetzen von zwei Agenten in Irland – abgebrochen, da einer der Agenten unterwegs verstarb, und anschließendes Einlaufen in Lorient. KKpt. v. Stockhausen wurde im Januar 1943 bei einem Verkehrsunfall in Berlin getötet.

U 66 (Kptlt. Friedrich Markworth) IX C
Treibstoffergänzung unter KKpt. Richard Zapp in El Ferrol aus der MAX ALBRECHT am 17. Mai 1942.
Absetzen eines Agenten bei Kap Blanco in Mauretanien dicht an der Grenze zu Spanisch-Sahara am 20. Januar 1943. Der Agent und zwei Angehörige der Besatzung wurden gefangen genommen.

U 67 (Kptlt. Günther Müller-Stöckheim) IX C
28. September 1941: Treffen mit *U 111* (Kptlt. Wilhelm-Peter Kleinschmidt) zur Krankenabgabe sowie *U 68* (KKpt. Karl-Friedrich Merten) in der Tarafal-Bucht der Insel St. Antonio (Kapverdische Inseln). Durch das britische Unterseeboot CLYDE überrascht, kam es zur Kollision mit *U 67*, das infolge Beschädigung der Torpedorohre nach Abgabe von Treibstoff, Torpedos und Proviant am 2. Oktober an *U 68* den Rückmarsch antrat.
16. Februar 1942 in der Karibik: Gleichzeitiger Artillerieeinsatz gegen die Ölanlagen von Aruba durch *U 156* (KKpt. Werner Hartenstein), Curaçao durch *U 67* und Maracaibo/Venezuela durch *U 502* (Kptlt. Jürgen v. Rosenstiel).

U 68 (KKpt. Karl-Friedrich Merten) IX C
27. und 28. September 1941: Treffen mit *U 111* (Kptlt. Wilhelm-Peter Kleinschmidt) zur Torpedoübernahme in der Tarafal-Bucht der Insel St. Antonio. Siehe auch oben *U 67*.
16. und 17. Mai 1942: Einlaufen nach El Ferrol zur Notreparatur mit anschließender Treibstoffergänzung aus der MAX ALBRECHT. Nach Beendigung der Reparatur Auslaufen um 20.00 Uhr.

U 69 (Kptlt. Jost Metzler) VII C
Treibstoffergänzung in Las Palmas (Kanarische Inseln) aus der CHARLOTTE SCHLIEMANN am 30. Juni 1941.*
Angriff auf ankernde Schiffe in mehreren afrikanischen Häfen.

U 73 (Kptlt. Horst Deckert) VII B
Absetzen eines Agenten bei Kap Khanis in Algerien in der Nacht vom 9./10. Oktober 1943.

U 77 (Kptlt. Heinrich Schonder) VII C
Treibstoffergänzung in Vigo aus der BESSEL am 7. November 1941.

U 81 (Kptlt. Friedrich Guggenberger) VII C
Artillerieeinsatz gegen das E-Werk in Jaffa/Palästina am 17. April 1942, anschließend sehr wahrscheinlich auch Öltanks bei Haifa beschossen.

U 83 (Kptlt. Hans-Werner Kraus) VII B
Sonderauftrag: Lotsenboot für ein geplantes Landungsunternehmen durch vier Artilleriefährpräme, zwei Landungsboote sowie mehrere Räum- und Schnellboote in der Bucht von Bomba/Cyrenaika, geplant für den 23. Mai 1942. Nach Verschiebung fand die Landung am 28. Mai infolge technischer Probleme ohne *U 83* statt.

U 96 (Kptlt. Heinrich Lehmann-Willenbrock) VII C
Treibstoffergänzung in Vigo aus der BESSEL am 27. November 1941. Als Kriegsberichterstatter an Bord der PK-Berichter Lt.(S) Lothar-Günther Buchheim, späterer Verfasser des Romans *Das Boot*, das unter diesem Titel erfolgreich verfilmt wurde.

---

*Anm. d. Übers.: Möglicherweise erfolgte die Treibstoffergänzung nicht aus der CHARLOTTE SCHLIEMANN sondern aus der CORRIENTES (KTB von *U 69*). Das Etappen-V-Schiff CORRIENTES stand ab Januar 1940 unter dem Decknamen »Lima« als U-Bootversorger im Hafen von Las Palmas zur Verfügung, bis es im März 1943 als Ersatz für die irrtümlich von einem deutschen U-Boot versenkte MONTE CORBEN an Spanien übergeben wurde. Inwieweit Verwechslungen mit der ebenfalls in Las Palmas verfügbaren CHARLOTTE SCHLIEMANN vorliegen, lässt sich nicht sagen. Der Deckname dieses Versorgers (siehe oben Seite 113) scheint jedenfalls nicht »Corrientes« gewesen zu sein. Siehe Gröner: *Die deutschen Kriegsschiffe 1815–1945*, Band 4: Hilfsschiffe I, S. 232, 234.

Oben: U 223, ein Boot vom Typ VII C, von einem Dingi aus aufgenommen.

Links: Unternehmen »Wunderland II« im Herbst 1943: U 255 (ObltzS. Erich Harms) hat an der Nordostküste von Nowaja Semlja eine Basis eingerichtet und betankt ein Flugboot Blohm & Voss Bv 138, um an mehreren Tagen über der Karasee bis zur Wilkizki-Straße Aufklärung zu fliegen.

U 103 (KKpt. Viktor Schütze) IX B
Treibstoffergänzung in Las Palmas aus der CHARLOTTE SCHLIEMANN am 5. Juli 1941.

U 105 (Kptlt. Georg Schewe) IX B
Treibstoffergänzung in Las Palmas aus der CHARLOTTE SCHLIEMANN am 4. März 1941.
Notreparatur unter KKpt. Heinrich Schuch in El Ferrol vom 12. bis 28. Juni 1942.

U 106 (Kptlt. Jürgen Oesten) IX B
Treibstoffergänzung in Las Palmas aus der CHARLOTTE SCHLIEMANN am 5. März 1941.

U 109 (Kptlt. Heinrich Bleichrodt) IX B
Treibstoffergänzung in Cádiz aus der THALIA am 21. Juli 1941.

U 111 (Kptlt. Wilhelm-Peter Kleinschmidt) IX B
Siehe oben *U 67* und *U 68*.

U 123 (Kptlt. Reinhard Hardegen) IX B
Treibstoffergänzung in Las Palmas aus der CHARLOTTE SCHLIEMANN am 25. Juni 1941.

U 124 (Kptlt. Georg-Wilhelm Schulz) IX B
Treibstoffergänzung in Las Palmas aus der CHARLOTTE SCHLIEMANN am 3. März 1941.

U 130 (KKpt. Ernst Kals) IX C
Artillerieeinsatz gegen Ölanlagen auf Curaçao/Kleine Antillen am 19. April 1942. Abbruch des Gefechtes nach 12 Schuss infolge Erwiderung durch Küstenbatterie.

U 155 (ObltzS. Ludwig-Ferdinand v. Friedeburg) IX C
9. September 1944: *U 155* verließ als letztes Boot unter dem jüngsten U-Bootkommandanten der Kriegsmarine den von alliierten Truppen eingeschlossenen U-Bootstützpunkt Lorient an der Biskayaküste.

U 156 (KKpt. Werner Hartenstein) IX C
16. Februar 1942: Siehe oben *U 67*. Der geplante Artillerieeinsatz gegen Ölanlagen auf Aruba/Kleine Antillen war ein Fiasko. Die Bedienung des 10,5-cm-Deckgeschützes vergaß den wasserdichten Verschluss (Mündungspropfen) von der Rohrmündung zu entfernen. Der anschließende Rohrkrepierer forderte ein Todesopfer und verwundete den Geschützführer schwer. Letzterer wurde am 18. Februar in Fort de France der Vichy-französischen Insel Martinique zur Versorgung an Land gebracht.

Rechts: U 302 (Kptlt. Herbert Sickel) vom Typ VII C läuft in norwegischen Gewässern eine hohe Fahrtstufe. Das U-Boot im weißen Tarnanstrich rettete die Angehörigen des Wettertrupps »Nußbaum« im Juni 1943, der bei Kap Mitra an der Nordwestküste von Westspitzbergen vom Oktober 1942 an überwintert hatte (siehe Seite 175).

Oben: U 302 im Ofotfjord vor Narvik in Nordnorwegen, einem der Hauptstützpunkte für Operationen in der Arktis.

Links: U 302: Ein sehr frühes Erscheinungsbild mit einer einzelnen 2-cm-Flak auf dem »Wintergarten« und noch mit dem 8,8-cm-Decksgeschütz.

Rechts: U 307 (ObltzS. Friedrich-Georg Herrle) gewährte im September 1944 Unterstützung bei der Einrichtung einer bemannten Wetterstation auf Spitzbergen. Im Bild eine vorläufige Zeltunterkunft. Zu erkennen sind im Vordergrund Maschinenpistolen MP 38 (geriffeltes Gehäuse) und MP 40.

Rechts unten: Oberleutnant z. S. Herrle auf der Brücke seines *U 307*, das zur 13. U-Flottille in Trondheim gehörte. Er fiel am 4. Mai 1945 gegen 18.00 Uhr als Kommandant von *U 393* zusammen mit dem Bootsmaat Schneider bei einem Luftangriff im Kleinen Belt, während seine Besatzung das Boot am nächsten Morgen vor der um 08.00 Uhr eintretenden Kapitulation in der Geltinger Bucht versenkte.
Wie die folgenden Seiten zeigen, wies *U 307* den Brückenumbau IV mit der verstärkten Flakbewaffnung auf: Zwei 2-cm-Zwillingsflaks (eine im Bild) und ein 3,7-cm-Geschütz. Das 8,8-cm-Decksgeschütz war zur Gewichtsersparnis entfernt.

Links: U 307: ObltzS. Herrle spricht mit dem norwegischen Funker Börgesen über das Errichten der geheimen Station auf Spitzbergen. Dieser sowie der Mann rechts oben tragen Tarnblusen und Feldmützen im Flecktarnmuster der Waffen-SS.

Rechts: Angehörige von *U 307* mit einem erlegten Rentier zur Aufbesserung der Verpflegung mit frischem Fleisch.

Unten: *U 307* mit vergrößertem Brückenumbau und verstärkter Flakbewaffnung.

Rechte Seite: Viele U-Boote operierten in gefährlich flachen Gewässern, obwohl sie nie eine Landung durchführten. Das Foto zeigt *U 371* bei der Fahrt durch den berühmten Kanal von Korinth. Der von 1881 bis 1893 erbaute, 6,3 km lange Kanal durchschneidet mit seinen senkrechten Wänden den Isthmus zwischen Attika und dem Peloponnes. Deutsche Fallschirmjäger hatten am 26. April 1941 durch einen Einsatz aus der Luft die Brücke über den Kanal im Handstreich bereits erobert, als eine – wie es heißt »verirrte« – britische Granate die Sprengladung der Brücke traf und diese einstürzen ließ.

Oben: *U 307* im Eisfjord (Isfjord) von Spitzbergen. Auf der Brücke rechts im Bild der Runddipol eines Funkmessbeobachtungsgerätes zur Warnung vor einer gegnerischen Radarortung. An der Vorderseite des Turms ist schwach das Emblem des U-Bootes zu sehen. Es besteht aus einem weißen Kreuz mit einem Wikingerschiff in der Mitte. Im April 1945 soll das Boot zusammen mit anderen beim Auslaufen aus dem nordnorwegischen Harstad die Aufschrift »Leever dood as Slaav!« am Turm geführt haben.

Rechts: Das Vorschiff von *U 351* (Typ VII C) schneidet tief durch das Wasser. Nach seiner Indienststellung am 20. Juni 1941 gehörte *U 351* als Schulboot nacheinander zu vier verschiedenen Ausbildungsflottillen unter sieben Kommandanten, ehe es sich am 5. Mai 1945 bei Hörup Haff selbst versenkte.

U 371 (Kptlt. Heinz-Joachim Neumann) befindet sich hier offensichtlich in sicheren Gewässern, wie die große Anzahl seiner Besatzungsangehörigen zeigt, die sich auf der Brücke und an Oberdeck zu einem Gruppenbild drängen. Zu dieser Zeit gehörte das U-Boot zur 23. U-Flottille unter Kptlt. Fritz Frauenheim, die bis zum Mai 1942 in Salamis stationiert war. Im Anschluss daran kam das VII-C-Boot zur 29. U-Flottille in La Spezia, die im selben Monat der inzwischen beförderte KKpt. Frauenheim übernommen hatte. Am Turm das Wappen der Patenstadt München-Gladbach, wie Mönchengladbach früher hieß.

Links: U 377 unter Kptlt. Otto Köhler (Bildmitte) unterstützt Mitte Oktober 1942 das Errichten einer bemannten Wetterstation für den Wettertrupp »Nußbaum« bei Kap Mitra an der Nordwestküste von Westspitzbergen (siehe Seite 144 und 167).

Rechts: U 377 vom Typ VII C vor Kap Mitra. Die U-Bootmänner waren froh, dass der Fjord zugefroren war. Dies erlaubte es ihnen, die schwere Ausrüstung leichter zu entladen und mit Schlitten über das Eis zu transportieren, statt sie mit Schlauchbooten an Land zu paddeln.

Links: Das Entladen der Ausrüstung aus U 377 und ihr Verladen auf Schlitten. Die Ausrüstung eines solchen Wettertrupps war sehr umfangreich; sie umfasste im Normalfall Proviant für zwei Jahre (falls der Trupp nicht rechtzeitig abgeholt werden sollte), eine Hütte, die wissenschaftlichen Geräte, die Funkanlage, Brennstoff für den Generator, Kohle zum Heizen, Waffen einschl. Jagdgewehre, Winterbekleidung und vieles andere mehr. Auf dem Vorschiff gut erkennbar durch seine T-Form das ausgefahrene Kristall-Drehbasisgerät mit der waagerechten Anordnung der sechs Kristallempfänger. Das Gerät sollte bei auf Grund gesetztem Boot und im Nahbereich eine genaue Horchpeilung ermöglichen. Infolge unzureichender Leistungen wurde jedoch 1942 sein Ausbau verfügt.

Oben: Mannschaften von *U 377* laden aus dem U-Boot die Ausrüstung für die bemannte Wetterstation bei Kap Mitra aus.

Oben: Transport des Proviants und der sonstigen Vorräte für den Wettertrupp über das Eis zum Errichten der Station an Land.

U 161 (Kptlt. Albrecht Achilles) IX C
Angriff auf Handelsschiffe in der Nacht vom 2./3. Juli 1942, die an der Pier des Hafens Porto Limón/Costa Rica festgemacht hatten.

U 167 (KKpt. Kurt Sturm) IX C/40
Am 6. April 1943 nach schweren Schäden durch einen Luftangriff vor der Insel Gran Canaria selbst versenkt.

U 186 (Kptlt. Siegfried Hesemann) IX C/40
Im Januar 1943 kurze Erkundung von Fjorden in Grönland durchgeführt.

U 193 (KKpt. Hans Paukstadt) IX C/40
Am 9. Februar 1944 bei einem Luftangriff erheblich beschädigt, am folgenden Tag in El Ferrol zur Notreparatur eingelaufen, danach am 20. Februar wieder ausgelaufen und am 24. Februar zurück in Lorient.

U 200 (Kptlt. Heinrich Schonder) IX D_2
Am 24. Juni 1943 von einem »Catalina«-Flugboot südlich von Reykjavik (Island) auf dem Marsch zur südafrikanischen Küste versenkt, um ein aus aus sieben Mann bestehendes Sonderkommando der Küstenjäger-Abteilung »Brandenburg« zur Durchführung von Sabotageakten abzusetzen.

U 202 (Kptlt. Hans-Heinz Linder) VII C
Absetzen einer Agentengruppe am 13. Juni 1942 auf Long Island (USA).

U 204 (Kptlt. Walter Kell) VII C
Treibstoffergänzung in Cádiz aus der THALIA am 15. Oktober 1941.

U 205 (Kptlt. Friedrich Bürgel) VII C
Am 17. Februar 1943 durch Luftangriff und Wasserbomben des Zerstörers HMS PALADIN vor der Nordspitze der Cyrenaika schwer beschädigt, wurde das von der Besatzung verlassene U-Boot, das im Begriff war, langsam zu sinken, von der Korvette HMS GLOXINIA in Schlepp genommen. *U 205* sank jedoch vor Erreichen der libyschen Küste in tiefem Wasser. Taucher bargen später die »Enigma«-Schlüsselmaschine.

U 209 (Kptlt. Heinrich Brodda) VII C
Zusammen mit *U 255* (Kptlt. Reinhart Reche) Beschießung der Funkstation am Kap Shelanija (Eiskap) am 25. August 1942 und der Funkstation von Chodovaricha am 28. August, beide auf Novaja Semlja (Sowjetunion).

U 212 (Kptlt. Helmut Vogler) VII C
Absetzen eines Landungskommandos auf der Bäreninsel im Juni 1943, um die Reste der alliierten Wetterstation zu zerstören.

U 213 (ObltzS. Amelung v. Varendorff) VII D
Absetzen eines Agenten bei St. John (Provinz Neubraunschweig, Kanada) am 14. Mai 1942.

U 217 (Kptlt. Kurt Reichenbach-Klinke) VII D
Angriff auf ein vor Anker liegendes Schiff auf der Reede von Willemstad (Curaçao) am 19. August 1942.

U 242 (ObltzS. Heinrich Riedel) VII C
Absetzen eines Agenten am 23. Januar 1945 in Finnland sowie im Anschluss daran Aufklärung im Bottnischen Meerbusen.

U 252 (Kptlt. Kai Lerchen) VII C
Absetzen eines Agenten bei Seydisfördur (Island) am 6. April 1942.

U 255 (Kptlt. Reinhart Reche) VII C
1. Unternehmen »Wunderland I« (Schwerer Kreuzer ADMIRAL SCHEER) im August 1942:
Aufklärung von Spitzbergen und der Barentssee Anfang August zusammen mit einem mehrfach von *U 255* betankten Flugboot Blohm & Voss Bv 138 und mit *U 435*. Ende August Beschießung von zwei Funkstationen siehe oben *U 209*.
2. Unternehmen »Wunderland II« (Schwerer Kreuzer LÜTZOW) im Herbst 1943:
U 255, nunmehr von ObltzS. Erich Harms geführt, richtete am 1. August bei Sporyj Navolok an der Nordostküste von Novaja Semlja einen Stützpunkt mit Funkstation ein und betankte ab dem 4. August mehrfach ein Flugboot Bv 138, das bis zum 11. August an mehreren Tagen über der Karasee Aufklärung bis zur Wilkizki-Straße flog, während die LÜTZOW im nordnorwegischen Altafjord zum Auslaufen bereitlag. Anfang September wurde der Flugboot-Einsatz wiederholt, unterstützt auch durch *U 601* (Kptlt. Peter-Ottmar Grau).
3. Beide Unternehmen, die sich gegen den sowjetischen Geleitzugverkehr auf dem Sibirischen Seeweg richteten, brachten nicht die gewünschten Erfolge.
4. *U 255*, jetzt unter dem Kommando von ObltzS. Helmuth Heinrich, lag im französischen St. Nazaire, nachdem die Stadt mit dem U-Bootstützpunkt von den alliierten Truppen eingeschlossen worden war. Von *U 878* (Kptlt. Johannes Rodig) mit Treibstoff versorgt, unternahm das U-Boot gegen Ende des Krieges in den flachen Küstengewässern gefährliche Fahrten nach La Pallice und zurück.

U 260 (ObltzS. Klaus Becker) VII C
Nach Minentreffer am 12. März 1945 vor der Südostküste von Irland versenkte die Besatzung (48 Mann) ihr Boot selbst und wurde anschließend in Irland interniert.

U 262 (Kptlt. Heinz Franke) VII C
Erreichte am 2. Mai 1943 Kap North Point auf der Prinz-Eduard-Insel (Kanada), um U-Bootmänner aufzunehmen, die aus einem Kriegsgefangenenlager bei Fredericton fliehen wollten. Der geplante Ausbruch aus dem Lager kam jedoch nicht zustande und *U 262* musste erfolglos den Rückmarsch antreten. Siehe Anm. d. Übers. auf Seite 51.

U 279 (Kptlt. Otto Finke) VII C
Absetzen eines Agenten bei Glettinganes (Island) am 20. September 1943. *U 279* wurde kurz darauf am 4. Oktober mit der gesamten Besatzung durch einen Luftangriff versenkt.

U 287 (ObltzS. Heinrich Meyer) VII C
Das U-Boot versenkte sich am 16. Mai 1945 in der Elbmündung nahe dem heutigen Sitz des U-Boot-Archives in Cuxhaven-Altenbruch selbst, nachdem die Besatzung ausgestiegen war, um der Gefangenschaft zu entgehen.

U 289 (Kptlt. Alexander Hellwig) VII C
Absetzen von zwei Agenten bei Heradsfloj (Island) am 25. April 1944.

U 302 (Kptlt. Herbert Sickel) VII C
20. – 24. Juni 1943: Rettung des Wettertrupps »Nußbaum«, eingesetzt seit dem Oktober 1942 auf Spitzbergen. Der Einsatz führte zu einem Zusammenstoß mit einem norwegischen Kanonenboot.

U 307 (ObltzS, Friedrich-Georg Herrle) VII C
15. September 1944: Landung auf Spitzbergen zur Unterstützung des Einrichtens einer bemannten Wetterstation mit anschließender allgemeiner Aufklärung.

U 331 (Kptlt. Hans-Diedrich Freiherr v. Tiesenhausen) VII C
Treibstoffergänzung in Cádiz aus der THALIA am 1. August 1941. In der Nacht vom 17./18. November 1941 Absetzen eines Kommandos zum Sprengen der Bahnlinie westlich von Marsa Matruh in Westägypten, kurz bevor er am 25. November das Schlachtschiff HMS BARHAM versenkte.

U 354 (Kptlt. Karl-Heinz Herbschleb) VII C
27. – 31. Oktober 1943: Errichten einer bemannten Wetterstation (unter dem Namen »Svartisen«?) auf der Hopen-Insel. Kurz zuvor hatte *U 703* (ObltzS. Joachim Brünner) drei schiffbrüchige Russen Anfang Oktober 1943 auf der Hopen-Insel abgeholt, nachdem das U-Boot im Juli 1943 bereits den russischen Kapitän mitgenommen hatte.
22. Juli 1944: *U 354* nunmehr unter Führung von ObltzS. Hans-Jürgen Sthamer evakuiert den Wettertrupp.

U 355 (Kptlt. Günter La Baume) VII C
Juli 1943: Allgemeine Aufklärung entlang der Westküste von Westspitzbergen. Zerstörung der Reste einer Funkstation in einem Fjord.
6. Oktober 1943: Anlaufen der Küste von Spitzbergen, um das Errichten einer bemannten Wetterstation zu unterstützen.

Links: U 405 (KKpt. Rolf-Heinrich Hopmann) erkundet eines der Wracks aus den erbitterten Kämpfen um Narvik im April 1940, wobei zehn deutsche Zerstörer verloren gingen.

Oben: Kptlt. Siegfried Strelow von U 435, der einen Wettertrupp auf Spitzbergen absetzte. Er trägt das Ritterkreuz des Eisernen Kreuzes. Im Knopfloch ist das Band des Eisernen Kreuzes II. Klasse (EK II) zu sehen. Auf seiner linken Brustseite sind das EK I und darunter neben dem U-Boots-Kriegsabzeichen das Zerstörer-Kriegsabzeichen zu erkennen.

Links: Ein U-Boot vom Typ IX für Fernunternehmungen in See.

U 365 (Kptlt. Heimar Wedemeyer) VII C
Mitte Oktober 1944: Absetzen eines Wettertrupps auf Spitzbergen.

U 370 (ObltzS. Karl Nielsen) VII C
3. September 1944: Unterstützung bei der Evakuierung einer deutschen Funkstation in Finnland.

U 372 (Kptlt. Heinz-Joachim Neumann) VII C
Auf dem Anmarsch zum Absetzen eines Agenten bei Beirut am 4. August 1942 vor der Küste des Libanon versenkt. Besatzung und Agent überlebten und gerieten in Gefangenschaft.

U 377 (Kptlt. Otto Köhler) VII C
Landungen an der Nordwestküste von Westspitzbergen zu verschiedenen Malen im Sommer und Herbst 1942:
- Errichten einer unbemannten Wetterstation,
- Absetzen des Wettertrupps »Nußbaum« und Unterstützung beim Einrichten der Wetterstation am Kap Mitra im Oktober sowie
- allgemeine Aufklärung an der Nordwestküste.

Januar 1943: Erfolgloser Versuch, in Scapa Flow einzudringen, dem Hauptankerplatz der Royal Navy in den Orkney-Inseln.

U 380 (Kptlt. Josef Röther) VII C
Anfang Mai 1943: Munitionstransport für die Heeresgruppe Afrika nach Tunesien.
10. Mai 1943: Rettung von vier deutschen Soldaten an der tunesischen Küste.

U 387 (KKpt. Rudolf Büchler) VII C
Ende September 1943: Marsch in das Nordmeer als Sicherung des Wetterschiffes KEHDINGEN und Einrichten einer bemannten Wetterstation auf Franz-Josef-Land.
Oktober 1944: Landung auf der Prinz-Georg-Insel bei Nowaja Semlja, um an Land eine automatische (unbemannte) Wetterstation zu errichten. (Nicht zu verwechseln mit der Stadt Prince George in Kanada.)

U 434 (Kptlt. Wolfgang Heyda) VII C
Treibstoffergänzung in Vigo aus der BESSEL am 14. Dezember 1941.

U 435 (Kptlt. Siegfried Strelow) VII C
Mitte August 1942: Aufklärung von Spitzbergen und Absetzen des Wetterbeobachtungstrupps »Knospe« (siehe *U 255*). Vermutlich auch Männer von Kap Mitra auf Westspitzbergen Ende des Monats evakuiert.

U 502 (Kptlt. Jürgen von Rosenstiel) IX C
16. Februar 1942: Beschießung der Ölanlagen von Maracaibo in Venezuela (siehe *U 67*).

U 513 (KKpt. Rolf Rüggeberg) IX C
5. September 1942: Angriff auf die in der Conceptionbai von Neufundland (Kanada) auf Reede liegenden Schiffe und Versenken der Erzfrachter LORD STRATHCONA und SAGANAGA bei hellem Tageslicht.

U 515 (KKpt. Werner Henke) IX C
21.–25. November 1942: Notreparatur auf den Kanarischen Inseln, aber die Besatzung gelangte vermutlich nicht an Land.

U 517 (Kptlt. Paul Hartwig) IX C
31. August–15. September 1942: Eindringen mit *U 165* (KKpt. Eberhard Hoffmann) in die Mündung des St.-Lorenz-Stromes (Kanada), um den Geleitzugverkehr anzugreifen. Den beiden U-Booten fielen in der Mündung und im St.-Lorenz-Golf eine Reihe von Handelsschiffen und Geleitsicherungsfahrzeugen zum Opfer.

U 518 (Kptlt. Friedrich-Wilhelm Wissmann) IX C
Nacht vom 1./2. November 1942: Angriff auf die in der Conceptionbai von Neufundland (Kanada) auf Reede liegenden Schiffe und Versenken der Erzfrachter ROSE CASTLE und *PLM 27*.
9. November 1942: Absetzen eines Agenten an der Nordküste der Chaleurbai, Provinz Quebec (Kanada).

U 530 (Kptlt. Kurt Lange) IX C/40
Mitte Juni 1944: Treffen im Seegebiet der Azoren mit dem japanischen Transport-U-Boot *I 52* zur Übergabe von Funkmessbeobachtungsgerät und deutschem Personal, um das Boot nach Lorient zu bringen.
U 530 inzwischen unter ObltzS. Otto Wermuth weigerte sich, bei Kriegsende zu kapitulieren, und trat den Marsch nach Argentinien an. Dort traf das Boot am 10. Juli 1945 ein und wurde anschließend an die Vereinigten Staaten übergeben, wo die Besatzung auch interniert wurde.

U 536 (Kptlt. Rolf Schauenburg) IX C/40
27./28. September 1943: Erfolgloser Versuch zur Aufnahme entkommener Kriegsgefangener bei Pointe de Maisonette an der Südküste der Chaleurbai/Neubraunschweig (Kanada).

U 537 (Kptlt. Peter Schrewe) IX C/40
22. und 23. Oktober 1943: Errichten einer unbemannten Wetterstation bei Kap Chidley an der Martin's Bay, Labrador (Kanada).

Oben: Vermutlich *U 617* (Kptlt. Albrecht Brandi). Das Boot führt noch beiderseits den »Stier von Scapa Flow«, da das bei Blohm & Voss in Hamburg gebaute Boot vom Standardtyp VII C zur 7. U-Flottille in St. Nazaire gehörte, angeordnet vom Flottillenchef nach dem Verlust von Priens *U 47* für alle Boote dieser Flottille. Als *U 617* Anfang November 1942 ins Mittelmeer verlegt wurde und nun zur 29. U-Flottille in La Spezia gehörte, ersetzte ab März 1943 das Wappen der Patenstadt Wien die »Stiere«. Am ausgefahrenen Mast des Angriffssehrohrs flattern auch Siegeswimpel.

U 541 (Kptlt. Kurt Petersen) IX C/40
Anfang September 1944: Eindringen mit *U 802* (Kptlt. Helmut Schmoeckel) in die Mündung des St.-Lorenz-Stromes (Kanada), um den Schiffsverkehr anzugreifen. *U 541* versenkte am 3. September ein Schiff, tauchte am 13. September unter das Eis und durchbrach später eine dünne Eisschicht in einem großen Eisfeld, um die Batterien aufzuladen.

U 553 (Kptlt. Karl Thurmann) VII C
Mai 1942: Das erste U-Boot, das in die Mündung des St.-Lorenz-Stromes eindrang, um den Schiffsverkehr anzugreifen.

U 564 (KKpt. Reinhard Suhren) VII C
Treibstoffergänzung in Cádiz aus der THALIA am 14./15. Oktober 1941.

U 566 (Kptlt. Hans Hornkohl) VII C
24. Oktober 1943: Bei einem Luftangriff schwer beschädigt, versenkte sich das Boot westlich der spanischen Küste selbst. Spanische Fischer retteten die Besatzung und brachten sie nach Vigo. Anschließend reiste die Besatzung mit dem Zug nach Brest, erhielt Heimaturlaub und stellte danach *U 1007* in Dienst, ein weiteres VII-C-Boot.

U 573 (Kptlt. Heinrich Heinsohn) VII C
Bei einem Luftangriff am 1. Mai 1942 beschädigt, erreichte das Boot am nächsten Tag aus eigener Kraft Cartagena (Spanien). Die zunächst internierte Besatzung wurde später repatriiert, während das Boot an Spanien verkauft wurde und bei der spanischen Marine bis 1970 als *G 7* in Dienst blieb.

U 574 (ObltzS. Dietrich Gengelbach) VII C
Treibstoffergänzung in Vigo aus der BESSEL am 11. Dez. 1941.

U 575 (Kptlt. Günther Heydemann) VII C
Treibstoffergänzung in Vigo aus der BESSEL am 12. Dezember 1941.

U 581 (Kptlt. Werner Pfeiffer) VII C
2. Februar 1942: Der britische Zerstörer HMS WESTCOTT (Cdr. I.H. Bockett-Pugh) versenkte das U-Boot direkt vor der Küste einer Azoren-Insel mit Wasserbomben. Die Besatzung geriet in Gefangenschaft, ausgenommen vier Mann, die an Bord fielen, und ein Mann, der an Land schwamm und somit entkam.

U 584 (Kptlt. Joachim Deecke) VII C
17. Juni 1942: Absetzen einer Agentengruppe bei Jacksonville, Florida (USA).

U 586 (Kptlt. Dietrich von der Esch) VII C
Oktober 1942: Durchführung einer Aufklärungsfahrt zur Insel Jan Mayen.

U 587 (Kptlt. Ulrich Borcherdt) VII C
3. März 1942: Kptlt. Borcherdt schoss mehrere Torpedos in den Hafen von St. John's, aber es gelang ihm nicht, ein Schiff zu versenken.

U 593 (Kptlt. Gerd Kelbling) VII C
Im Gefolge der alliierten Landung auf Sizilien Durchführung eines Sonderauftrags im Juli/August 1943.

U 595 (Kptlt. Jürgen Quaet-Faslem) VII C
14. November 1943: Bei einem Luftangriff schwer beschädigt, setzte sich das Boot an der Küste westlich von Ténès (Algerien) auf Grund und wurde nach Vernichtung der Geheimsachen gesprengt.

U 601 (Kptlt. Peter-Ottmar Grau) VII C
Im Zuge des Unternehmens »Wunderland II«:
August 1943: Einrichten einer Wetterstation auf Nowaja Semlja. Siehe *U 255*.

U 617 (Kptlt. Albrecht Brandi) VII C
12. September 1943: Bei einem Luftangriff beschädigt, setzte sich das Boot bei Melilla an der Küste von Spanisch-Marokko auf Grund und wurde anschließend durch alliierte Überwasser-Streitkräfte beschossen, um ein Entkommen zu verhindern. Einige Angehörige der Besatzung, darunter auch der Kommandant, entkamen und gelangten nach Deutschland zurück, aber die Mehrheit der Besatzung wurde in Spanien interniert. Kurz in meinem Buch *Enigma U-Boats* erwähnt. Neben KptzS. Wolfgang Lüth war der spätere FKpt. Albrecht Brandi der einzige weitere Marineoffizier, der die höchste Auszeichnung erhielt (24. November 1944): das Ritterkreuz des Eisernen Kreuzes mit Eichenlaub, Schwertern und Brillanten.

U 629 (ObltzS. Hans-Hellmuth Bugs) VII C
6. Juli 1943: Errichten einer unbemannten Wetterstation auf der Bäreninsel.

U 636 (ObltzS. Eberhard Schendel) VII C
9.–14. Oktober 1944: Einrichten einer bemannten Wetterstation auf der Hopen-Insel. Vermutlich hat das Boot zum selben Zeitpunkt andere Meteorologen von der Hopen-Insel evakuiert.
10. Dezember 1944: Versorgung eines Wettertrupps auf Spitzbergen mit Proviant.

U 652 (ObltzS. Georg-Werner Fraatz) VII C
Treibstoffergänzung in Cádiz aus der THALIA am 27. Nov. 1941.

U 657 (Kptlt. Heinrich Göllnitz) VII C
30. November – 2. Dezember 1942: Errichten einer unbemannten Wetterstation auf der Bäreninsel.

U 668 (Kptlt. Wolfgang v. Eickstedt) VII C
10. April 1945: Evakuierung eines Meteorologen von einem aus zwei Mann bestehenden Wettertrupps von der Bäreninsel. Der zweite Mann war von einem Jagdausflug nicht zurückgekehrt und hatte vermutlich den Tod gefunden.

Rechts: U 617 (Kptlt. Albrecht Brandi) setzte sich am 12. September 1943 an der Küste von Spanisch-Marokko bei Melilla auf Grund, nachdem es durch zwei »Wellington«-Bomber der 179. RAF-Squadron sowie durch Beschuss der Korvette HMS HYACINTH, des Minensuchers HMAS WOOLONGONG und des Trawlers HMS HAARLEM schwer beschädigt worden war.

U 703 (ObltzS. Joachim Brünner) VII C
Juli 1943: Durchführung einer Aufklärungsfahrt zur Hopen-Insel. Auffinden von vier schiffbrüchigen Russen in zwei Hütten, die von einem neun Monate zuvor versenkten Handelsschiff stammten. Mitnahme des Kapitäns und Versorgung der drei anderen mit Proviant. (Siehe *U 354*.)
August 1943: Errichten einer unbemannten Wetterstation auf Nowaja Semlja.
Anfang Oktober 1943: Evakuieren der restlichen drei schiffbrüchigen Russen von der Hopen-Insel, von denen einer unterwegs starb.
1. September 1944: Von *U 703* gesichert, stand das Wetterbeobachtungsschiff KEHDINGEN im Begriff, auf dem Eis an der Ostküste Grönlands eine Wetterstation einzurichten, als das deutsche Schiff vom Kutter NORTHLAND der US-Küstenwache aufgebracht wurde. Das U-Boot schoss erfolglos Torpedos.

U 711 (Kptlt. Hans-Günther Lange) VII C
Im Zuge des Unternehmens »Wunderland II«:
9. September 1943: Aufklärung der Wardroper-Insel.
18. und 24. September 1943: Beschießung der Funkstationen Pravdyj (Nansen-Insel) und Blagopolutschija auf Nowaja Semlja.
24. September 1944: Siehe *U 739*.

U 713 (ObltzS. Henri Gosejacob) VII C
29. Nov. 1943: Errichtung einer Wetterstation auf der Bäreninsel.

U 722 (ObltzS. Hans-Heinrich Reimers) VII C
Oktober 1944: Durchführung eines Nachschubunternehmens von Norwegen aus nach St. Nazaire.

U 737 (Kptlt. Paul Brasack) VII C
August 1943: Errichtung einer Wetterstation auf der Bäreninsel.
Oktober 1943: Durchführung einer allgemeinen Aufklärung von Spitzbergen.
17. Juni 1944: Errichtung einer unbemannten Wetterstation auf der Bäreninsel.
30. Juni 1944: Evakuierung eines Wetterbeobachtungstrupps aus Spitzbergen und Errichten einer unbemannten Wetterstation etwa zur selben Zeit. H.R. Knoespel, der Führer des Wettertrupps, der überwintert hatte, wurde kurz vor der Evakuierung durch eine Minendetonation getötet.
6. Juli 1944: Landung auf der Bäreninsel, um eine dort bereits errichtete unbemannte Wetterstation zu überprüfen.

U 739 (ObltzS. Ernst Mangold) VII C
24. September 1944: Das U-Boot setzt zusammen mit *U 957* und *U 711* ein Landungskommando auf der Insel Sterligova/Nowaja Semlja ab, das die dortige sowjetische Funkstation zerstört.

U 741 (ObltzS. Gerhard Palmgren) VII C
Versuch der Versorgung von Cherbourg im Juni 1944, aber die alliierten Truppen hatten die Stadt inzwischen eingenommen und der Einsatz musste abgebrochen werden.

U 760 (Kptlt. Otto-Ulrich Blum) VII C
Bei einem Luftangriff am 6./7. September 1943 beschädigt, wurde das U-Boot nach Vigo eingeschleppt. Dort wurde die Besatzung interniert.

U 763 (Kptlt. Ernst Cordes) VII C
Nacht vom 8./9. Juli 1944: Eine Wasserbombenverfolgung mit dem Einsatz von mehr als 350 Wasserbomben zwang das U-Boot, seinen Weg in den Spithead zu nehmen, dem Teil des Kanals zwischen Portsmouth und der Isle of Wight, auf dem vor dem Kriege die großen Flottenparaden der Royal Navy stattfanden. Dem U-Boot gelang es jedoch zu entkommen, ohne die Aufmerksamkeit auf seine missliche Lage zu lenken.

U 802 (Kptlt. Helmut Schmoeckel) IX C/40
Anfang September 1944: Eindringen in die Mündung des St.-Lorenz-Stromes (Kanada), um den Schiffsverkehr anzugreifen (siehe auch *U 541*).

U 852 (Kptlt. Heinz-Wilhelm Eck) IX D$_2$
2. Mai 1944: Durch Luftangriffe schwer beschädigt, setzte sich das U-Boot an der Somali-Küste Ostafrikas auf Grund, wobei die Besatzung nach der Sprengung des Bootes in Kriegsgefangenschaft geriet. Der Vorgang ist auch in meinem Buch *Enigma U-Boats* erwähnt.

U 862 (KKpt. Heinrich Timm) IX D$_2$
Januar 1945: Marsch in Sichtweite entlang der Küste Neuseelands. Obwohl Geschichten existieren, wonach Angehörige der Besatzung an Land gegangen wären, ist tatsächlich keine Landung erfolgt.

U 867 (KptzS. Arved v. Mühlendahl) IX C/40
19. September 1944: Das U-Boot befand sich auf dem Marsch zur Labradorküste, um eine unbemannte Wetterstation zu errichten, als es nordwestlich von Bergen infolge des Ausfalls beider Diesel liegen blieb und durch einen Luftangriff versenkt wurde, dem die gesamte Besatzung zum Opfer fiel.

U 868 (ObltzS. Eduard Turre) IX C/40
21. Januar – 9. April 1945: Transport von Nachschub nach St. Nazaire und Rückkehr nach Norwegen wenige Wochen vor Kriegsende.

U 878 (Kptlt. Johannes Rodig) IX C/40
Durchführung eines Nachschubunternehmens von Norwegen aus nach St. Nazaire. Treibstoffabgabe an *U 255* (siehe dort). Bei dem Versuch, während des Rückmarsches einen Geleitzug anzugreifen, fiel das Boot am 10. April 1945 den Wasserbomben der Geleitsicherung zum Opfer.

U 955 (ObltzS. Hans-Heinrich Baden) VII C
30. April 1944: Absetzen einer Agentengruppe auf Island.

U 956 (Kptlt. Hans-Dieter Mohs) VII C
Anfang September 1944: Im Zuge der U-Bootoperationen auf dem Sibirischen Seeweg: Legen von Minensperren in den Engen und Durchfahrten der Petschorasee. Sicherung des Wetterschiffes HESSEN. Möglicherweise Durchführung einer Landung in der Arktis.

U 957 (ObltzS. Gerd Schaar) VII C
24. September 1944: Zerstörung der sowjetischen Funkstation auf der Insel Sterligova/Nowaja Semlja. Siehe *U 739*.

U 960 (ObltzS. Günther Heinrich) VII C
Möglicherweise Durchführung einer Landung auf Nowaja Semlja.

U 965 (ObltzS. Günter Unverzagt) VII C
Oktober 1944: Sicherung des Wetterbeobachtungsschiffes EXTERNSTEINE zur Einrichtung einer Wetterstation auf Alexandraland der Inselgruppe Franz-Josef-Land.[*]

U 966 (ObltzS. Eckehard Wolf) VII C
10.–12. November 1943: Das U-Boot wurde durch mehrere Luftangriffe schwer beschädigt und nahe der De-Santafata-Bucht an der spanischen Nordküste auf Grund gesetzt. Die Besatzung, aus der acht Mann den Tod fanden, wurde von spanischen Fischern gerettet und anschließend interniert.

U 977 (ObltzS. Heinz Schaeffer) VII C
17. August 1945: Einlaufen in Mar del Plata, Argentinien, um der Gefangenschaft zu entgehen, nachdem das Boot bei Kriegsende nahe Bergen in Norwegen 16 Mann seiner Besatzung an Land gesetzt hatte. Anschließend übergaben die Argentinier Boot und Besatzung an die USA.
U 977 hat vermutlich als letzte Einheit der deutschen Kriegsmarine die Kriegsflagge niedergeholt.

U 979 (Kptlt. Johannes Meermeier) VII C
24. Mai 1945: Nach Rückmarsch aus dem Seegebiet vor Island bei Kriegsende wurde das U-Boot vor der nordfriesischen Insel Amrum auf Grund gesetzt und gesprengt.

U 992 (ObltzS. Hans Falke) VII C
Errichten einer unbemannten Wetterstation auf Jan Mayen, wobei das Boot möglicherweise zweimal diese Insel anlief: 17. Juli und 24. September (?) 1944. Später Versorgung einer Wetterstation auf der Bäreninsel.

U 994 (ObltzS. Volker Melzer) VII C
April 1945: Das U-Boot sollte eine unbemannte Wetterstation auf der Bäreninsel errichten, aber der Krieg ging zu Ende, ehe dieser Plan verwirklicht werden konnte.

U 995 (ObltzS. Hans-Georg Heß) VII C/41
23. Dezember 1944: Absetzen eines Landungskommandos zur Aufklärung der Litzki-Insel.

U 1163 (ObltzS. Ernst-Ludwig Balduhn) VII C/41
11. November und 16.–20. November 1944: Errichten je einer Wetterstation in Nordnorwegen und auf der Bäreninsel.

U 1209 (ObltzS. Ewald Hülsenbeck) VII C
18. Dezember 1944: Das U-Boot lief vor dem Leuchtturm Wolf Rock nahe Kap Land's End (England) auf einen unterseeischen Felsen auf und sank am 26. November 1944.

U 1229 (KKpt. Armin Zinke) IX C/40
20. August 1944: Auf dem Anmarsch zum Absetzen eines Agenten an der Küste von Maine/USA südostwärts von Neufundland versenkt, ehe der Sonderauftrag ausgeführt werden konnte.

U 1230 (Kptlt. Hans Hilbig) IX C/40
Nacht vom 29./30. November 1944: Absetzen von zwei Agenten an der Küste der Frenchman Bay, Golf von Maine (USA).

---

[*] Anm. d. Übers.: Das deutsche Wetterbeobachtungsschiff EXTERNSTEINE (WBS 11) wurde in der Nacht vom 15./16. Oktober 1944 im Eis der Ostküste Grönlands durch die Eisbrecher EASTWIND und SOUTHWIND der US-Küstenwache zur Übergabe gezwungen. (Rohwer/Hümmelchen: *Chronology of the War at Sea 1939–1945*, S. 310.)

Anhang 2
Ausgewählte Bibliografie *

- Blair, Clay: *Hitler's U-Boat War*, 2 Bde., Volume I: *The Hunters, 1939–1942*, Volume II: *The Hunted, 1942–1945*, Random House, New York 1996 und 1998; dt. Übersetzung: *Der U-Boot-Krieg*, 2 Bde., Band 1: *Die Jäger 1939–1942*, Band 2: *Die Gejagten 1942–1945*, Wilhelm Heyne Verlag, München 1998 und 1999.
- Busch, Rainer/Hans-Joachim Röll: *Der U-Boot-Krieg 1939–1945*, 5 Bde., Band 1: *Die deutschen U-Boot-Kommandanten*, E. S. Mittler & Sohn, Hamburg, Berlin und Bonn 1996. (Kurzbiografien aus dem Bestand des U-Boot-Archivs.)
- *Der U-Boot-Krieg 1939–1945*, 5 Bde., Band 4: *Die deutschen U-Boot-Verluste*, E. S. Mittler & Sohn, Hamburg, Berlin und Bonn 1999. (Die deutschen U-Bootverluste vom September 1939 bis zum Mai 1945 aus dem Bestand des U-Boot-Archivs.)
- Compton-Hall, Richard: *The Underwater War 1939–1945*, Blandford Press, Poole/Dorset 1982. (Der Verfasser war der ehemalige Direktor des Unterseeboot-Museums der *Royal Navy* und hat mit diesem Werk nach Ansicht des Verfassers das bei weitem beste Buch hinsichtlich der Beschreibung der Lebensverhältnisse auf Unterseebooten vorgelegt.)
- Garlinski, Józef: *Intercept: The Enigma War*, J. M. Dent, London 1979. (Enthält auch Einzelheiten über eine Reihe von U-Booten, die in britischen Küstengewässern operierten, aber diese Informationen stimmen nicht mit den Aufzeichnungen der U-Bootführung überein.)
- Gellermann, Günther W.: *Der andere Auftrag. Agenteneinsätze deutscher U-Boote im Zweiten Weltkrieg*, Bernard & Graefe Verlag, Bonn 1997. (Interessante und detaillierte Berichte über Agenten, die an fremden Küsten an Land gesetzt wurden.)
- Gröner, Erich: *Die Handelsflotten der Welt*, 1942, als Reprint bei J. F. Lehmanns, München 1976. (Enthält auch Einzelheiten der bis 1942 versenkten Schiffe. Diese wertvolle Publikation war ursprünglich ein geheimes Dokument und enthält eine vollständige Liste aller Handelsschiffe in ähnlicher Aufmachung wie das *Lloyd's Register*. Durch einen längeren Abschnitt mit Gröners Zeichnungen ergänzt.)
- *Die deutschen Kriegsschiffe 1815–1945*, fortgeführt und herausgegeben von Dieter Jung und Martin Maass, 8 Bde. + Registerband, Bernard & Graefe Verlag, Koblenz und Bonn 1982–1994. (Dies ist das Standardwerk hinsichtlich technischer Daten der deutschen Kriegsschiffe. Viele Informationen sind in Tabellenform zusammengefasst, die auch dem nicht deutschen Leser eine Handhabung erleichtern.)
- Band 3: *U-Boote, Hilfskreuzer, Minenschiffe, Netzleger und Sperrbrecher*. (Der Abschnitt über die U-Bootverluste enthält jedoch eine beträchtliche Anzahl zweifelhafter Informationen.)
- Band 4: *Hilfsschiffe I: Werkstattschiffe, Tender und Begleitschiffe, Tanker und Versorger*. (Neben den Tross-Schiffen, Begleittankern und U-Bootversorgern sind auch die Etappen-V-Schiffe – z. B. der Etappe Spanien – aufgeführt.)
- Hadley, Michael L.: *U-Boats Against Canada*, McGill: Queen's University Press, Kingston und Montreal 1985; dt. Übersetzung: *U-Boote gegen Kanada. Unternehmungen deutscher U-Boote in kanadischen Gewässern*, E. S. Mittler & Sohn, Herford 1990. (Ein ausgezeichnetes Buch, das detaillierte Informationen über die U-Boote enthält, die vor der kanadischen Küste operierten.)
- Harbon, John D.: *The Longest Battle: The RCN in the Atlantic 1939–1945*, Vanwell, Ontario 1993.
- Herzog, Bodo: *60 Jahre deutsche U-Boote 1906–1966*, J. F. Lehmanns, München 1968. (Ein nützliches Buch mit vielen Informationen in Tabellenform.)
- *U-Boote im Einsatz*, Podzun Verlag, Dorheim 1970. (Ein Bildband in Deutsch und Englisch.)
- Heßler, Günter/Alfred Hoschatt u. a.: *The U-Boat War in the Atlantic, 1939–1945*, 3 Bde. in einem, HMSO, 1989. (Es wäre wünschenswert, das im Militärgeschichtlichen Forschungsamt der Bundeswehr in Potsdam vorhandene deutsche Original-Manuskript herauszugeben, um nicht mehr auf die fehlerhafte englische Übersetzung angewiesen zu sein.)
- Hirschfeld, Wolfgang: *Feindfahrten. Das Logbuch eines U-Boot-Funkers*, Paul Neff Verlag, Wien 1982; Taschenbuch-Ausgabe bei Wilhelm Heyne Verlag, München 1985. (Das geheim geführte Tagebuch eines U-Bootfunkers, der von 1940 bis Kriegsende auf Frontbooten fuhr. Ein sehr wertvoller Einblick in das U-Boot-Dasein und vermutlich einer der besten Berichte über den U-Bootkrieg.)
- *Das letzte Boot. Atlantik Farewell*, Universitas Verlag, München 1989. (Die Fahrt von U 234, Kapitulation des Bootes in den USA bei Kriegsende und das Leben im Kriegsgefangenenlager. Siehe unten Joseph M. Scalia.)
- und Geoffrey Brooks: *Hirschfeld: The Story of a U-Boat NCO 1940–46*, Leo Cooper, London 1996. (Eine faszinierende eng-

---
* Durch den Übersetzer erweitert.

lischsprachige Ausgabe von Hirschfelds Erlebnissen im U-Bootkrieg in erweiterter Form.)
● Högel, Georg: *Embleme, Wappen, Malings deutscher U-Boote 1939–1945*, 3. erweit. Auflage, Koehlers VerlagsGmbH, Hamburg 1996. (Ein ausgezeichnetes Werk, das sich mit den U-Boot-Emblemen befasst, besonders mit den Bemalungen an den Kommandotürmen. Sehr gut mit Zeichnungen des Verfassers illustriert, der während des Krieges auf *U 30* und *U 110* fuhr.)
● Jung, Dieter/Martin Maass/B. Wenzel: *Tanker und Versorger der deutschen Flotte 1900–1980*, Motorbuch Verlag, Stuttgart 1981. (Dieses ausgezeichnete Buch ist das Standardwerk über das deutsche Versorgungssystem. Mit interessanten Fotos gut bebildert. Leider vergriffen.)
● Kemp, Paul: *U-Boats Destroyed: German Submarine Losses in the World Wars*, Arms & Armour Press, London 1997; dt. Übersetzung: *Die deutschen und österreichischen U-Boot-Verluste in beiden Weltkriegen*, Urbes Verlag, Gräfelfing 1998. (Ein ausgezeichnetes Werk mit jüngsten Untersuchungsergebnissen und nützlichen Erläuterungen.)
● Köhl, Fritz/Axel Niestlé: *Vom Original zum Modell: U-Boottyp VII C*, Bernard & Graefe Verlag, Koblenz 1989.
– *Vom Original zum Modell: U-Boottyp IX C*, Bernard & Graefe Verlag, Koblenz 1990.
● Lohmann, Walter/Hans. H. Hildebrand: *Die deutsche Kriegsmarine 1939–1945. Gliederung, Einsatz, Stellenbesetzung*, 3 Bde., Podzun Verlag, Bad Nauheim 1956–1964. (Dieses mehrbändige Werk ist ein Standardwerk über die deutsche Kriegsmarine und vermittelt Einzelheiten über die Schiffe, die Organisation und das Personal.)
● Mallmann Showell, Jak P.: siehe Showell.
● Meister, Jürg: *Der Seekrieg in den osteuropäischen Gewässern 1941–1945*, J.F. Lehmanns, München 1958. (Mit Einzelheiten der Kreuzerkriegsführung in arktischen Gewässern.)
● Miller, David: *Deutsche U-Boote bis 1945. Ein umfassender Überblick*, Verlag Stocker-Schmidt/Motorbuch Verlag, Dietikon-Zürich und Stuttgart 2000.
● Milner, Marc: *North Atlantic Run*, The United States Naval Institute Press, Annapolis 1985.
● Möller, Eberhard: *Kurs Atlantik. Die deutsche U-Boot-Entwicklung bis 1945*, Motorbuch Verlag, Stuttgart 1995.
– *Marine-Geheimprojekte. Hellmuth Walter und seine Entwicklungen*, Motorbuch Verlag, Stuttgart 2000.
● Moore, Captain Arthur R.: *A Careless Word … A Needless Sinking*, American Merchant Marine Museum, Kings Point/N.Y. 1983. (Eine detaillierte und gut bebilderte Darstellung der Schiffsverluste im Zweiten Weltkrieg.)
● Mulligan, Timothy P.: *Neither Sharks Nor Wolves*, The United States Naval Institute Press, Annapolis 1999; dt. Übersetzung: *Die Männer der deutschen U-Bootwaffe 1939–1945*, Motorbuch Verlag, Stuttgart 2001. (Dieses hervorragende Werk über das Personal der deutschen U-Bootwaffe stellt eine fundierte wissenschaftliche Untersuchung dar, die u.a. auf der Befragung von mehr als 1100 U-Boot-Veteranen beruht.)
● Neitzel, Sönke: *Der Einsatz der deutschen Luftwaffe über dem Atlantik und der Nordsee 1939–1945*, Bernard & Graefe Verlag, Koblenz 1995. (Eine umfassende und gründliche Untersuchung zu diesem Thema, die auch die mangelhafte Zusammenarbeit zwischen Luftwaffe und Kriegsmarine einbezieht.)
● Niestlé, Axel: *German U-Boat Losses during World War II*, Greenhill Books/Naval Institute Press, London und Annapolis 1998. (Erwünscht wäre das baldige Erscheinen der angekündigten deutschen Ausgabe.)
● Nusser Franz: *Die Arktisunternehmen des deutschen Marinewetterdienstes in den Jahren 1940–1945*, Deutscher Wetterdienst, Hamburg 1979.
● Oberkommando der Kriegsmarine (OKM): *Bekleidungs- und Anzugsbestimmungen für die Kriegsmarine*, Berlin 1935. (Die Marinedienstvorschrift – M.Dv. – Nr. 260 Heft 2; siehe unten Schlicht/Angolia).
– *Rangliste der Deutschen Kriegsmarine*, E.S. Mittler & Sohn, Berlin: jährlich veröffentlicht.
– *Handbuch für U-Bootskommandanten (U. Kdt. Hb.)* – M.Dv. Nr. 906, 1942 (Nachdruck 1943). Hrsgb.: Siegfried Breyer mit Einführung »Die UBootwaffe 1935–1945«, Podzun-Pallas Verlag, Wölfersheim-Berstadt, ohne Datum. (Während des Krieges ins Englische übersetzt: »The U-boat Commander's Handbook«, herausgegeben von E.J. Coates mit Einführung, Thomas Publications, Gettysburg/Pa. 1989.)
● Ritschel, Herbert: *Kurzfassung Kriegstagebücher deutscher U-Boote*, bis jetzt 2 Bde., Band 1: U 1–U 50, Band 2: U 51–U 99, vermutlich Selbstverlag, Bestellung über Fachbuchhandlung *Christian Schmidt,* München 1997 und 2000.
● Ritter, Christiane: *Eine Frau erlebt die Polarnacht*, Ullstein Verlag, Frankfurt a.M. 1978.
● Rohwer, Jürgen: *Axis Submarine Successes of World War Two: German, Italian and Japanese Submarine Successes, 1939–1945*, Greenhill Books, London 1998. (Leider ist dieses Standardwerk nicht in einer deutschen Ausgabe verfügbar.)
● Rohwer, Jürgen/Gerhard Hümmelchen: *Chronology of the War at Sea, 1939–1945: The Naval History of World War Two*, 2. verbesserte Auflage, Greenhill Books, London 1992. (Ein gutes, solides und informatives Werk mit einem sehr guten Sachverzeichnis. Für jeden, der sich mit dem Seekrieg beschäftigt, ein sehr nützliches Nachschlagewerk, das leider nicht in einer deutschen Ausgabe zur Verfügung steht.)
● Roskill, Captain S.W.: *The War at Sea*, 4 Bde., HMSO, London 1954. (Die offizielle britische Geschichte des Seekrieges 1939–1945. Etwas einseitig.)

- Rössler, Eberhard: *Die deutschen U-Boote und ihre Werften. Eine Bilddokumentation über den deutschen U-Bootbau von 1935 bis heute*, Bernard & Graefe Verlag, Koblenz 1990.
– *Geschichte des deutschen U-Bootbaus*, 2 Bde., 2. überarbeitete und erweiterte Auflage, Bernard & Graefe Verlag, Koblenz 1986/87.
- Saint-Loup: *Die Geisterschiffe Hitlers. Segler im Dienste der Abwehr*, Gustav Lübbe Verlag, Bergisch Gladbach 1978. (Die französische Darstellung behandelt die Fahrten der SOIZIC und die der ANNI BRAZ BIHEIM 1940 nach Irland, die der KYLOE 1941 nach Südafrika sowie die drei Fahrten der PASSIM 1942–1944 nach Südafrika und Südamerika.)
- Scalia, Joseph Marc: *Germany's Last Mission to Japan: The Failed Voyage of U-234*, The United States Naval Institute Press, Annapolis 2000. (Hirschfelds letztes Boot im Atlantik – die deutsche Übersetzung ist im Februar 2002 beim Motorbuch Verlag unter dem Titel erschienen: *U 234 in geheimer Mission nach Japan.*)
- Schlicht, Adolf/John R. Angolia: *Die deutsche Wehrmacht. Uniformierung und Ausrüstung 1933–1945*, 3 Bde., Band 2: *Die Kriegsmarine*, Motorbuch Verlag, Stuttgart 1995.
- Selinger Franz: *Abriß der Unternehmungen des Marinewetterdienstes in der Arktis 1940–1945 nach dem Erkenntnisstand von 1990*, Deutscher Wetterdienst, Hamburg 1991.
- Sharpe, Peter: *U-Boat Fact File*. Midland Publishing, Leicester 1998.
- Showell, Jak P. Mallmann: *The German Navy in World War Two*, Arms & Armour Press, London 1979; dt. Übersetzung: *Das Buch der deutschen Kriegsmarine 1935–1945*, Motorbuch Verlag, Stuttgart 1982. (Enthält Geschichte, Organisation, Daten der Schiffe, Schlüsselmaschine »Enigma«, Marinekarten, Biografien, Zeittafeln, Hauptmerkmale der Atlantik-U-Boote sowie einen Abschnitt über Dienstgrade, Uniformen, Abzeichen und Auszeichnungen von Gordon Williamson. Das United States Naval Institute, Annapolis/Md., bemerkte hierzu: »Eines der herausragenden Marinebücher des Jahres.«)
– *U-Boats under the Swastika*, Ian Allen, Shepperton 1973; dt. Übersetzung: *U-Boote gegen England. Kampf und Untergang der deutschen U-Bootwaffe 1939 - 1945*, Motorbuch Verlag, Stuttgart 1974. (Eine gut bebilderte Einführung in die deutsche U-Bootwaffe.)
– *U-Boats under the Swastika*, Ian Allen, London 1987. (2. erweiterte Auflage mit anderen Fotos und neuem Text. Nicht ins Deutsche übersetzt.)
– *U-Boat Command and the Battle of the Atlantic*, Conway Maritime Press, London 1989; Vanwell, New York 1989. (Eine detaillierte Darstellung, auf dem Kriegstagebuch des Befehlhabers der U-Boote beruhend.)
– *Germania International*, Zeitschrifte der Studiengruppe der deutschen Marine (Herausgabe inzwischen eingestellt).
– *U-Boat Commanders and Crews*, The Crowood Press, Marlborough 1998; dt. Übersetzung: *Die U-Bootwaffe. Kommandanten und Besatzungen*, Motorbuch Verlag, Stuttgart 2001. (Eine Fortsetzung von *U-Boote gegen England*: Behandelt werden Ausbildung, Laufbahnen, Einsatz und ungewöhnliche Feindfahrten. Die technischen Grunddaten der Frontboote, Verzeichnisse der Kommandanten und ihrer Boote sowie eine grafische Darstellung zur Dienstzeit der einzelnen Boote runden den Inhalt ab.)
– *German Navy Handbook, 1939–1945*, Sutton Publishing, Stroud 1999; dt. Übersetzung: *Kriegsmarine 1939–1945. Organisation, Strukturen, Einsatz*, Motorbuch Verlag, Stuttgart 2000. (Eine Fortsetzung von *Das Buch der deutschen Kriegsmarine 1935–1945:* neue Inhalte und neue Bilder.)
– *U-Boats in Camera, 1939–1945*, Sutton Publishing, Stroud 1999.
– *Enigma U-Boats*, Ian Allan, London 2000.
- Tarrant, V.E.: *The U-Boat Offensive, 1914–1945*, Arms & Armour Press, London 1989; dt. Übersetzung: *Kurs West! Die deutschen U-Boot-Offensiven 1914–1945*, Motorbuch Verlag, Stuttgart 1993.
- Traditionsarchiv Unterseeboote – **U-Boot-Archiv, Bahnhofstr. 57, 27478 Cuxhaven-Altenbruch**: Das Archiv gibt für die Mitglieder des Fördervereins »Freundeskreis Traditionsarchiv Unterseeboote e.V.« zweimal im Jahr eine Zeitschrift heraus: »Das Archiv« (deutschsprachig) und »The U-boat Archive« (englischsprachig). Dem Verein kann jeder beitreten und die unermüdliche und uneigennützige Arbeit seines Leiters, Herrn Horst Bredow, unterstützen.
- Verband deutscher U-Bootsfahrer: *Schaltung Küste!* – das Organ des Verbandes.
- Wagner, Gerhard (Hrsg.): *Lagevorträge des Oberbefehlshabers der Kriegsmarine vor Hitler*, J.F. Lehmanns, München 1972.
- Williamson, Gordon/Darko Pavlovic: *U-Boat Crews, 1914–45*, Osprey Publishing, London 1995. (Ein sehr interessantes Buch mit hervorragenden Farbzeichnungen und Schwarzweißfotos.)
- Witthöft, Hans Jürgen: *Lexikon zur deutschen Marinegeschichte*, 2 Bde., Koehler VerlagsGmbH, Herford 1977. (Eine ganz hervorragende Enzyklopädie.)
- Wynn, Kenneth: *U-Boat Operations of World War Two*, Chatham, London 1997.

Sachregister

Abwehr 16, 40, 41, 48, 66, 75, 76f., 100
Accra (Ghana) 114
Achilles, Albrecht 176
ADMIRAL SCHEER (dt. Schwerer Kreuzer) 177
Agl, Anton 98
Ajuy (span. Fischerdorf) 106, 110
Alexandria, Eisenbahn nach Sollum 66, 77
Allard, Jean (dt. Agent) 74
ALMIRANTE ANTEQUERA (span. Zerstörer) 95
Altenbruch (siehe Cuxhaven)
ALTMARK (dt. Tross-Schiff) 90
Amagansett (USA) 36f.
Ambrosius, Wilhelm 90, 165
Amrum (dt. Insel) 159, 183
Amt »Ausland/Abwehr«: siehe Abwehr
Andrews, Donna C. (RCN) 60
ANTELOPE (brit. Zerstörer) 89
ARK ROYAL (brit. Flugzeugträger) 28, 76, 79
Arndt, Wilhelm 101
Aruba (Antillen) 165, 167
Attinaukjuke Bay 58

Baden, Hans-Heinrich 29, 30f., 183
Baie de Chaleurs: siehe Chaleurbai (Kanada)
Balduhn, Ernst Ludwig 131, 183
BALI (schwed. Dampfer) 96
BANDERAS (span. Frachter) 90
Bangor (USA) 42
Bäreninsel 121ff., 131, 135, 176, 181, 182, 183
Bar Harbor (USA) 42
Barber, Bruno 58
Barentsburg (Spitzbergen) 131
BARHAM (brit. Schlachtschiff) 79, 177
»Baßgeige« (dt. Wettertrupp) 134
BEAGLE (brit. Zerstörer) 136
Becker, Klaus 177
Beirut 66
Beliajew (sowj. Kapitän) 126f.
BESSEL (dt. U-Bootversorger) 90, 164, 165, 179, 180
BISMARCK (dt. Schlachtschiff) 114
Björnsson, Hjalti 29
Blanco, Kap (Westafrika) 66, 72, 74, 165

BLANKNEY (brit. Zerstörer) 91
Bleichrodt, Heinrich 90, 151f., 167
Blum, Otto-Ulrich 92, 96ff., 101, 182
»Bobbi«, Unternehmen 48ff.
Bockett-Pugh, Cdr.I.H. (RN) 180
BOGUE (am. Geleitträger) 40, 41
Bomba, Bucht von (Libyen) 165
Bonner-Davis, Lt. G. (RN) 118
Borcherdt, Ulrich 180
Borchert, Günther 103
Bottnischer Meerbusen 177
Bowmanville (Kanada) 52
Brachmann, Hans Günther 48
»Brandenburger«, Kommando der 66, 176
Brandi, Albrecht 66, 101, 180, 181
Brandonbai (Irland) 165
Brasack, Paul 182
Brendel (dt. Konsul) 95
Brodda, Heinrich 176
Brünner, Joachim 125ff., 177, 182
Buchheim. Lothar-Günther 91, 165
Büchler, Rudolf 179
Bugs, Hans-Hellmuth 181
Burfield, Lt. J.B. (RN) 150
Bürgel, Friedrich 176
Burger Ernst 35, 39
BYRON (brit. Geleitzerstörer) 150

Cabot-Straße 51, 52
Cádiz 86ff., 89, 90ff., 164, 167, 176, 177, 180, 181
CANARIAS (span. Schwerer Kreuzer) 95
Canaris, Wilhelm 77, 101
Cartagena 92, 102, 180
Chaleurbai (Kanada) 45, 50, 53, 179
CHARLOTTE SCHLIEMANN (dt. Versorger) 113f., 116f., 165, 167
Chidley, Kap (Kanada) 45, 58, 59, 61, 179
Chodovaricha (Nowaja Semlja) 176
CITY OF BIRMINGHAM (am. Frachter) 37
Clarke, Capt. Jim (RCN) 60
Clausen, Nicolai 165
CLYDE (brit. U-Boot) 165
Cofete (Kanaren) 75, 104ff.
Colepaugh, William C. (dt. Agent) 42f.
Conceptionbai (Kanada) 45, 51, 179
Corbin, H.A. (RAF) 57

Cordes, Ernst 182
CORRIENTES (dt. U-Bootversorger) 165
COSSACK (brit. Zerstörer) 90
Creaser, Ross (brit. Handelsmarine) 51
Cremer, Peter Erich (»Ali«) 93
»Culebra« (dt. Deckname) 114
Curaçao (Antillen) 165, 167
CURZON (brit. Geleitzerstörer) 118
Cuxhaven-Altenbruch 157, 177

Dähne, Wolfgang 155
Dasch, George (dt. Agent) 39
Daschkey, M.Ob.Gefr. 74f.
Dau, Rolf 89
Deckert, Horst 66, 76, 165
Deecke, Joachim 35, 37, 42, 180
Deiring, Hugo 151
DEKABRIST (sowj. Frachter) 126
Delap, M. (RAF) 89
DEPTFORD (brit. Sloop) 91
DIAMANTIS (grch. Dampfer) 164
Dieck, Bruno 64
Dierks, Hans-Joachim 137
Diggens, Lt. A.(RN) 118
Dinglebai (Irland) 17
»Dolphin«, HMS (brit. U-Bootschule) 107
Dommes, Wilhelm 75f.
Donegalbai (Irland) 18, 165
Dönitz, Karl 16, 21, 30, 34, 44, 51, 86, 90, 96, 151
Douglas, Dr. W.A.B. (RCN) 60
Dublin 22
DUNEDIN (brit. Leichter Kreuzer) 114
Dungeness (England) 13
Dymchurch (England) 9, 11

Eberhard, Harold 64
Eck, Heinz-Wilhelm 66, 182
Eckermann, Hans 114
EGERLAND (dt. Versorger) 114
EKINS (brit. Zerstörer) 118
Eickstedt, Wolfgang v. 181
El Ferrol del Caudillo 67, 86, 95, 96, 101, 164, 165, 167, 176
Elfe, Horst 53
»Elster«, Unternehmen 35, 40ff.
Enders, Gerhard 160
Esch, Dietrich von der 180

Ey, Hans 53
EXTERNSTEINE (dt. Wetterschiff) 183

Falke, Hans 183
FANAD HEAD (brit. Frachter) 28
FANEFJELD (norw. Frachter) 30
Felter, W.A. (RAF) 98
Fernandez, Admiral Salvador Moreno 86
FINA (span. Fischerboot) 102
Finke, Otto 29, 30f., 177
FITZROY (brit. Geleitzerstörer) 150
Flensburger Förde 155
Flick, Harald (dt. Konsul) 117
FLOUNDER (am. U-Boot) 60, 64
Fraatz, Georg-Werner 181
Franke, Heinz 45, 51, 52, 56, 96, 177
Franz-Josef-Land 179
Frauenheim, Fritz 79, 80, 174
Fremdenlegion, frz. 48
Frenchman Bay (USA) 35, 42, 183
Fresenius, Ernst (dt. Agent) 29
Freudenberg, LtzS. 63
Fridriksson, Jens (dt. Agent) 29
Friedeburg, Hans-Georg v. 86
Friedeburg, Ludwig-Ferdinand v. 167
Fröhlich, Obersteuermann 68
Fuchs, Hans-Joachim 116, 117
Fuerteventura (Kanaren) 11, 66, 75, 78, 104ff.

G 7 (span. U-Boot) 92, 102, 180
Gabers, Lt.(S) Heinrich 76
»Gata« (dt. Deckname) 90
Geltinger Bucht (Flensburger Förde) 152ff.
Gengelbach, Dietrich 91, 180
Gerlach, Dr. (dt. Konsul) 28
Gimpel, Erich (dt. Agent) 42f.
GLOXINIA (brit. Korvette) 176
Göing, Walter 32
Göllnitz, Heinrich 181
Gosejacob, Henri 182
Graef, Adolf 96
Graeser, Günter 62
Gran Canaria 66, 75, 105, 113, 116, 176
Grau, Peter-Ottmar 156ff., 160, 177, 181
»Grete«, Unternehmen 44ff.
Grönegres, Willy 126, 130
Grosse, Harald 90
Gudbjörnsson, Magnus (dt. Agent) 29
Guggenberger, Friedrich 66, 76, 79, 165

HAARLEM (brit. Trawler) 181
Habekost, Johannes 89

Habernis (Geltinger Bucht) 152ff.
Hafner, Karl 98
HAMM (dt. Frachter) 28
Handwerk, Hans 82
Hardegen, Reinhard 167
Harms, Erich 166, 177
Hartenstein, Werner 165, 167
HARTLEBURY (brit. Frachter) 127
Hartmann, Werner 16, 18, 21ff., 165
Hartwig, Paul 179
Haupt, Herbert (dt. Agent) 35
Hegenbart, Wilhelm 155
Heinck, Heinrich (dt. Agent) 35
Heinrich, Günther 139
Heinrich, Helmuth 177, 183
Heinsohn, Heinrich 92, 102, 180
Hellwig, Alexander 29, 30f., 177
Henke, Werner 179
Henrich, Artur 96
Herbschleb, Karl-Heinz 142f., 177
Herrle, Friedrich-Georg 155, 169f.
Hesemann, Siegfried 176
Heß, Hans-Georg 183
HESSEN (dt. Wetterschiff) 183
Heßler, Günter 51, 114
Heyda, Wolfgang 52f., 91, 179
Heydemann, Günther 180
Hilbig, Hans 35, 41f., 183
Hilbig, Kptlt.(Ing.) 160
Hildebrand, Hannes (Oberfunkmaat) 70
Hildebrand, Walter (Meteorologe) 57
Hirschfeld, Wolfgang 106
Hoeckner, Fritz 46
Hoffmann, Eberhard 179
Högel, Georg 29
HOP (norw. Frachter) 18
Hopen-Insel 125ff., 142f., 177, 181, 182
Hopmann, Rolf-Heinrich 178
Hoppe, Joachim 26
Hornkohl Hans 102, 180
Hülsenbeck, Ewald 183
Humbert, General (frz.) 18
HYACINTH (brit. Korvette) 181

I 52 (jap. U-Boot) 179
Ibbeken, Hans 65
IRA 16, 22
Isfjord 131
Isleta (Gran Canaria) 75

Jaffa 66, 76, 165
Jan Mayen 180, 183
Jandia, Halbinsel mit Kap und Leuchtturm 66, 75, 78, 104ff.
Janowski, Werner v. (dt. Agent) 48, 50f., 53
Juliusson, Sigurdur 29

Kals, Ernst 167
Kanadischer Wetterdienst 57, 59
Kanarische Inseln 66, 104 - 117
KÄRNTEN (dt. Werkstattschiff) 128
KEHDINGEN (dt. Wetterschiff) 179, 182
Kelbling, Gerd 181
Kelibia (Kap Bon, Tunesien) 81
Kell, Walter 91, 176
Kerling, Edward (dt. Agent) 35, 38
Kettner, Paul-Hugo 6
Khanis, Kap (Algerien) 66, 76, 165
Kieboom, Charles van der (dt. Agent) 9
Killalabai (Irland) 18, 27
Klasing, Jürgen 160
Kleinschmidt, Wilhelm-Peter 165, 167
Kluth, Gerhard 57
Knoespel, H.R. (Meteorologe) 182
»Knospe« (dt. Wettertrupp) 179
Koch, Dr. Harald 101
Kohlenmonoxidvergiftung 42
Köhler, Otto 57, 118, 131, 135, 142, 144, 175, 179
Kongsfjord (Spitzbergen) 135
Korinth, Kanal von 172f.
Kraus, Hans-Werner 66, 165
Kretschmer, Otto 52f.
Kuhlmann, Hans-Günter 20f., 27
»Kurt« (dt. Wetterstation) 60
Kusch, Oskar-Heinz 117
KYLOE (Segeljacht der Abwehr) 41, 66, 76f., 100 101

La Baume, Günter 127ff., 177
Lagos (Nigeria) 114
Lamby, Hermann 37f.
Langbein, Lt.(MA) 44, 47f.
Lange, Hans-Günther 182
Lange, Kurt 179
Las Burras (Gran Canaria) 116
Las Palmas (Gran Canaria) 113, 114ff., 165, 167
Lehmann-Willenbrock, Heinrich 78, 91, 145, 165
Leibbrandt, Robby (dt. Agent) 41, 66, 76
Lemp, Fritz-Julius 28, 29, 114, 164
LEO DAWSON (brit. Frachter) 18
Lerchen, Kai 30f., 177
Liebe, Heinrich 22, 165

Linder, Hans-Heinz 34ff., 176
Litzki-Insel (sowj. Arktis) 183
Livorno 80
LORD STRATHCONA (kanad. Frachter) 51, 179
LOTHRINGEN (dt. Versorger) 114
Lott, Werner 164
LOUIS ST.LAURENT (Eisbrecher der RCN) 60
Lüth, Wolfgang 19, 181
LÜTZOW (dt. Schwerer Kreuzer) 177
Lydd, Kent (England) 14

Maerz, Helmut 116
Mallmann, Jak 21
Mangold, Ernst 182
Mantel, Oskar (dt. Agent) 40f.
Maracaibo (Venezuela) 165, 179
Mar del Plata (Argentinien) 183
Marienfeld, Friedrich-Wilhelm 21
Markworth, Friedrich 65, 66, 67ff., 74f., 165
Marsa Matruh (Ägypten) 66, 177
Martens, Karl 90
Martin's Bay (USA) 45, 58, 61, 179
Martin, E.B. (RAF) 93
Mathes, Ludwig 90
Matthiasson, Sverrir (dt. Agent) 29
MAX ALBRECHT (dt. Versorger) 67, 164, 165
Meermeier, Johannes 159, 185
MELLILA (span. Zerstörer) 95, 96
Mellila (Span.-Marokko) 66, 101, 181
Melzer, Volker 183
Merten, Karl-Friedrich 165
Metzler, Jost 114ff., 165
Meyer, Heinrich 157, 177
Meyer-Dröhner, Kurt 70ff.
Miller, Lt.-Cdr. A.J. (RN) 150
MILNE (brit. Zerstörer) 33
Minen 81, 83, 114, 128, 135
Mitchell, Paddy (siehe Willy Preetz)
Mitra, Kap (Spitzbergen) 118, 114, 167, 175f., 179
Mohs, Hans-Dieter 183
MONTE CORBEN (span. Frachter) 165
Morro del Jable (Fuerteventura) 104
Mossamedes (Angola) 66, 77
Mount-Desert-Insel (USA) 42
Mück, Hein (Skipper der KYLOE) 101
Mühlendahl, Arved v. 57, 182
Mühlhausen, Oberbootsmannsmaat 37
Müller-Stöckheim, Günter 165

Mürwik, Marineschule 127

Namib-Küste 66, 77
NAVARRA (span. Leichter Kreuzer) 92, 100, 101
Neubauer, Hermann (dt. Agent) 35
Neubert, Kurt 116
Neubraunschweig (Kanada) 44, 45, 53, 176
Neumann, Heinz-Joachim 66, 174, 179
Nielsen, Karl 179
NIEUW ZEELAND (ndl. Frachter) 78
Nissen, Christian (Skipper der KYLOE) 76
NORTHLAND (am. Kutter der Küstenwache) 182
North Point (kanad. Kap) 45, 51, 177
Nowaja Semlja (sowj. Arktis) 127, 176, 177, 179, 181, 182, 183
»Nußbaum« (dt. Wettertrupp) 167, 175, 177, 179
Ny-Ålesund 118, 133f., 135

Oesten, Jürgen 113, 167
Oestermann, Hans 37
Ohse, Otto 28
Otten, Wilhelm 98

PALADIN (brit. Zerstörer) 176
Palmgren, Gerhard 182
Parsch, Hanns 98, 101
PASSIM (Segeljacht der Abwehr) 66, 77
»Pastorius«, Unternehmen 35
Paukstadt, Hans 96, 176
Pehn, Heinrich 82
Petersen, Kurt 180
Pfeiffer, Werner 180
Piening, Adolf Cornelius 100
»Piening-Weg« 100
Pitt, Lt. G. (RN) 150
Pleitz, Günther 160
P.L.M. 27 (brit. Frachter) 50, 179
Pointe de Maisonette (Kanada) 45, 53, 179
Pons, Sjoerd (dt. Agent) 9
Porcupine-Insel (USA) 42
Port Nolloth (Südafrika) 66, 76
Porto Limón (Costa Rica) 176
PQ 17 (Russland-Geleitzug) 127
Preetz, Willy, alias Paddy Mitchell (dt. Agent) 22
Prellberg, Wilfried 89
Prien, Günther 44, 46
Prinz-Eduard-Insel (Kanada) 51, 177

PRINZ EUGEN (dt. Schwerer Kreuzer) 114
Prinz-George-Insel (sowj. Arktis) 179

Quaet-Faslem, Jürgen 181
Quirin, Richard (dt. Agent) 35

RAF
– 10. Squadron 93
– 82. Squadron 89
– 179. Squadron 102, 181
– 201. Squadron 33
– 206. Squadron 151
– 224. Squadron 57
– 233. Squadron 102, 116
– 248. Squadron 57
– 608. Squadron 33
– 812. FAA-Squadron 35
– 846. FAA-Squadron 136
Ragel, Fkpt. Jos. 95
Rayner, H.J. (RAF) 57
Reche, Reinhart 176, 177
REDMILL (brit. Geleitzerstörer) 150
»Regenbogen«, Stichwort 151, 153
Reichenbach-Klinke, Kurt 176
Reimers, Hans-Heinrich 145ff., 182
Renner, Hans 82
Richmond, Capt. M. (RN) 33
Riedel, Heinrich 177
Riis, Ib (dt. Agent) 28, 30
RIO TERCERO (argent. Frachter) 37
Ritter, Christiane 118
Rodig, Johannes 177, 183
Rollmann, Siegfried 30
ROSE CASTLE (kanad. Frachter) 50, 179
Rosenstiel, Jürgen v. 165, 179
Rösing, Hans 52
Röther, Josef 66, 77ff., 179
ROYAL OAK (brit. Schlachtschiff) 46
Rufer, Oblt.(Ing.) 135
Rüggeberg, Rolf 45, 51, 179
Russell, Sean (dt. Agent) 22f.
Ryan, Frank (dt. Agent) 22f.

SAGANAGA (brit. Frachter) 51, 179
Saint John (Neubraunschweig) 44f., 176
Saint Lucia (Antillen) 67
Salmann, Otto 165
SANGARA (brit. Frachter) 114
Schaar, Gerd 183
Schäfer, Friedrich 37
Schaeffer, Heinz 183
Schaper, Erich 90

Schauenburg, Rolf 45, 52ff., 179
Scheibe, Hans-Martin 117
Scheil, Egon 98
Schendel, Eberhard 181
Schewe, Georg 57, 93, 113, 167
Schiebusch, Günter 30
Schlott, Heinrich 125ff.
Schmidt, Adolf 28
Schmoeckel, Helmut 40f., 180, 182
Schneider, Bootsmannsmaat 155, 169
Schnoor, Heinrich 67, 69
Schonder, Heinrich 24, 66, 165, 176
Schöppe, Walter (Kriegsberichter) 157, 160
Schrewe, Peter 45, 57ff., 176
Schuch, Heinrich 16, 93ff., 167
Schuhart, Otto 164
Schüler, Philipp 48
Schulz, Ernst 82
Schulz, Georg-Wilhelm 113, 167
Schütze, Viktor 69, 90, 114, 117, 164, 167
Seidel, Günter 116, 117
Selinger, Franz 57, 60
Semmel, Ernst 116
Shannon-Insel (Grönland) 134
Shelanija, Kap (Nowaja Semlja) 176
Sickel, Herbert 4, 167, 177
Siebold, Karl-Hartwig 68
Simon, Walter (dt. Agent) 22
Sligobai (Irland) 18
SOIZIC (Segeljacht der Abwehr) 23
Sollum 77
Somali-Küste 66, 182
Sommermeyer, Dr. Kurt (Meteorologe) 57, 59
Spitzbergen 57, 118, 128–135, 139, 141, 169f., 177–179, 181
Sporyj Navolok (Nowaja Semlja) 177
SPREEWALD (dt. Blockadebrecher) 93
St. John's (Neufundland) 45, 180
St.-Lorenz-Strom 41, 179, 180, 182
STANLEY (brit. Zerstörer) 91
Stege, Friedrich 122
Sterligova (Nowaja Semlja) 182, 183
Sthamer, Hans-Jürgen 177
Stiebler, Wolf-Harro 24, 75
Stockhausen, Hans-Gerrit v. 23, 165
STORK (brit. Sloop) 30, 91
Strelow, Siegfried 178, 179
Stubbe, Oblt.(Ing.) 83
Sturm, Kurt 113, 116f., 176
»Sturm«, Unternehmen 65ff.
Suhren, Reinhard 91, 180

»Svartisen« (dt. Wetterstation?) 177
Swan, Lt.-Cdr. D.B. (RN) 91

Täger, Dr, Klaus 160
Takoradi (Ghana) 114
Tanner, Capt. M.S. (RCN) 60
Tarafelbucht (Kapverden) 165
Ténès (Algerien) 102, 181
THALIA (dt. U-Bootversorger) 90f., 164, 167, 176, 177, 180, 181
Thäter, Gerhard 38
Thiel, Werner (dt. Agent) 35
Thorburn, Lt. M.V. (RN) 91
Thurmann, Karl 180
Tiesenhausen, Hans-Diedrich v. 66, 77, 79, 177
Timm, Heinrich 182
Todenhagen, Diether 137
Topp, Erich 78, 81
TRACKER (brit. Geleitträger) 136
Trindade, Ilha da (Brasilien) 12, 77
Tunheim (Bäreninsel) 121ff.
Tunis 81ff., 179
Turre, Eduard 182

U 1 42
U 25 90, 164
U 29 164
U 30 28, 29, 164
U 31 88, 89
U 35 17, 164
U 37 16ff., 25, 27, 165
U 38 17, 22 165
U 42 89
U 43 18f., 90, 165
U 44 90
U 47 44, 46, 180
U 52 165
U 53 90
U 65 23, 25, 26, 165
U 66 65, 66, 67ff., 137, 140, 165
U 67 165, 179
U 68 165
U 69 20, 114ff., 165
U 73 66, 76, 165
U 77 102, 165
U 81 66, 76, 79, 165
U 82 30
U 83 66, 165
U 84 97f.
U 96 (»Das Boot«) 78, 91, 165
U 103 73, 114, 117, 167
U 105 57, 93ff., 113f., 167

U 106 113, 167
U 107 51, 114
U 109 90, 167
U 110 114
U 111 165, 167
U 123 167
U 124 113, 167
U 130 167
U 137 137
U 154 117
U 155 100, 167
U 156 165, 167
U 159 117
U 161 176
U 165 179
U 167 113, 116f., 176
U 178 20, 65
U 186 176
U 193 96, 176
U 200 24, 66, 176
U 202 34ff., 176
U 204 91, 176
U 205 176
U 209 176, 177
U 212 118ff., 176
U 213 44ff., 176
U 215 46
U 217 176
U 220 58
U 223 166
U 242 177
U 251 119
U 252 28, 30, 177
U 255 166, 176, 177, 179, 182
U 256 145
U 260 177
U 262 45, 51, 52, 53, 54, 55, 56, 96, 177
U 279 29ff., 177
U 287 157, 177
U 289 29f., 33, 177
U 302 4, 167f., 177
U 307 169ff., 177
U 331 66, 77, 79, 177
U 333 93
U 349 155
U 351 172
U 354 125, 142, 177
U 355 127ff., 137, 177
U 365 137, 139f., 179
U 370 179
U 371 172, 174
U 372 66, 179
U 377 21, 57, 118, 123, 131, 135, 142,

144, 175f., 179
U 379 6
U 380 66, 77ff., 179
U 387 179
U 393 155, 169
U 405 178
U 431 76
U 434 91, 179
U 435 177, 178, 179
U 437 38
U 438 92, 102
U 455 117
U 460 20, 37, 39, 49, 67, 69
U 461 24, 75
U 466 38
U 502 165, 179
U 509 20
U 513 45, 51, 179
U 515 179
U 517 179
U 518 45, 48, 53, 117, 179
U 530 179
U 534 124, 137, 147, 150
U 536 45, 52ff., 179
U 537 45, 57ff., 61ff., 118, 179
U 541 180
U 552 78, 81
U 553 180
U 554 68
U 564 91, 180
U 566 102, 103, 180
U 573 92, 102, 180
U 574 91, 180
U 575 180
U 581 180
U 584 34ff., 180
U 586 180
U 587 180
U 593 181
U 595 181
U 600 138
U 601 177, 181
U 602 48
U 617 66, 101, 180, 181
U 629 181
U 636 181
U 652 181
U 657 181
U 664 96, 98
U 668 181
U 703 125ff., 129f., 177, 182
U 711 182
U 713 182

U 722 145ff., 182
U 737 182
U 739 182
U 741 182
U 754 37
U 755 32
U 758 20
U 760 92, 96ff., 182
U 763 182
U 802 40f., 180, 182
U 852 66, 182
U 862 182
U 867 57, 60, 182
U 868 182
U 872 156
U 878 177, 183
U 933 42
U 955 29f., 32f., 183
U 956 183
U 957 182, 183
U 960 183
U 965 183
U 966 102, 183
U 977 183
U 979 159, 183
U 992 183
U 994 183
U 995 183
U 1007 180
U 1163 131, 132, 183
U 1168 155
U 1209 183
U 1222 126
U 1228 21
U 1229 35, 40, 183
U 1230 35, 40, 183
U 3015 156, 160
U 3029 38
U 3503 151
U 3504 68
U 3526 42
U A 114
  1. U-Flottille 103
  2. U-Flottille »Saltzwedel« 25, 69
  3. U-Flottille 30, 52, 68
  5. U-Flottille 145
  7. U-Flottille 44, 180
 11. U-Flottille 127
 13. U-Flottille 169
 14. U-Flottille 137
 22. U-Flottille 151
 23. U-Flottille 174
 26. U-Flottille 23

29. U-Flottille 80, 174, 180
ULTIMATUM (brit. U-Boot) 76
Umlauf, Hans 155
Unverzagt, Günter 183
Uphoff, Horst 97
U-Plätze 12

Varendorff, Amelung v. 44ff., 176
Ventrybai (Irland) 164
VENUS (dt. Zielschiff) 99
VETCH (brit. Korvette) 30
Vigo (Spanien) 86, 90, 91, 92, 100f., 164, 165, 179, 180, 182
Villa Winter (siehe Winter)
Vogler, Helmut 118, 120ff., 176
Vosseller, Capt. A.B. (USN) 41

Wabana Roads (Reede von St. John's) 45, 50, 51
Wagner, Bootsmannsmaat 74f.
Walker, Capt. F.J. (RN) 30, 91
Weber-Drohl, Ernst (dt. Agent) 16ff., 27
Wedemeyer, Heimar 137, 139f., 179
Wermuth, Otto 179
Werner, Günter 97
West Hythe (England) 11
WESTCOTT (brit. Zerstörer) 180
Westhofen, Cdr. C.L. (USN) 31
Westspitzbergen (siehe Spitzbergen)
Wilkizki-Straße 166, 177
Willemstad (Curaçao) 176
Winter, Gustav 104
Winter, Werner 73
Winter, Villa 75, 104ff.
Wissmann, Friedrich-Wilhelm 45, 48ff., 117, 179
Wittdün (Insel Amrum) 159
Witte, Helmut 117
Wolf Rock, Leuchtturm (England) 183
Wolf, Eckehard 102, 183
WOOLONGONG (austr. Minensucher) 181
»Wunderland I«, Unternehmen 177
»Wunderland II«, Unternehmen 166, 177, 181, 182

Zahnow, Günter 116
Zapp, Richard 52, 65, 68, 165
Ziegert, Bootsmannsmaat 122
Zimmermann, Matrosenobergefreiter 36f.
Zinke, Armin 35, 40f., 183
Zurmühlen, Bernhard 138

Jäger der sieben Meere

Jak P. Mallmann-Showell
Die U-Boot-Waffe 1935–1945
Wer waren diese Offiziere und Mannschaften, die sich den täglichen Gefahren der Unterseeboot-Kriegführung gegenübersahen? Dieses packende Werk gibt die endgültigen Antworten.
224 Seiten, 130 Bilder
Bestell-Nr. 02099 € 26,–

Jak P. Mallmann-Showell
Das Buch der deutschen Kriegsmarine 1935–1945
Diese Spezialausgabe berichtet sowohl über Aufbau, Organisation, Schiffe und Stützpunkte als auch über die Unternehmungen der Kriegsmarine.
248 Seiten, 200 Bilder, 28 Zeichnungen, 12 Karten
Bestell-Nr. 10880 € 16,–

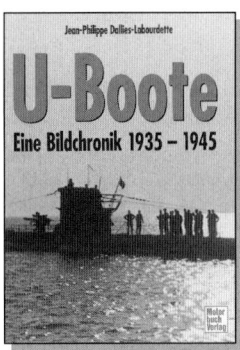

Jean-Philippe Dallies-Labourdette
U-Boote 1935–1945
Der Einsatz deutscher U-Boote in den Jahren von 1935 bis 1945, die U-Boot-Fahrer, ihre Uniformen und das Leben an Bord, die Stützpunkte am Atlantik und alliierte Abwehrmaßnahmen.
144 Seiten, 283 Bilder, davon 78 in Farbe, 30 Zeichnungen
Bestell-Nr. 01899 € 26,–

Jordan Vause
Die Wölfe
Wer waren die deutschen U-Boot-Kommandanten, die das britische Weltreich zum Wanken brachen? Das historisch fundierte Buch beschreibt ihre Lebenswege, ihre Jugend, ihre Schicksale in Krieg und Frieden.
256 Seiten, 31 Bilder
Bestell-Nr. 02002 € 26,–

Timothy P. Mulligan
Die Männer der deutschen U-Bootwaffe 1939-1945
Um herauszufinden, wer diese Seeleute waren, führte der Autor eine Umfrage bei mehr als 1000 Angehörigen der U-Bootwaffe durch. Das Ergebnis ist diese Dokumentation.
370 Seiten, 34 Bilder
Bestell-Nr. 02147 € 26,–

Joseph Mark Scalia
U 234
Das deutsche U-Boot 234 steht bis heute im Mittelpunkt zahlloser Theorien und vieler Vermutungen. Dieser überaus gründlich recherchierte Bericht zeigt die wahren Fakten und Hintergründe.
296 Seiten, 25 Bilder
Bestell-Nr. 02199 € 22,–

Jak P. Mallmann-Showell
U-Boote gegen England
In den Tiefen der Meere jagten sie die Kriegsschiffe des Gegners. Die deutschen U-Boote waren gefürchtet, ihr Ruf legendär und ihre Kapitäne hoch dekoriert. Doch am Ende kämpfte auch diese Waffe auf verlorenem Posten. Dieser Bestseller beschreibt Kampf und Untergang der deutschen U-Boot-Waffe 1939 bis 1945.
192 Seiten, 228 Bilder
Bestell-Nr. 01009 € 16,–

IHR VERLAG FÜR ZEITGESCHICHTE

Postfach 10 37 43 · 70032 Stuttgart
Telefon (07 11) 21 08 06 5 · Fax (07 11) 21 08 07 0

Stand Mai 2002
Änderungen in Preis und Lieferfähigkeit vorbehalten